U0107634

双语对照外国诗丛

—— 刘文飞 主编 ——

德语名诗100首

100 BERÜHMTE DEUTSCHE GEDICHTE

胡蔚 译

商务印书馆
创于1897 The Commercial Press

图书在版编目(CIP)数据

德语名诗100首 / 刘文飞主编；胡蔚译．— 北京：商务印书馆，2023

（双语对照外国诗丛）

ISBN 978-7-100-22196-2

Ⅰ.①德… Ⅱ.①刘… ②胡… Ⅲ.①德语—汉语—对照读物 ②诗集—德国 Ⅳ.① H339.4：I

中国国家版本馆 CIP 数据核字（2023）第 050657 号

本丛书由首都师范大学资助出版

双语对照外国诗丛

刘文飞　主编

德语名诗100首

胡　蔚　译

商　务　印　书　馆　出　版

（北京王府井大街36号　邮政编码 100710）

商　务　印　书　馆　发　行

北 京 通 州 皇 家 印 刷 厂 印 刷

ISBN 978-7-100-22196-2

2023年6月第1版　　开本 880×1230　1/32

2023年6月北京第1次印刷　　印张 17⅛

定价：96.00元

Inhaltsverzeichnis/ 目录

若要洞察诗歌之法，

须得前往诗歌之国；

若要理解作诗之人，

须得前往诗人之国。

歌德《西东合集·释读》

德语抒情诗的传统：概念辨析和历史要述

德意志是诗人的国度，德语是抒情诗的语言。自中世纪诗人福格威德的瓦尔特以后，各个时代皆有名家名作传世：从巴洛克时期典雅的十四行诗到启蒙运动高昂的颂歌。从歌德的渊博丰富到荷尔德林的高古激昂，从海涅的机智深情到女诗人德罗斯特-许尔斯霍夫的细腻忧伤，19 世纪德语诗歌的星空可称得上群星璀璨。20 世纪德语文学中，里尔克、霍夫曼斯塔尔、本恩、特拉克尔、布莱希特和策兰，这些名字在世界诗歌的版图上留下了位置。

德语诗歌的语言同样是时代、思想和情感的结晶，进入汉语语境，始自晚清才子王韬同治十年（1871）译德意志爱国诗人阿恩特（Ernst Moritz Arendt）的《祖国歌》。迄今为止，德诗汉译的历史已150余年，几代译者殚精竭虑，在中文语境中完成了对德意志精神的诗化呈现，深刻地影响了现代汉诗的形成与发展，从而也塑造了现代中国的思想和精神。冯至先生的《十四行集》便是凝聚了里尔克、歌德和杜甫精神的诗歌结晶。

通常认为，在开启于荷马史诗（属于叙事传统）和古希腊悲剧（属于戏剧传统）的西方文学史中，抒情（Lyrik）成为与叙事（Epik）、戏剧（Dramatik）并列的三大文体，要到18世纪末兴起的浪漫主义运动中才成为共识和创作的自觉。浪漫主义运动赋予个人情感表达的伦理合法性，在文学中形成了一个有情的诗人自我主体。抒情诗作为一种缘情言志，合乎音韵的诗体文学，以抒情自我的主体性为前提。

本书收集的100首德语名诗试图呈现出"抒情精神"在德语诗歌千年历史中的发展和不同的形式变化，这些形式多样的诗之器皿承载了德意志精神的丰盈。鉴于德语诗学中的诗歌文体概念与中文语境中的惯常用法有所差异，在开始对抒情诗传统的梳理之前，我们首先要厘清德语诗学中常用的概念。

一、德语诗学中的"诗"（Gedicht）、"抒情诗"(Lyrik)、"抒情性"(das Lyrische)概念辨析

德语里的"Gedicht"和"Lyrik"，在中文语境里都可以翻译为"诗"，其内涵和外延却各有渊源，用法也不同。"Gedicht"

一词源出于古德语 tihton，意为书写（schreiben），是对所有文本的总称。马丁·奥皮茨（Martin Opitz）在德语诗学的奠基之作《德意志诗论》（*Buch von der Deutschen Poeterey*，1624）中将“getіcht(e)”定义为诗体文学（Versdichtung），并以贺拉斯的《诗艺》为依据，列举“Gedicht”所包含的文体有：英雄史诗（Heldisches Epos）、悲剧（Tragödie）、戏剧（Komödie）、讽刺文（Satire）、警句（Epigramm）、牧歌（Ekloge, Hirtenlied）、哀歌（Elegie）、赞诗（Hymne）、应景诗（Silva, Gelegenheitsgedicht）。显然，这些文体题材风格迥异，唯一的共同点便是由押韵的诗行组成。凯泽（Wolfgang Kayser）在《德语诗律学概要》（*Vom Rhythmus in deutschen Gedichten*，1938）中对诗（Gedicht）的定义，依然沿用了奥皮茨的观点，即由诗行（Vers）构成的文本，而诗行无非是“一页纸上刻印的铅字周围有许多空白之处”。直到 18 世纪，德语戏剧沿用诗体，莱辛的《智者纳丹》、歌德的《浮士德》、席勒的《瓦伦斯坦三部曲》皆是诗体戏剧（ein dramatisches Gedicht）；文论也用诗体如布瓦洛的《诗学》（*L'Art poétique*）、蒲柏的《人论》（*Essay on Man*）等，皆属于诗体文，不是抒情诗（Lyrik）。

抒情诗，“Lyrik”，源于希腊语 lyrikos，是古希腊里拉琴（lyra）的形容词格，在文化萌芽期，歌谣总是与歌唱、舞蹈同源，歌者抒发情感，是一种在公共场合的表演艺术。[①] 在亚里士

---

① 朱光潜：《诗论》，北京：北京出版社，2005 年，第 1—24 页。（初版 1942 年）

多德的《诗学》中，叙事和戏剧已经作为固定的文体概念出现，而直到文艺复兴，随着彼特拉克的爱情诗歌风靡欧洲，抒情诗作为一种文体概念出现，特里希诺（Giovanni Giorgio Trissino）在《诗学》（*Poetica*, 1529/1563）中已经提及。抒情诗作为一种抒发情感的文体与小说、戏剧相提并论，要到狂飙突进时期才形成共识。他在为《西东合集》撰写的释读中提出了著名的论断："文学（Poesie）只有三种真正的天然形式：清晰的叙述（die klar erzählende），情绪激昂的抒发（die enthusiastisch aufgeregte）以及个体的行动（die persönlich handelnde）"，它们分别对应的是"Epos，Lyrik 和 Drama"。歌德对三种文体的规定并非从形式，而是从表达方式上予以界定和区分。[①] 施岱格尔（Emil Staiger）在《诗学的基本观念》（*Grundbegriffe der Poetik*，1946）中呼应了歌德的"三分法"，表明他关注的不是文体形式，而是"史诗的"、"悲剧的"和"抒情的"，构成这些性质的是创作者的意识风格以至存在模式。[②]

西方文学史上抒情诗的兴起与启蒙运动中人的主体性解放，"自我"的发现密切相关。文学逐渐从亚里士多德古典主义诗学的艺术"摹仿"论中解放出来，转而寻求对个人真情实感的表达。在德语文学史上，18 世纪中叶开始的"情感"崇拜，受到

---

① Johann Wolfgang von Goethe: *Noten und Abhandlungen zu besserem Verständnis des West-östlichen Divans*, in: *Goethes Werke*. Hamburger Ausgabe, Bd.2, München 1981, S.187–189.

② Emil Staiger: Grundbegriffe der Poetik. Zürich 1946. S. 9.

了虔敬主义的影响，在相继出现的重情主义、狂飙突进直至浪漫主义运动中发展壮大，抒情诗也相应成为最高等阶的文体。黑格尔在著名的《美学》讲座中对抒情诗的功能有恰切的表达，抒情诗将“倏忽急逝的瞬间情绪，心灵的叹息，一闪而过的无忧无虑的快乐，痛苦、忧郁、沉重、哀怨，所有的感觉或具体的灵感都被固定下来，通过言说而变得持久”。①

同样容易混淆的德语诗学概念是德语中的 Poesie 和 Dichtung，也常常在汉语中被译为“诗”，Poet 和 Dichter 相应地被译为“诗人”。这里的“诗”对应的是广义上的“诗”概念，是“文学”的总称。而在德语中常常与 Poesie 相对的 Prosa，是指非韵体文，如小说（Roman）、志异小说（Novelle）都属于 Prosa，直到 18 世纪市民阶级的兴起，才登入文学大雅之堂，所以黑格尔称小说为“现代市民史诗”。Poesie（诗）与 Prosa（文）的对立，不仅是形式的区分，尤其是它们的形容词格 poetisch 与 prosaisch，更隐含有雅文学与俗文学的区分。

二、德语抒情诗的历史传统和发展概述

抒情诗是诗人主体自我的表达，是语言的艺术，考察德语抒情诗的历史，并非寻找宏大历史理念在诗歌中的印证，恰恰相反，诗人往往最先捕捉到了时代精神的细微脉动，抒情诗如

① 黑格尔.《美学》第二卷，朱光潜译，北京：商务印书馆，1997 年，第 205 页。

同封存于琥珀中的昆虫，生动细致、具体而微地保留了不同历史时期中诗人个体的精神。下文以德语文学史脉络为线索，即按照中世纪文学——近代早期——启蒙运动——浪漫主义——现实主义——现代主义——战后文学——当代文学的线索，简要概述“抒情精神”在每个德语文学史时期的主要发展情况。

最古老的德语韵诗是留存于10世纪前后手稿中的宗教诗和古日耳曼部落咒语，《彼得之歌》（*Petruslied*）和《梅尔赛堡咒语》便是代表。发现于12世纪修院的中古德语爱情诗《你是我的，我是你的》，堪称德语抒情诗的鼻祖。在施陶芬王朝当政期，中古德语文学进入鼎盛时期，宫廷史诗《帕齐法尔》《特里斯坦》与英雄史诗《尼伯龙人之歌》相继成文流传，同时期的诗歌在14世纪被苏黎世富商马内塞家族组织编撰，收集于《马内塞歌本》（*Codex Manesse*）中，是规模最大的中古高地德语诗歌抄本，收入140余位诗人作品，按照身份等级排列，上至君王下至平民均有列入，以骑士爱情诗（Minnesang）、格言诗（Sprüche）和宗教诗（Geistliche Lieder）为主。其中福格威德的瓦尔特最受后世称道，他的名诗《菩提树下》《吾坐磐石上》代表了中古德语抒情诗的最高水平。

德语近代早期文学分为16世纪的宗教改革和人文主义运动时期与17世纪的巴洛克时期。马丁·路德1517年发起宗教改革，完成了圣经德语翻译，统一了德语书面语言，他还著有36首基督教众赞诗（Kirchenlied），包括《上帝是我们的坚强堡垒》《深处呼求歌》等名作，为新教教会赞美诗开辟了先河。在手工业发达的南德城市出现了工匠歌手（Meistergesang）的行会组织，他们以中世纪格言诗为范例撰写诗歌。纽伦堡鞋匠汉斯·萨克斯著有34卷6000余件作品，是工匠歌手中的传奇人物，代表作《维滕堡的夜莺》颂扬路德和新教教义，传唱甚广，萨克斯的诗歌多以四音步叠韵诗行（Knittelvers），成为后世德语诗歌中经常使用的格律形式。

17世纪巴洛克时期，出身贵族的精英知识分子开始致力于组织语言社团，纯净德语语言，规范德语诗学，其中以马丁·奥皮茨贡献卓著，他撰写的《德意志诗论》第一次为德语诗学制定规范，以古典诗学和文艺复兴诗人彼特拉克、龙萨为师，借鉴古典修辞术和格律学，以德语轻重音替代古典诗歌中的长短音，他倡导文雅精美的诗风，以彼特拉克的商籁体诗为范，将源自法语史诗的亚历山大体诗行引入德语。17世纪三十年战争（1618—1648）使得人们在虔诚信仰中寻求安慰，通过不同路径追问人生的意义和自我解脱之道。巴洛克文学中先后出现了两位大诗人：格吕菲乌斯和霍夫曼斯瓦尔道，两人皆擅写十四行诗，以战争、无常（vanitas）、铭记死亡（memento mori）、抓住时日（carpe diem）为主题，格律严谨、意象繁复、修辞讲究。前者以战乱时局家国之痛为题，后者则代表了三十年战争后的矫饰主义倾向。当时流传甚广的还有新教牧师保罗·格尔哈特（Paul Gerhardt）和天主教耶稣会士弗里德里希·封·施佩（Friedrich von Spee）的基督教诗篇，以及神秘主义诗人“西里西亚天使”的箴言集《智天使漫游者》和斯多葛主义的弗莱明的格言诗。英年早逝的京特是介于巴洛克和启蒙时期的诗人，他的诗歌抒发的真挚情感超越了巴洛克文学诗歌程式的限制。

18 世纪启蒙运动所倡导的理性和情感的启蒙，科学与宗教的张力，传统与个人的角力，在德语诗歌史上留下了清晰痕迹。启蒙早期自然诗成为主流，认知和描绘自然是科学理性的发展，自然哲理诗既是古代哲理诗传统的延续，同时也是彰显自然神学的主张：人类理性是上帝之光，“自然之书”是上帝意志的体现。布洛克斯九卷本巨著《神内的尘世欢愉》便是一部自然百科全书；瑞士博物学家哈勒（Albrecht von Haller）的长诗《阿尔卑斯山》开创了德语自然风景诗的先河，以自然的崇高和深邃为题，也表达了人与自然和谐相处的理想。同时期占据德语诗坛主流的是安纳克瑞翁体（Anakreontik），哈根多恩、格莱姆（Johann Ludwig Gleim）以古希腊诗人安纳克瑞翁为师，以醇酒爱人为题，是巴洛克时期贵族风流名士诗（Galante Lyrik）的延续。启蒙盛期，在对唯理主义（Rationalismus）的反思中，受虔敬主义（Pietismus）影响的文学重情主义（Empfindsamkeit）应运而生，大诗人克洛卜施多克是最重要的重情主义诗人，他在青年时期效仿弥尔顿的《失乐园》，以宗教长诗《弥赛亚》享誉全欧，同时成功地将荷马史诗的六音步诗体和颂歌体引入德语诗歌，《苏黎世湖》《春之祭》是其古典颂诗的代表作。

歌德自 1770 年在狂飙突进运动中登上文坛到 1832 年去世，

这60余年时间历经狂飙突进、魏玛古典和浪漫主义时期，被称为“歌德时代”，是德语文学史发展的第一个高峰，也是德语诗歌创作最活跃的时期，出现了歌德、席勒、荷尔德林、诺瓦利斯、布伦塔诺、艾兴多夫等重要的德语诗人。社会学家科泽勒克将这个阶段称之为德国社会的鞍型时代（Sattelzeit），是从封建等级社会向市民社会过渡的时期，也是社会秩序急剧变动的时期。这一变动也体现在抒情诗人对于主体自我表达的探索与增强。歌德诗歌最能代表这一承上启下时期德语诗歌的发展，他一生的主要创作时期分为狂飙突进时期、魏玛古典时期和晚年圆融时期，著有诗歌3000余首，诗体形式之多样，内容题材之丰富，德语诗人中无出其右。狂飙突进运动时期，歌德受到赫尔德的影响，从民间文学中汲取养料，以与牧师之女弗里德里珂·布里翁的爱情经历为素材，完成了被后人称之为体验诗的“塞森海姆组诗”。德语诗歌史上第一次出现了对现实爱情的歌颂，个人自由意志的诗意表达，标志着现代德语诗歌的开端。歌德同时期的赞诗《普罗米修斯》《漫游者的暴风雨之歌》《伽倪墨得斯》借古希腊英雄和诗体传递时代精神。1774年歌德受邀赴魏玛公国担任宫廷首辅，公务缠身，创作受阻，对个性和爱情的追求转向对人性的探索，著有《人类的界限》《神性》等哲理诗。1786—1788年意大利之行后，歌德进入古典时期，专注于自然和艺术研究，撰有《罗马哀歌》《自然与艺术》等诗作，并于1795年与席勒结盟，两人携手完成了《赠辞》和系列叙事谣曲，除此之外，席勒亦有《欢乐颂》《希腊众神》《散步》

等著名颂诗传世。歌德在晚年融汇东西方宗教、哲学和诗艺，进入生命和艺术的圆融时期，完成了重要组诗《西东合集》《中德岁时诗》《神和世界》，其中吸纳了古希腊罗马、波斯、印度和远东的文化来源，是其世界文学观念的诗学实践。在歌德席勒的学生辈中，荷尔德林是艺术成就最高的诗人，他将自克洛卜施多克以来的德语古典体诗歌提升到了新的高度，哀歌体组诗《饼与葡萄酒》中"贫乏时代诗人何为？"的追问在当下依然振聋发聩，诗人在漫漫长夜里承担起"贫乏时代"里神圣祭司的使命，等待着新神的降临。

常与《饼与葡萄酒》相提并论的是早期浪漫主义诗人诺瓦利斯的名诗《夜颂》，以悼念早逝的爱人索菲为缘起，究其精神主旨，依然是为启蒙后的世俗社会寻找一种新的精神支撑——明知人的局限、世事的无常，坚信真理的永恒，这是浪漫主义一代诗人的共同信念。赫尔德和歌德在狂飙突进时期开始的民歌收集整理工作在浪漫主义时期得以体系化。赫尔德强调民歌中蕴含了一个民族"声音与情绪的共同体"。面对拿破仑入侵和德意志政治分裂的局面，德语民歌集的编写有着明确的政治教化和凝聚民族精神的意图。布伦塔诺和阿尔尼姆编写的民歌集《男童的神奇号角》标志着浪漫主义从早期浪漫主义的哲学思辨和神秘主义转向晚期浪漫主义朴素自然、真挚动人的风格。艾兴多夫和威廉·穆勒的诗歌经谱曲后被广为传唱，达到了艺术歌曲的巅峰。被认为是浪漫主义最后一位诗人的海涅的诗歌中，既有哀婉动人的《罗蕾莱》《乘着歌声的翅膀》，也有政治批判诗如《德国——一个冬天的童话》《西里西亚纺织工人》犀利如剑，抨击普鲁士政府的集权专制。

现代社会的张力与矛盾在歌德时代尚可以在浪漫主义乌托邦的远景中找到慰藉，海涅以反讽为盾与之虚与。在19世纪中叶复辟时期以后的诗人群体中，现代性的危机显现得更为隐蔽曲折却也更为激烈。出生于威斯特法伦地区古老天主教贵族家庭的女诗人，德罗斯特-许尔斯霍夫同时面临着信仰的困境与女性角色的困境：在一个启蒙的社会中寻找神谕，在一个妇德严谨的环境中渴望摆脱性别的枷锁。莱瑙、默里克以及属于诗意现实主义的施托姆和李利恩克龙的诗歌中，启蒙以后的失序感带来了对身边日常生活中细节的关注，与前辈作家擅长宏大叙事和精神思辨不同，他们更加关注自然、风景和荒野之美。而在1848年革命中出现的政治诗歌则弘扬统一、公平和自由的政治主张，如后来成为德国国歌的《德意志人之歌》。

1900年前后的世纪之交迎来德语文学史上第二次高峰，哲人尼采在1889年完成的“酒神颂歌”预兆着现代主义运动的即将开启。三位德语现代主义大诗人格奥尔格、霍夫曼斯塔尔和里尔克对后世影响深远。这是一个现代工业驱动下剧烈变化的时代，面对旧秩序的崩塌，新秩序的建立，各种现代主义的诗歌实验层出不穷。格奥尔格早年受法国象征主义的影响，用整饬严整的诗歌形式对抗失序的世界，对抗自然主义的粗鄙；后期主要致力于以青年精英知识分子为成员的“格奥尔格圈”（George-Kreis）活动。晚年诗集《新王国》预言了精神贵族统治下新王国的到来。格奥尔格明确拒绝了“新王国”在纳粹德国中的政治实现，退隐到瑞士终老。曾经与格奥尔格交好的霍夫曼斯塔尔天赋惊人，年少成名，是维也纳文坛的耀眼新星，他的诗艺精湛，集合了不同的传统、形式和角色。三位诗人中最有影响的当属里尔克，他的诗歌思想深邃，语言艰深，形式复杂精美。早期《宅神祭品》《梦中加冕》《耶稣降临节》等诗集抒发忧郁和颓废的世纪末情绪。世纪之交前后《图像之书》《时辰祈祷书》两部诗集标志着里尔克的诗风由抒发个人情感到客观状物的过渡。1902 年前往巴黎后，他从罗丹雕塑和塞尚绘画中得到启发，认为万物自身俱足，具有主体性和神性，由此进入“物诗”阶段。1912 年起里尔克在杜伊诺古堡撰写《杜伊诺哀歌》，中途因第一次世界大战爆发中断，直至 1922 年 2 月在慕佐古堡完成了余下 6 首。随后，诗人将 55 首《致俄耳甫斯的十四行诗》一气呵成，堪称德语诗歌史上的缪斯降临时刻。

1914 年第一次世界大战爆发后，古老的秩序与古老的诗歌范式同时崩塌，抒情主人公似乎无法再在诗歌中建构意义，虚无主义盛行，这在品图斯（Kurt Pinthus）1919 年主编的表现主义诗集《人类的黄昏》中得到了集中体现。自杀于东线战场上的特拉克尔、特立独行的犹太女诗人拉斯克–许勒以及青年时代的本恩和布莱希特是表现主义一代诗人的代表。特拉克尔的诗歌以秋色、黑夜和死亡为主题，意象晦暗独特，寓意深刻，被认为是诺瓦利斯和荷尔德林的传人。拉斯克–许勒的诗歌以爱情、宗教、死亡为主题，意象丰富，感情强烈。本恩1912年出版的第一本诗集《停尸房与其它》惊世骇俗地以死亡和尸体为题，风格客观冷静，是一战前德国社会异化和虚无主义思潮的反映。纳粹上台后，本恩1933至1935年公开拥护纳粹政权。经过长时期的沉默后，本恩在战后德国文坛重获殊荣，发表诗集《静态诗》，在演讲《诗歌问题》中，提出“绝对诗”的主张。布莱希特以戏剧家著称，他在诗歌创作上也天赋高超，有诗歌2300余首，诗体从歌诗到谣曲，被赖希-拉尼茨基誉为“20世纪最好的德语抒情诗人”。布莱希特认为诗歌应该面向理性和生活，具有政治性和实用性，提倡一种介入世界的诗学，与本恩的“绝对诗”观念针锋相对。1938年撰写的《论无韵无律诗》中指出，传统诗律的“光滑圆润”会遮蔽“人与人之间的矛盾，斗争和暴力”，诗歌不是用来催眠，而是用来激发思考。二战后，布莱希特定居民主德国，他在逝世前完成的《布克哀歌》是德语诗歌史上最为优美的哀歌。

阿多诺对于“奥斯维辛后写诗是野蛮的”的断言在二战后的德语文坛引发广泛的讨论，恰是奥斯维辛的幸存者，犹太诗人策兰赋予了战后德语诗歌新的声音。策兰早年的诗集《罂粟与记忆》直面家国记忆的伤痛，其中《死亡赋格》成为大屠杀见证诗歌的代表作。策兰的挚友，同为犹太裔德语诗人的奈莉·萨克斯获得了1966年诺贝尔文学奖。冷战时期联邦德国著名的文学社团“四七社”，集结了君特·艾希、策兰、英格伯格·巴赫曼、恩岑斯贝尔格等一批优秀诗人。他们的诗作有鲜明的时代特征，保留了丰富的时代细节和个人心绪。艾希在美军战俘营中写下的短诗《清点》成为战后废墟文学的代表作。恩岑斯贝尔格是位高寿的诗人，同时也是位意见领袖，被哈贝马斯称为时代的“风向标”。值得关注的是，战后德语诗坛上活跃着多位女诗人，除了已经提及的奈莉·萨克斯、巴赫曼外，还有卡施尼茨、基尔施、多敏等，她们的风格敏锐、真挚、纯粹和丰富为德语抒情诗传统增添了不可缺少的女性经验和女性声音。

二战后德语诗歌中一个引人注目的现象是实验诗歌的兴起。诗人尝试拓展语言的界限，从诗歌语言的视觉和声响的表意潜力上入手，丰富了诗歌的表现形式。摩根史坦恩在 19 世纪末开创了具象诗（Konkrete Poesie）传统，诗歌语言不再仅是载意和表达概念的工具，而是“具体”的材料，是视觉图像或声响的媒介。这种实验性的图像诗歌在一战后的达达主义运动，以及在战后宫沐灵歌的装置诗歌中得到进一步发展，并随着当代影像技术的发展显现出了丰富的表现形式和发展潜力。

两德统一后的当代德语诗坛呈现出蓬勃发展的态势，诗人创作和诗歌评论都非常活跃。近三十年获得德语文学最高奖毕希纳奖的诗人有比尔曼（Wolf Biermann, 1991）、吕姆柯尔弗（Peter Rühmkorf, 1993）、格律拜恩（Durs Grünbein, 1995）、基尔施（Sarah Kirsch, 1996），布劳恩（Volker Braun, 2000)，帕施迪奥尔（Oskar Pastior, 2006）、贝克（Jürgen Becker, 2014）、扬·瓦格纳（Jan Wagner, 2017），埃尔朴（Elke Erb, 2020）。德国、奥地利和瑞

士三地德语国家对于诗歌创作的重视和鼓励体现在数不胜数的各种诗歌奖、诗歌网站、诗歌基金会和诗歌节的设置上。慕尼黑的诗歌珍藏馆（Lyrik Kabinett）是德国规模最大的世界诗歌图书馆，柏林、科隆等地定期举办国际诗歌节，邀请世界各地的诗人，探索“世界文学时代”（歌德语）中诗歌写作的多种可能性，讨论诗歌在不同语言和文化之间所起到的沟通作用。

在活跃于当代德语文坛的诗人中，既有恩岑斯贝尔格这样年逾九十，经历过纳粹政权兴衰、冷战时期和两德统一的诗坛常青树，也有一批出生于战后，探索形式实验、拓展诗歌表达边界、融汇东西方诗歌形式传统的中青年诗人。格律拜恩和扬·瓦格纳是德语诗坛新生代中的代表人物。格律拜恩使用古典哀诗体描述当代生活，讨论量子物理和神经学；扬·瓦格纳同样是年少成名，诗艺娴熟，观察细腻、思维锐利，将诗歌的音律之美与知性理智相结合。近十年来，自然书写成为当代德语文坛中的热潮，获得首届德国自然书写奖的女诗人波诗曼尤为值得关注，2020 年发表的诗集《雨云》将童年记忆、当下观察、历史知识与自然景观交织在一起，讨论全球环境恶化、气候变化和种族灭绝的问题。德语自然诗这一古老的诗歌传统为当代人反思人类和自然在“人类世”的关系提供了一种历久弥新的文体。

1971 年，旅美学者陈世骧先生在北美比较文学年会上发表《论中国抒情传统》，指出中国文学从整体而言，是一个由诗经和楚辞开启的抒情传统，而西方发端于荷马史诗和古典悲剧，直到18世纪的浪漫主义运动中，抒情诗方成气候。这一观点已成为中西比较文学中的定论。[①] 近来的西方诗歌研究不断回眸西方的“抒情传统”；既反思浪漫主义与新批评的影响，更向古典、中世纪，以至文艺复兴的遗产致敬。本书选编和翻译德语文学史上经典抒情诗100首，正是希望以德语文学史上的具体案例，展示德语抒情传统在诗歌文体中的样态和历史的发展蜕变。

三、编写体例和致谢

德语诗人深受国内读者喜爱，优秀译作纷呈，杰出译者辈出，但以文学史脉络为线索的德语诗歌通选译本则不多，其中以德语译界前辈钱春绮先生译《德国诗选》[②] 最有影响力，被收入人民文学出版社“外国文学名著丛书”（网格本），惠及几代读者。本诗集选入的100首诗皆是德语诗歌史上的名家名作，原文主要依据两个权威德语诗歌选本：Hanspeter Brode (Hg.): *Deutsche Lyrik. Eine Anthologie.* Stuttgart: Suhrkamp, 2015.（第13次印刷，1990年初版）；Dietrich Bode (Hg.): *Deutsche Gedichte. Eine Anthologie.* Stuttgart: Reclam, 2011.（增订版，1984年初版）。诗集选本不以国别为限，收入德语文学史上各时期各个诗歌流派的代

---

① 参见陈国球、王德威编:《抒情之现代性——“抒情传统”论述与中国文学研究》，生活·读书·新知三联书店，2014年。

② 歌德等著，钱春绮译:《德国诗选》，外国文学名著丛书，人民文学出版社，2020年。（1960年初版，1993年改版后仅保留德国诗人，将奥地利和瑞士诗人的诗歌删去。）

表作，既突出经典诗人，同时注重呈现德语抒情诗发展的历史脉络和内在理路，并关注诗体形式在各个时代的特征。除了经典诗作之外，适当加大国内译介较少的巴洛克时期诗歌、女性诗歌、实验诗歌的比重，力求在100首诗歌的有限篇幅内，尽可能全面呈现德语抒情诗传统在千年德语文学史中发展的样态。

据丛书的编写体例，诗歌按照发表年份排序，以方便读者了解德语抒情诗的历史发展脉络。若一位诗人有多首作品入选，则一并置于其名下。每位诗人的生平介绍和诗选用德汉双语对照编排，并在脚注中对有特点的诗歌格律和内容要义，对字词疑难之处作出扼要注解。这种编写体例对德语诗歌学习者和爱好者有切实的助益。德语诗歌史和诗人信息主要参考了五卷本《德国文学史》和德语诗歌史的权威史述。①

为致敬两位德语诗歌翻译大家，歌德的《五月节》使用了郭沫若先生的译本，里尔克的《秋日》和《豹》使用了冯至先生的译本，其余诗歌皆为笔者译出。诗歌翻译对于译者的知识储备、语文能力和翻译经验乃至天赋有极高的要求。众所周知，诗歌翻译是知其不可为而为之的劳作。理想的诗歌翻译是形神

---

① 范大灿主编:《德国文学史》(五卷本)，修订版，商务印书馆，2019年。权威的德语诗歌史述参见：Geschichte der deutschen Lyrik, Stuttgart: Reclam 2004。由六位德语诗歌史专家分期撰写：中世纪：Franz-Josef Holznagel，从宗教改革到狂飙突进：Hans-Georg Kemper，魏玛古典和浪漫主义：Mathias Mayer，从浪漫主义到自然主义：Bernhard Sorg，从世纪之交到二战结束：Ralf Schnell，二战后：Hermann Korte。

具备的再创作，是本雅明所谓“纯语言”的炼金术：诗歌的意象、韵律，及其蕴含的经验、情感，被拆解和融化，又在新的语言中被重新赋形。如此境界，可遇不可求，笔者才识平凡，错谬难免，祈请方家不吝指教，以俟来日完善。

北京大学德语系素来有诗歌翻译和研究的传统，新中国成立后北大第一代德语文学学者冯至和杨业治先生是德语诗歌中文译介和研究的先行者。我的两位导师，北京大学张玉书教授和慕尼黑大学沃尔夫冈·弗吕瓦尔德（Wolfgang Frühwald）教授，分别在德语诗歌翻译和研究领域卓有成就。张玉书教授是席勒、海涅和女诗人德罗斯特的诗歌译者，主编有《外国抒情诗赏析辞典》(1991)；弗吕瓦尔德教授是诗人布伦塔诺、艾兴多夫历史注疏版全集主编，编选的《德国浪漫主义诗集》(*Gedichte der Deutschen Romantik*, 1986）是学界公认的权威选本。自2011年起，我在北大德语系开设“德语抒情诗史”“德语自然诗”“歌德诗歌”课程，诗集中选入的大部分诗歌都与同学们在课堂上研读过。两位导师于2019年元月魂归道山，老师的提携教导，历届学生给我的灵感和启发，北大德语系同仁师友的关心支持，笔者时时感念。

承蒙刘文飞教授的信任和勉励，本诗集收入商务印书馆“双语对照外国诗丛”系列。责任编辑石良燕女士细致专业的工作保证了诗集的顺利出版。首都师范大学外国诗歌研究所做了精心的组织工作，首师大德语系陈曦博士通读了整部书稿。我在北大德语系的学生张皓莹、邢旭、王一帆和杨景丹进行了原文录入，中山大学陈郁忠博士亦对书稿有所贡献，在此一并致以衷心的谢意。

胡 蔚

2023年春于京西玉泉山东麓

Anonym

Merseburger Zaubersprüche gehören zu den wenigen auf Althochdeutsch überlieferten Texten mit Bezug auf die vorchristlichen germanischen Mythologie. Die Zaubersprüche bestehen aus historia und incantatio. Es handelt sich dabei nach der althochdeutschen Tradition um eine klangvolle Alliteration. Sie wurden 1841 in der Bibliothek des Domkapitels zu Merseburg in einer Handschrift aus dem 9. Jahrhundert entdeckt und 1842 von Jacob Grimm erstmals editiert und herausgegeben.

MERSEBURGER ZAUBERSPRÜCHE

I.

Eiris sazun idisi, sazun heraduoder.
[Einst saßen Idisi, setzten sich hierher und dorthin.][①]

Suma hapt heptidun, suma heri lezidun,
[Einige fesselten einen Gefangenen, einige hemmten die Heere.]

suma clubodun umbi cuonio uuidi.
[Einige zertrennten ringsherum die scharfen Fesseln.]

Insprinc haptbandun, inuar uigandun!
[Entspringe den Fesseln, entfahre den Feinden!]

---

① 方括号中为现代德语翻译，下同。

佚名

梅尔赛堡咒语属于最古老的古高地德语文献，记录了前基督教时期古日耳曼部落的宗教习俗。咒语包括前后叙事和咒语两个部分，按照古高地德语的传统押头韵，铿锵有力。1841 年被发现于梅尔赛堡大教堂图书馆一本 9 世纪的手稿中，1842 年经雅各布·格林整理发表。

梅尔赛堡咒语

一

众女武神出征，布阵四方坐定。

几位捆绑俘虏，几位叫阵敌军。

几位一齐动手，解开坚固锁链。

快快挣脱绳索，快快逃出敌营。

II.

Phol ende Uodan uuorun zi holza.

[Pho und Woda begaben sich in den Wald.]

Du uuart demo Balderes uolon sin uuoz birenkict.

[Da wurde dem Fohlen Balders der Fuß eingerenkt.]

Thu biguol en Sinhtgunt, Sunna era suister,

[Da besangen ihn das Fohlen Sinhtgunt und Sunna, ihre Schwester.]

thu biguol en Friia, Uolla era suister,

[Da besangen ihn Friia und Volla, ihre Schwester.]

thu biguol en Uuodan, so he uuola conda:

[Da besang ihn Wodan, so wie er es gut verstand:]

Sose benrenki, sose bluotrenki, sose lidirenki:

[Wenn Knochenrenkung, wenn Blutrenkung, wenn Gelenkrenkung:]

Ben zu bena, bluot zi bluoda,

[Knochen zu Knochen, Blut zu Blut,]

lid zi geliden, sose gelimida sin!

[Glied zu Glied! So seien sie zusammengeklebt!]

(um 9. Jahrhundert)

二

弗尔和奥丁神行至林间。

弗尔的马驹扭伤了脚腕。

月亮女神和她的姐妹来念咒，

太阳女神和她的姐妹来念咒，

通晓咒语的奥丁神为它念咒：

腿折断、血淤堵、关节扭：

腿对腿，血对血，关节对关节！

速速复原，好像黏上去一般！

（公元9世纪）

Anonym

Dieses Lied, das sich in der *Tegernseer Briefsammlung* findet und gegen Ende des 12. Jahrhunderts von einem unbekannten Schriftsteller verfasst wurde, gilt als ältestes mittelhochdeutsches Liebeslied und gehört zu den bekanntesten Gedichten des deutschen Mittelalters.

DU BIST MIN, ICH BIN DIN

[DU BIST MEIN, ICH BIN DEIN]

Dû bist mîn, ich bin dîn:

[Du bist mein, ich bin dein.]①

des solt dû gewis sîn.

[Dessen sollst du gewiss sein.]

dû bist beslozzen

[Du bist eingeschlossen]

in mînem herzen:

[in meinem Herzen,]

verlorn ist daz slüzzelîn:

[verloren ist das Schlüssellein:]

dû muost ouch immêr darinne sîn.

[Du musst auch immer darin sein.]

(um 1180)

---

① Nach Thomas Bein.

佚名

这首小诗被认为是最古老的中古德语爱情诗，发现于12世纪的《泰根湖信笺集》中，作者不可考。

你是我的，我是你的

你是我的，我是你的，

你可知晓，这个秘密。

你已锁进，

我的心里。

小小钥匙，已经遗失。

你也必将，永驻我心。

（约1180年）

Walther von der Vogelweide

Walther von der Vogelweide (um 1170 – um 1230) gilt als der bedeutendste Lyriker des deutschen Mittelalters. Er stammte aus einer österreichischen niederen adligen Familie und empfing seine dichterische Ausbildung in Österreich durch Reinmar den Alten. Seine Schaffenszeit befindet sich im Hochmittelalter, als das Heilige Römische Reich Deutscher Nation in Macht und Glanz strahlte, aber auch von politischen und kirchlich-politischen Stürmen heimgesucht wurde. Walther wanderte als Barde und diente in vielen Höfen als Hofdichter. Er hinterließ in mittelhochdeutscher Sprache c.a. 90 Lieder, 150 Sprüche und eine Leich, darunter der Minnesang „Unter der linden“ und das Reichsspruch „Ich saz ûf eime steine“ kennzeichnen seine Leistungen.

ICH SAZ ÛF EIME STEINE
[ICH SASS AUF EINEM STEINE]

Ich saz ûf eime steine,
[Ich saß auf einem Steine]

dô dahte bein mit beine,
[und deckte Bein mit Beine.]

dar ûf sazte ich mîn ellenbogen,
[Darauf der Ellbogen stand.]

ich hete in mîne hant gesmogen
[es schmiegte sich in meine Hand]

福格威德的瓦尔特

福格威德的瓦尔特（约 1170—约 1230）被公认为是德国中世纪最伟大的诗人。他出生于奥地利低级贵族家庭，在维也纳宫廷中跟随老诗人莱因迈尔学习诗艺。他的创作时期正处于中世纪盛期，德意志民族的神圣罗马帝国国力强盛，也是皇权和教权纷争不断的阶段。瓦尔特作为吟游诗人行吟各地，曾在多个宫廷担任宫廷诗人。他留下了 90 余首中古高地德语骑士爱情诗，150 余首格言诗和一首宗教赞美诗。骑士爱情诗《在菩提树下》和政治格言诗《吾坐磐石上》代表了他在爱情诗和政治诗两方面的成就。

吾坐磐石上

吾坐磐石上，

双腿自在叠，

曲肱搁于腿，

脸颊与下巴，

daz kinne und ein mîn wange.
[das Kinn und eine Wange.]

dô dâhte ich mir vil ange,
[Da dachte ich sorglich lange,]

wie man zer welte solte leben.
[wie sollte man in der Welt leben,]

deheinen rât kunde ich gegeben,
[doch wurde mir kein Rat gegeben:]

wie man driu dinc erwurbe,
[wie man drei Ding erwürbe,]

der deheines niht verdurbe:
[dass ihrer keins verdürbe.]

diu zwei sint êre und varnde guot,
[Zwei Ding sind Ehr und zeitlich Gut,]

der ietweders dem andern schaden tuot:
[das oft einander Schaden tut,]

daz dritte ist gotes hulde,
[das Dritte Gottes Segen,]

der zweier übergulde.
[den beiden überlegen:]

die wolde ich gerne in einen schrîn.
[Die hätte ich gern in einem Schrein]

Jâ, leider desn mac niht gesîn,
[doch mag es leider nimmer sein,]

掩入手心藏！[1]

良久默沉思，

生活应如何？

一筹莫展矣！

三种善事体

又如何获得？

名声与财富，

常性非兼得，

上帝之恩泽，

稀有最难得。

我欲将三者，

锁入箱箧藏。

---

① 诗歌开头五行描绘诗人坐于磐石之上，磐石象征信仰的坚定，以手托颌属于忧郁沉思者（melancholia）的图像传统，呼应诗歌感伤世事的内容。这一形象成为中世纪最重要的诗歌集《大型海德堡歌集手抄本》（又称：马内塞手抄本或C本）中诗人瓦尔特画像的形象来源。

daz guot und weltlich êre
[dass Gottes Gnade kehre]

und gotes hulde mêre
[mit Reichtum und mit Ehre]

in einen schrîn mügen komen.
[zusammen ein ins gleiche Herz;]

stîge und wege sint in genomen:
[sie finden Hemmungen allerwärts:]

untriuwe ist in der sâze,
[Untreue liegt im Hinterhalt,]

gewalt vert ûf der strâze,
[kein Weg ist sicher vor Gewalt,]

fride unde reht sint beidin wunt.
[so Fried als Recht sind todeswund,]

diu driu enhabent geleites niht
[und werden die nicht erst gesund,]

diu zwei enwerden ê gesunt.
[wird den drei Dingen kein Geleite kund.]

(um 1200)

祈请神恩泽，

名声与财富，

含摄于一心，

叹惜永难得。

处处皆阻碍，

背叛暗中藏，

道路险且阻。

和平与公义[1]，

奄奄一息哀。

如若不复生，

三种善事体，

永难存护佑！

（约1200年）

---

① “和平”与“公义”是德意志神圣罗马帝国皇帝加冕时的誓言，表达诗人支持皇权稳固的政治立场。

UNDER DER LINDEN[1]

[UNTER DER LINDE]

Under der linden
[Unter der Linde]

an der heide,
[an der Heide,]

dâ unser zweier bette was,
[wo unser beider Bett war,]

dâ mugent ir vinden
[da könnt ihr schön]

schône beide
[gebrochen finden]

gebrochen bluomen unde gras.
[Blumen und Gras.]

Vor dem walde in einem tal,
[Vor dem Walde in einem Tal,]

tandaradei,
[tandaradei,]

---

① 这首诗形式工整，富有音韵美。全诗共四节，每节九行，分为两个部分，第 1—3 行为第一分诗节（Stollen），第 4—6 行为第二分诗节，两个分诗节构成前歌（Aufgesang），以尾韵（abc）的形式前后呼应，第 7—9 行押尾韵（ded），为后歌（Abgesang）。

菩提树下[1]

荒野萋萋，

有树菩提，

其荫蔽兮，

爱之枕席。

君可见，

折花断草迹[2]。

幽谷傍深林，

倘达拉岱[3]，

---

① Linde 实为椴树，译者从其通译“菩提树”。“菩提树”的译法来自日语。菩提树在佛教文化中被视为智慧开悟的象征，日耳曼人村落亦将椴树视为神树，有在椴树下集会议事的传统。椴树叶心形，椴花香气浓郁，有疗愈作用，是日耳曼神话中故乡和爱情女神芙蕾雅（Freya）的象征。瓦尔特在这首诗中以少女的口吻，描述了发生在自然“乐土”（locus amoenus）的一场幽会。与宫廷骑士爱情诗爱而不得的“典雅爱情”（hohe minne）不同，这首诗以两情相悦的“平等恋情”（ebene minne）为主题。

② “折花断草”也是中世纪诗歌中惯用的隐喻，喻指“失贞”。

③ 夜莺啼鸣的拟音词。

schône sanc diu nahtegal.
[sang die Nachtigall lieblich.]

Ich kam gegangen
[Ich kam

zuo der ouwe,
zu der Au,]

dô was mîn friedel komen ê.
[da war mein Liebster schon.]

dâ wart ich enpfangen,
[Dort wurde ich empfangen,]

-hêre frouwe!-
[edle Frau!]

daz ich bin sælic iemer mê.
[(so) dass ich für immer selig bin.]

er kuste mich wol tûsent stunt,
[Küsste er mich? Wohl tausendmal!]

tandaradei,
[Tandaradei,]

seht wie rôt mir ist der munt.
[seht, wie rot mir ist der Mund.]

Dô het er gemachet
[Da hatte er aus Blumen]

alsô rîche
[ein prächtiges Bett]

莺歌恰恰啼。

踽踽行至，

幽谷草地，

良人久候，

趋迎致意，

“尊贵的夫人！”[1]

但使心永醉。

亲吻万千回，

倘达拉岱，

唇若著胭红。

良人随即，

采撷花草，

① 对宫廷贵妇的尊称。

von bluomen eine bette stat.
[vorbereitet.]

des wirt noch gelachet
[Darüber wird jetzt noch]

inneclîche,
[herzlich gelacht,]

kumt iemen an daz selbe pfat.
[wenn jemand denselben Weg entlang kommt.]

bî den rôsen er wol mac,
[An den Rosen kann er wohl,]

tandaradei,
[tandaradei,]

merken wâ mirz houbet lac.
[erkennen, wo mein Haupt lag.]

Daz er bî mir læge,
[Dass er bei mir lag,]

wessez iemen
[wüsste das jemand]

(nu enwelle got!) sô schamt ich mich.
[(das wolle Gott nicht!), dann würde ich mich schämen.]

Wes er mit mir pflæge,
[Was er mit mir tat,]

niemer niemen
[das soll nie jemand]

bevinde daz wan er unt ich
[erfahren, außer er und ich]

铺就锦衾。

后有行人，

偶经此地，

开怀欢笑尔。

　　玫瑰已泄露，

　　　　倘达拉岱，

　　吾卧于何处。

希无人知，

吾与爱侣，

共享欢愉。

（上帝保佑！）无人知晓，

我会羞愧。

唯良人与吾

und ein kleinez vogellîn,
[und ein kleines Vöglein,]

tandaradei,
[tandaradei,]

daz mac wol getriuwe sîn.
[das kann wohl verschwiegen sein.]

(um 1200)

和小鸟一只，

倘达拉岱，

希无人知晓。

（约 1200 年）

Hans Sachs

Hans Sachs (1494–1576) war ein berühmter, in Nürnberg lebender Meistersänger, dessen Schaffen vielfältig und inhaltsreich war. Sein „Summa all meiner Gedichte“ mit insgesamt mehr als 6.000 Werken, enthielten verschiedenen literarische Gattungen wie Meistergesänge, Aphorismen sowie Lehrstücke und Karnevalspiel und beinhalteten sowohl weltliche Themen als auch religiöse Themen zur Unterstützung der Reformation. Am meisten wurde dabei der Knittelvers als gängige Versform des 16. Jahrhunderts verwendet.

Die Wittenbergisch Nachtigall bezieht sich mit der „Nachtigall von Wittenberg“ auf Luther, um Luthers Reformation zu preisen. Es stellt sich gegen Papst und Priester und fordert die verlorenen Lämmer auf, zum wahren Hirten zurückzukehren. Dieses Gedicht war während der Reformationszeit weit verbreitet und machte Hans Sachs berühmt.

DIE WITTENBERGISCH NACHTIGALL[①] (Auszug)

Wacht auf, es nahent gen dem tag!

ich hör singen im grünen hag

① 这首诗便是典型的四音步双行叠韵体，是16世纪德语工匠歌曲中最常见的诗体形式。在后世也经常被使用，比如出现在歌德《浮士德》“夜”（一场开场时）浮士德的独白中，符合浮士德所处时代和市民学者讽刺剧所需的表达效果。

汉斯·萨克斯

汉斯·萨克斯（1494—1576）是生活在纽伦堡的著名工匠歌手，他的作品形式多样，内容丰富，著有《诗全集》共计 6000 余件作品，包括工匠歌曲、格言诗、教育剧和狂欢节剧等多种诗歌戏剧体裁。他的工匠歌曲既有世俗题材，也有支持新教改革的宗教题材。诗行形式上使用 16 世纪工匠歌曲中最为常用的四音步双行叠韵诗（Knittelvers）。

《维滕堡的夜莺》用维滕堡的夜莺喻指路德，歌颂路德的新教改革，反对教皇和神父，呼吁迷路的羔羊回到真正的牧羊人身边。这首诗在宗教改革运动中传播甚广，让汉斯·萨克斯声名远扬。

维滕堡的夜莺（节选）[1]

快快醒来，天色渐明！
绿色灌丛，侧耳倾听，

---

[1] 汉斯·萨克斯在《维腾堡的夜莺》中，将路德比作夜莺，教皇比作狮子，神父比作狼，僧侣和修女比作蛇，基督徒比作羊，耶稣基督比作牧羊人，太阳寓指福音。羊群受到狮子的诱惑来到沙漠，成为狮子和狼的牺牲品。这时，夜莺唱起清亮的歌声，宣告黑夜将逝，旭日东升。野兽奋力反扑，但无法扼杀夜莺的歌声，更无法阻止太阳升起，最后作者号召留在荒原的羊，赶快离开狮子，回到真正的牧羊人耶稣基督身边。这首诗共 700 诗行，本书节选了这首长诗的开头和结尾部分。

ein wunnikliche nachtigal;

ir stim durchklinget berg und tal.

die nacht neigt sich gen occident,

der tag get auf von orient,

die rotbrünstige morgenröt

her durch die trüben wolken get,

daraus die liechte sunn tut blicken,

des mones schein tut sie verdrücken;

der ist iez worden bleich und finster,

der vor mit seinem falschen glinster

die ganzen hert schaf hat geblent,

das sie sich haben abgewent

von irem hirten und der weid

und haben sie verlaßen beid,

sind gangen nach des mones schein

in die wiltnus den holzweg ein,

haben gehört des leuen stim

und seint auch nachgefolget im,

der sie gefüret hat mit liste

ganz weit abwegs tief in die wüste.

(…)

darumb, ihr christen, wu ir seit,

kert wider aus des bapstes wüste

奇妙婉转，夜莺啼鸣；

歌声嘹亮，穿透山陵，

夜幕西垂，日出东岭。

红色赤焰，璀璨晨云，

乌云黯淡，涤荡殆尽，

阳光明亮，穿透乌云。

黑云蔽月，月光昏沉，

夜色昏昏，黯淡云影。

月影憧憧，羊群迷途。

远离牧人，远离绿茵，

渐行渐远，羊群迷离，

月色诱羊，迷失密林。

狮吼声声，迫羊跟随，

巧施诡计，诱羊远行，

偏离正道，沙漠遁形。

（……）

诸位教友，汝等何在，

远离教皇，沙漠归来，

zu unserm hirten Jesu Christe;

derselbig ist ein guter hirt,

hat sein lieb mit dem tot probiert,

durch den wir alle sein erlost,

der ist unser einiger trost

und unser einige hoffnung,

gerechtigkeit und seligung,

all, die glauben in seinen namen.

wer des begert, der spreche amen.

(1523)

耶稣基督，真正牧人。

唯独他是，好的牧人。

奉献爱心，经历死亡，

以己生命，救赎众生。

带来慰藉，带来希望。

公义至福，得以实现，

耶稣信徒，众呼阿门。

（1523 年）

Martin Luther

Martin Luther (1483–1546) war der Initiator der Reformation im 16. Jahrhundert und Begründer des Protestantismus. 1505 trat er dem Augustiner-Orden bei. 1512 wurde er Professor der Theologie an der Universität Wittenberg, 1517 verfasste er die „95 Thesen" gegen den eröffneten Ablasshandel des Heiligen Stuhls, was als Auftakt zur Reformation in die Geschichte ging. Er betonte die Rechtfertigung durch den Glauben in der Theologie und plädierte dafür, religiöse Zeremonien in den Landessprachen abzuhalten. Die von ihm auf der Wartburg begonnene Übersetzung und Überarbeitung der Bibel ist nicht nur für die Reformation von großer Bedeutung, sondern auch ein wichtiger Meilenstein in der deutschen Sprach- und Literaturgeschichte.
Luthers Beitrag zur deutschen Literaturgeschichte liegt in den von ihm in deutscher Sprache verfassten Kirchenliedern, die spätere Generationen nachhaltig beeinflussten und nach ihrer Entstehung als Bestandteil des christlichen Abendmahlsgesangs wurden. Luther legte großen Wert auf die Verbindung von Musik und Theologie und glaubte, dass „Wer solches mit ernst gleubet, der kans nicht lassen, er mus froelich und mit lust dauon singen und sagen, das es andere auch hoeren und herzu komen". (Martin Luther *Werke* 35, 476f.)
Unter Luthers Kirchenlieder sind „Ein feste Burg ist vnser Gott" und „De profundis" die bekanntesten. Ersteres wurde in den Bauernkriegen des 16. Jahrhunderts viel besungen und von Engels als „die deutsche Marseillaise des 16. Jahrhunderts" gefeiert. „De Profundi" ist eine Neufassung von „Psalm 130" des *Alten Testaments*. Es ist aufrichtig und berührend und drückt den festen Glauben der Gläubigen an Gott aus.

马丁·路德

马丁·路德（1483—1546）是16世纪宗教改革运动的发起人，基督教新教的创立者。1505年入奥古斯丁修会学习神学，1512年在维滕堡大学任神学教授，1517年撰写《九十五条论纲》，反对罗马教廷出售赎罪券，揭开了宗教改革的序幕。他在神学上强调因信称义，提倡用民族语言举行宗教仪式。他在瓦特堡开始的圣经翻译和修订工作，不仅具有重大的宗教改革意义，也是德意志语言史和文学史上重要的里程碑。路德对于德语诗歌史的贡献在于他用德语撰写的宗教赞美诗，对于后世影响深远，赞美诗谱曲后作为众赞歌成为基督教圣仪歌咏的组成部分。路德重视音乐同神学的结合，认为"虔信之人，必得欢歌，众人慕悦，欣快而至"。

路德的宗教赞美诗中尤以《上帝是我们坚固的堡垒》和《深处呼求歌》最为著名。前者在16世纪农民战争中被广为传唱，被恩格斯誉为"德国16世纪的马赛曲"。《深处呼求歌》是对《旧约·诗篇》第130首的改写，真挚感人，表达了信徒对上帝的坚定信仰。

DE PROFUNDIS[1]

Auß tieffer not schrey ich zu dir /
herr Gott erhör mein ruffen.
Dein gnedig oren ker zu mir /
vnd meyner bit sye offen.
Den so du wilt das sehen an /
wie manche sund ich hab gethan.
Wer kan herr fur dir bleiben?

Es steht bey deyner macht allein /
die sunden zu vergeben.
Das dich forcht beide gros vnd kleyn /
auch yn dem besten leben /
darumb auff Got wil hoffen ich /
mein hertz auff yhn sol lassen sych.
Ich wil seins worts erharren.

Vnd ob es wert bys yn die nacht /

---

① 路德的这首赞美诗由五个七行诗节组成，每个诗节由八音节四音步重音结尾和七音节三音步轻音结尾交替组成，尾韵规律为ababccx，即前四行押两组交叉韵，后三行押一组对韵和一个孤韵。这是德语诗歌中最常见的七行诗节形式，被称为“路德诗节”（Lutherstrophe）。

深处呼求歌

我自深渊向你求告，
请你慈悲的耳倾侧，
主啊垂听我的呼号，
聆听我虔诚的祈祷，
主若当真从严深究，
我需承担几多罪责，
在你面前谁又无咎？

若需宽恕众人罪孽，
唯主恩慈大能有效，
大小功绩自叹弗如，
至善人生亦是徒然。
我愿依靠圣主恩典，
我心安歇应在主怀，
虔信坚守主的话语。

是否值得深夜守候，

vnd widder an den morgen /
Doch sol mein hertz an Gottes macht
vertzweyffeln nicht noch sorgen.
So thu du Israel rechter art /
der auß dem geyst erzeuget wart.
Vnd seynes Gotts erharre

Ob bey vns ist der sunden viel /
bey Gott ist vil mer gnaden.
Sein hant zu helffen hat keyn ziel /
wy groß auch sey der schaden.
Er ist allein der gute hyrtt /
der Israel erlosen wirt.
Aus seynen sunden allen.

(1524)

直到清晨曙光再现?
我心至诚靠主大能,
毫不迟疑抑或忧愁。
愿汝真正以色列人,
因灵而生尽守本分,
坚忍直到上主显现。

虽然吾等罪孽深重,
主的仁爱更为深厚。
他的行善并非私利,
不计承受多少辛劳。
唯独他是好的牧人,
保护看守以色列民,
罪恶之中拯救众人。

(1524年)

Martin Opitz

Martin Opitz (1597–1639), geboren im schlesischen Benznau, war Begründer der Schlesischen Dichterschule in der Barockzeit. Er verfasste *Buch der deutschen Poeterey* und wurde als Vater der deutschen Barockliteratur verehrt. Er plädierte für das Reglementieren der deutschen Lyrik und Dramatik durch das Vorbild der klassischen Poesie der Antike und der Renaissance. Der Verdienst von Opitz für die deutsche Literaturgeschichte besteht darin, die Metrik der deutschen Verse zu standardisieren und das Sonett als wichtigste Gedichtform mit fester Struktur und eleganter Form im 17. Jahrhundert zu stabilisieren.

Francisci Petrarchae ist von Opitz übersetzt worden von Petrarcas Sonettsammlung *Canzoniere* (Nr. 88). Dabei bediente sich Opitz der Alexandriner aus dem französischen Heldenepos, d. h., jede Zeile hat 12/13 Silben, jambische Hexameter und Pausen im Satz. Dieses Gedicht ist ein repräsentatives Beispiel für Petrakismus in der Barockzeit, das die unerfüllte Liebe thematisiert, viele rhetorische Mittel wie Metaphern, Vergleiche, Paradoxien und Übertreibungen verwendet, um die Trauer der Liebenden auszudrücken.

马丁·奥皮茨

马丁·奥皮茨（1597—1639）出生于西里西亚的本兹瑙，是巴洛克时期西里西亚诗派的创始人，被誉为“德国巴洛克文学之父”，撰有文论《德意志诗学》，以古典诗学和文艺复兴诗学为榜样，规范德语诗歌和戏剧。奥皮茨在诗歌史上的贡献在于规范了德语诗歌格律，引领了德语商籁体，十四行诗成为风范，这种结构固定、形式典雅的诗体成为17世纪最主要的诗体。《彼特拉克之诗》译自彼特拉克的《歌集》第88首，奥皮茨的翻译使用源自法国英雄史诗《亚历山大传奇》的亚历山大体诗行，即每个诗行12/13个音节，六音步抑扬格，句中停顿。诗歌以爱情为主题，大量采用反问、比喻、对照、佯谬、夸张等修辞格，一唱三叠，写出了恋人的愁肠百结，是17世纪德语诗歌中彼特拉克诗风（Petrakismus）的典范。

FRANCISCI PETRARCHAE[1]

ISt Liebe lauter nichts / wie daß sie mich entzündet?
Ist sie dann gleichwol was / wem ist jhr Thun bewust?
Ist sie auch gut vnd recht / wie bringt sie böse Lust?
Ist sie nicht gut / wie daß man Frewd aus jhr empfindet?

Lieb' ich ohn allen Zwang / wie kann ich Schmertzen tragen?
Muß ich es tun / was hilfft's daß ich solch Trawren führ'?
Heb' ich es vngern an / wer dann befihlt es mir?
Thue ich es gern' / vmb was hab' ich zu klagen?

Ich wancke wie das Graß so von den kühlen Winden
Vmb Vesperzeit bald hin geneiget wird / bald her:
Ich walle wie ein Schiff das durch das wilde Meer

Von Wellen vmbgejagt nicht kan zu Rande finden.

---

[1] 德语巴洛克十四行诗遵守 4–4–3–3 的诗行分节，每个诗节遵守严格的尾韵要求，四行诗节采用包围韵（Umarmende Reim：abba），三行诗节采用拖尾韵（Schweifreim：ccd-eed）。十四行诗的结构可类比 17 世纪流行的寓意画（Emblem），即由题辞（*inscriptio*），图像描述（*pictura*）和寓意（*subscriptio*）三部分组成。奥皮茨使用了亚历山大体诗行，诗歌遵守了十四行诗的诗节分段（4–4–3–3）和严格的尾韵要求。同时诗人在第一节和第三、第四节中使用了头韵，使得诗行在音韵中前后呼应。奥皮茨的诗歌翻译展示了精巧典雅的诗艺，为德语十四行诗的撰写提供了范本。

彼特拉克之诗

如果爱情是虚无，它如何将我点燃？
如果爱情是实有，它如何费人思量？
如果爱情是美善，怎会引发欲望？
如果爱情是丑恶，怎会让人欣安？

我若爱得自愿，为何感到痛苦？
我若爱得为难，忧愁又何来由？
我若拒绝爱情，谁又可以强求？
我若心甘情愿，为何又要哀哭？

我摇摇晃晃，如刺骨寒风中的野草
在晚祷时分，忽而前倾忽而伏后：
我摇摇摆摆，如苍茫大海上的小舟，

随波逐流，无法找到港湾停靠。

Ich weiß nicht was ich wil / ich wil nicht was ich weiß:

Im Sommer ist mir kalt / im Winter ist mir heiß.

(1625)

吾愿无人知，已知非吾求：
夏日寒不去，冬日暑难收。

（1625 年）

Paul Fleming

Paul Fleming (1609–1640), geboren in einer evangelischen Pfarrerfamilie in Sachsen, war kenntnisreich und lebenserfahren. Er studierte Medizin an den Universitäten Leipzig und Leiden und reiste mit diplomatischen Missionen nach Russland und Persien. Fleming setzte die von Opitz vorgeschlagenen metrischen Normen der deutschen Dichtung brillant in die Praxis um und bereicherte insbesondere die Ausdruckskraft deutscher Sonette.

In Flemings Sonetten finden sich nicht nur Liebesgedichte im Stil Petrarcas, sondern auch philosophische Gedichte unter dem Einfluss des Humanismus. „An sich“ ist ein philosophisches Lehrgedicht, das die stoische Lebensanschauung verkörpert, die vom Einzelnen verlangt, inneren Frieden zu bewahren und an die Macht des persönlichen Willens zu glauben, wenn er der Vergänglichkeit des Schicksals gegenübersteht.

AN SICH

SEY dennoch unverzagt. Gieb dennoch unverlohren.
Weich keinem Glücke nicht. Steh' höher als der Neid.
Vergnüge dich an dir/ und acht es für kein Leid/
hat sich gleich wieder dich Glück /Ort/ und Zeit verschworen.

Was dich betrübt und labt/ halt alles für erkohren.
Nim dein Verhängnüß an. Laß' alles unbereut.

保罗·弗莱明

保罗·弗莱明（1609—1640）出生于萨克森地区的新教牧师家庭，他知识渊博，经历丰富，曾在莱比锡和莱顿大学学医，随外交使团出使俄罗斯和波斯。弗莱明将奥皮茨提出的德语诗歌格律规范出色地付诸实践，尤其丰富了德语十四行诗的表现力。

弗莱明的十四行诗中既有彼特拉克诗风的爱情诗，也有在人文主义影响下的哲理诗。《致吾诗》便是一首体现斯多葛主义生命观的哲理诗，要求个体在面对命运无常时，保持内心的宁静，相信个人意志的力量。

致吾诗

你得从不气馁，你得永不服输。
坦然面对幸运，超越他人嫉妒。
学会自得其乐，纵使和天时地利命运，
全都掣肘于你，不要抱怨和轻言放弃。

喜悦还是苦难，皆有宿命前定，
承受你的命运，便可无怨无悔。

Thu / was gethan muß seyn / und eh man dirs gebeut.
Was du noch hoffen kanst / das wird noch stets gebohren.

Was klagt/ was lobt man doch? Sein Unglück und sein Glücke
ist ihm ein ieder selbst. Schau alle Sachen an.
Diß alles ist in dir/ laß deinen eiteln Wahn/

und eh du förder gehst/ so geh' in dich zu rücke.
Wer sein selbst Meister ist/ und sich beherrschen kan /
dem ist die weite Welt und alles unterthan.

(1636)

自觉完成使命，无需他人叮嘱。
怀揣你的希望，它终将会实现。

有何可抱怨可欣悦？人的幸运和苦难，
都来源于自己。观世相万千，
一切尽是心相，放下你的妄念，

欲见天地广阔，先进入自己的内心。
学会控制自己，成为自己的主人。
芸芸众生大千世界，便会俯首称臣。

（1636 年）

Andreas Gryphius

Andreas Gryphius (1616–1664), geboren im schlesischen Glogau, gilt als herausragendste Lyrikes der deutschen Barockliteratur. Er verlor seine Eltern in jungen Jahren, erlebte den Dreißigjährigen Krieg und verfügte über ein umfangreiches Wissen. Er studierte an der Universität Leiden, dem damaligen europäischen Kulturzentrum, und bereiste Frankreich und Italien.

Er war ein hervorragender Sonettschreiber und hat Opitz' Anforderungen an die Form von Sonetten in seiner kreativen Praxis weitergeführt. Seine Gedichte sind tiefgründig im Denken und elegant in der Form. Die meisten Themen basieren auf dem Dreißigjährigen Krieg und besingen die Leere und Vergänglichkeit (Vanitas) der Welt. „Menschliches Elende", „Es ist alles eitel" und „Tränen des Vaterlandes/Anno 1636" sind die bekanntesten Sonette von Gryphius.

MENSCHLICHES ELENDE

WAs sind wir Menschen doch? ein Wohnhauß grimmer Schmertzen
Ein Ball des falschen Glücks / ein Irrlicht diser Zeit.
Ein Schauplatz herber Angst/ besetzt mit scharffem Leid/
Ein bald verschmeltzter Schnee und abgebrante Kertzen.

Diß Leben fleucht davon wie ein Geschwätz und Schertzen.

安德里亚斯·格吕菲乌斯

安德里亚斯·格吕菲乌斯（1616—1664）出生于西里西亚的格罗高，被认为是德国 17 世纪巴洛克文学中最杰出的诗人。他幼失怙恃、身世坎坷、亲历三十年战争，知识广博，曾在当时的欧洲文化中心莱顿大学学习，又前往法国和意大利游历。

他擅长写十四行诗，将奥皮茨的十四行诗形式规范在创作实践中发扬光大，他的诗歌思想深刻、形式典雅。题材上多以三十年战争为题，吟咏尘世的虚空和无常（Vanitas）。《苦谛》《万事皆虚空》《祖国之泪 /1636 年》便是格吕菲乌斯最为著名的十四行诗。

苦　谛①

到底何为我们人类？一房子焦灼的痛苦。

一场伪装幸福的舞会，时代的鬼影疃疃。

触目即是焦灼恐惧，被锐利的苦难占据。

一片将融化的雪地，一支要燃尽的蜡烛。

生命转瞬即逝，犹如闲言碎语飞散，

① 这首诗以首句和末句的两个问句贯穿全诗，采用大量隐喻描述人生的无常。

Die vor uns abgelegt des schwachen Leibes Kleid
Und in das Todten-Buch der grossen Sterbligkeit
Längst eingeschrieben sind/ sind uns aus Sinn und Hertzen.

Gleich wie ein eitel Traum leicht aus der Acht hinfällt/
Und wie ein Strom verfleust / den keine Macht auffhält:
So muß auch unser Nahm/ Lob/ Ehr und Ruhm verschwinden/

Was itzund Athem holt/ muß mit der Lufft entflihn /
Was nach uns kommen wird/ wird uns ins Grab nachzihn.
Was sag ich? wir vergehn wie Rauch von starcken Winden.

(1637)

留下布衫一件，且将虚弱肉体遮掩，
生死无常之威，亡灵簿上早已记录，
在我们的头脑和心灵，却无法留驻。

如同黄粱美梦，恰似一切皆是虚空，
如同激流奔涌，没有力量可以挽留：
我们的声名、荣誉和光芒终将消散。

现在依然呼吸的，必将随风而逝，
追随我们而来的，将把我们送入墓室。
问君何所言？我们如同轻烟，终被飓风吹散。

（1637 年）

ES IST ALLES EITEL

DU sihst / wohin du sihst nur Eitelkeit auff Erden.
Was diser heute baut/ reist jener morgen ein:
Wo itzund Städte stehn / wird eine Wisen seyn /
Auff der ein Schäfers-Kind wird spilen mit den Herden:

Was itzund prächtig blüht / sol bald zutretten werden.
Was itzt so pocht und trotzt ist Morgen Asch und Bein/
Nichts ist/ das ewig sey / kein Ertz / kein Marmorstein.
Itzt lacht das Glück uns an / bald donnern die Beschwerden.

Der hohen Thaten Ruhm muß wie ein Traum vergehn.
Soll denn das Spil der Zeit/ der leichte Mensch bestehn?
Ach! was ist alles diß / was wir vor köstlich achten/

Als schlechte Nichtikeit / als Schatten/ Staub und Wind;
Als eine Wisen-Blum / die man nicht wider find't.

万事皆虚空[①]

看，无论你看向哪里，万事皆虚空。
今日此人建高楼，明日毁于彼人手：
今天这里城市林立，明日荒草萋萋，
草地上，牧人的孩子与羊群在嬉戏。

今日繁华似锦，不久就会有人闯入。
今日顽强坚挺，明日就是灰烬尸骨。
无物能永恒，即便是青铜是大理石。
今日幸福笑脸盈盈，转瞬痛苦轰鸣而至。

丰功伟绩和荣耀，必然如梦一般溜走。
时代的戏弄，轻如鸿毛之人可能承受？
唉！何为一切，我们奉为珍贵之物，

无非是败坏的虚无，犹如尘埃、风和影子，
或如草地上的花朵，转瞬便再也无处寻觅，

---

① “万事皆虚空”出自圣经《旧约·传道书》。大卫之子在传道时说：“虚空的虚空，虚空的虚空，万事都是虚空。人一切的劳碌，就是他在日光之下的劳碌，有什么益处？”意为日光之下并无新事，人的一切都是徒劳。这首诗表达了诗人的基督教世界观。全诗采用对照修辞，列举种种证明世事无常，尘世的荣耀转瞬即逝。全诗末句指出，唯有灵魂和信仰的世界里才有真正的永恒。

Noch wil was Ewig ist kein einig Mensch betrachten!

(1643)

TRÄNEN DES VATERLANDES /ANNO 1636

WIr sind doch nunmehr gantz / ja mehr denn gantz verheeret!
Der frechen Völcker Schaar / die rasende Posaun
Das vom Blutt fette Schwerdt / die donnernde Carthaun /
Hat aller Schweiß/ und Fleiß/ und Vorrath auffgezehret.

Die Türme stehn in Glutt / die Kirch ist umgekehret.
Das Rathauß ligt im Grauß / die Starcken sind zerhaun /
Die Jungfern sind geschänd't / und wo wir hin nur schaun
Ist Feuer/ Pest/ und Tod/ der Hertz und Geist durchfahret.

Hir durch die Schantz und Stadt / rinnt allzeit frisches Blutt.

而真正的永恒之物，却尚无一人关注。

（1643 年）

祖国之泪 /1636 年[①]

我们已经彻底，彻彻底底地受尽折磨！
成群结队的兵匪，刺耳狂躁的军号，
浸饱鲜血的剑，雷鸣般的火炮，
将汗水和辛劳埋葬，将所有的积蓄消耗。

塔楼在熊熊燃烧，教堂坍塌成废墟。
市政厅陷入恐慌，坚勇之士被杀戮，
童贞女遭到奸淫，我们目之所及，
是兵燹、瘟疫和死亡，将心和灵蹂躏。[②]

鲜血不停地流淌，穿过城市和沟渠，

---

① 本诗完成于 1636 年，1637 年初版，题为《哀悼饱受蹂躏的德国》（*Trawrklage des verwüsteten Deutschlandes*），1643 年以《祖国之泪》为题再版。诗歌层层递进，全方位地描述刻画了三十年战争（1618—1648）的残酷，受到战争蹂躏的德意志祖国如在地狱中。

② 圣经《新约·启示录》中的天启四骑士：瘟疫、战争、饥荒和死亡。

Dreymal sind schon sechs Jahr/ als unser Ströme Flutt /

Von Leichen fast verstopfft / sich langsam fort gedrungen

Doch schweig ich noch von dem/ was ärger als der Tod/

Was grimmer denn die Pest/ und Glutt und Hungersnoth

Das nun der Seelen Schatz/ so vilen abgezwungen.

(1643)

六年已过去三次[1]，我们的河道
几乎被尸首堵塞，河水只能慢慢流过。

可是我还没说到，比死亡更令人愤懑，
比瘟疫、烈火和饥荒更可怕的事情：
有多少灵魂的珍宝，从人心中剥夺。[2]

（1643 年）

---

① 三十年战争始于 1618 年，到 1636 年，已经是“三个六年”。在《启示录》里，“666”同时也是一个魔鬼的数字。

② “灵魂的珍宝”指人的宗教信仰，喻指战争对灵魂的剥夺比身体的痛苦更可怕。三十年战争中，西里西亚由信奉天主教的哈布斯堡王朝统治，格吕菲乌斯所属的新教教会遭受迫害，很多人被迫改宗。

Friedrich von Logau

Friedrich von Logau (1605–1655) wurde in Schlesien in einer protestantischen Adelsfamilie geboren, hinterließ mehr als 3.000 Epigramme und gilt als Meister der Epigramme. 1759 wurde er von Gotthold Ephraim Lessing wiederentdeckt und zusammengestellt. Logaus Epigramme sind scharf und witzig und preisen die Tugenden der Loyalität, Integrität und Frömmigkeit. Epigramme sind eine gängige poetische Form in der Barockzeit, meist in zweizeiliger oder vierzeiliger Versform mit Endreim.

EPIGRAMME

Krieg vnd Friede

Die Welt hat Krieg geführt weit über zwantzig Jahr

Numehr soll Friede seyn / soll werden wie es war;

Sie hat gekriegt um das / O lachens-werthe That!

Daß sie / eh sie gekriegt / zuvor besessen hat.

Glauben

Luthrisch / Päbstisch vnd Calvinisch / diese Glauben alle drey

Sind verhanden; doch ist Zweiffel / wo das Christenthum dann sey.

Ein vnruhig Gemüte

Ein Mühlstein/ vnd ein Menschen-Hertz/ wird stets herum getrieben/

弗里德里希·封·罗高

弗里德里希·封·罗高（1605—1655）出生于西里西亚的新教贵族家庭，留下 3000 多首格言诗，被誉为“格言诗大师”。1759 年，由启蒙运动思想家和评论人莱辛重新发现和编选出版。罗高的箴言诗犀利风趣，颂扬忠诚、正直和虔诚的品德。箴言诗是巴洛克时期常见的诗歌形式，通常为两行或者四行韵诗。

箴言集

战争与和平

这场战争已经进行了二十余年，

和平终于到来，应该一切如前，

多么可笑的行为！他们为之而战的东西，

他们在战争之前就已拥有。

信仰

路德教、天主教和加尔文教，分成三个教，

但是人们不知道，基督教在哪里找？

焦虑

磨坊里的磨石和人的心，一直被推着转圈，

Wo beydes nicht zu reiben hat/ wird beydes selbst zerrieben.

Gerechtigkeit

Das Recht / schleust für die Armen sich in ein eisern Thor;

Schlag an mit göldnem Hammer / so kümstu balde vor.

Die Gelegenheit

Es mangelt nie Gelegenheit / was gutes zu verrichten:

Es mangelt nie Gelegenheit/ was gutes zu vernichten.

(1650)

若是没有东西可以磨，它们就自己转晕了头。

公义

公义啊，穷人来时，你把铁门关上；
若有金斧头敲门，你便很快出现。

机会

施善行，从不缺少机会；
毁灭善，从不缺少机会。

（1650 年）

Angelus Silesius

Angelus Silesius (eigentlich Johannes Scheffler, 1624 – 1677) wurde in Breslau, der Hauptstadt Schlesiens, geboren und konvertierte 1653 öffentlich vom Evangelium zum Katholizismus. Beeinflusst von christlicher Mystiker wie Jakob Böhme, schrieb er die mystischen Epigramme *Cherubinischer Wandersmann* und näherte sich der Wahrheit Gottes durch rationales Denken. Seine meisten Epigramme verwendeten Alexandriner. Jede Zeile ist durch eine Pause in der Mitte in zwei Teile geteilt, wodurch eine semantische Beziehung zwischen Vorder- und Rückseite (Antithese) und Paradox (Paradox) entsteht, um die unaussprechliche absolute Wahrheit auszudrücken.

CHERUBINISCHER WANDERSMANN (Auszug)

Das Meer in einem Tröpflein

Sag an, wie geht es zu, wenn in ein Tröpfelein,

In mich, das ganze Meer, Gott, ganz und gar fließt ein?

Man weiß nicht was man ist

Jch weiß nicht was ich bin/ Jch bin nicht was ich weiß:

Ein ding und nit ein ding: Ein stüpffchin und ein kreiß.

Ohne warumb

Die Ros' ist ohn warumb / sie blühet weil sie blühet /

西里西亚天使

西里西亚天使原名约翰内斯·谢弗勒（1624—1677），出生于西里西亚首府布雷斯劳，于1653年公开皈依天主教。受到波墨等基督教神秘主义者影响，著有神秘主义箴言诗篇《智天使漫游者》，以通过理性思考的方式接近上帝的真理。箴言诗多采用亚历山大体诗行，每个诗行通过中间停顿分成前后两个部分，在语义上构成前后对照（Antithese）、佯谬（Paradox）的关系，以言说不可言说的绝对真理。

智天使漫游者（节选）

一滴水里有整个海洋

告诉我，若整个海洋、上帝，完完全全
流入一个水滴，流入我身内，又会怎样？

人不知己

我不知道，我是谁，我知道，谁非我：
一物与非一物：一点与一圈。

没有理由

没有理由，玫瑰盛开因她要盛开，

Sie achtt nicht jhrer selbst / fragt nicht ob man sie sihet.

Zufall und Wesen

Mensch werde wesentlich: denn wann die Welt vergeht /

So fällt der Zufall weg/ das wesen das besteht.

Jetzt mustu blühen

Blüh auf gefrorner Christ / der Mäy ist für der Thür:

Du bleibest ewig Todt / blühstu nicht jetzt und hier.

Dreyerley Schlaff

Der Schlaff ist dreyerley; Der Sünder schläfft im Tod /

Der müd' in der Natur / und der verliebt' in Gott.

(1674)

她不关注自己，也不关注是否被看见。

偶然和本质

人会成为本质，因为当世界消逝，
偶然将消失，留下的是本质。

此刻你必须绽放

醒来吧，冰冷的基督，五月已在门前：
若你此刻不在此地绽放，你将永远长眠。

三种安眠

安眠有三种：罪人安眠在死亡中，
困顿的人安眠在自然中，恋爱的人安眠在上帝中。

（1674 年）

Christian Hofmann von Hofmannswaldau

Christian Hofmann von Hoffmannswaldau (1616–1679) wurde in Breslau, der Hauptstadt Schlesiens, in einer Adelsfamilie geboren und war Bürgermeister von Breslau. Er ist ein Vertreter der zweiten schlesischen Dichterschule und einer der Begründer des deutschen literarischen Manierismus und des galanten Stils. Der Reichtum und die Eigentümlichkeit der Metapher und die Vorzüglichkeit der poetischen Form, „Argutia“ und „Aemulatio “sind die poetischen Ideale der deutschen Dichtung in der zweiten Hälfte des 17. Jahrhunderts.

„Die Welt“ und „Vergänglichkeit der Schönheit“ verwenden viele Metaphern, Paradoxien, Übertreibungen und andere rhetorische Figuren, um die beiden Kernthemen der Barockliteratur „memento mori“ und „carpe diem“ darzustellen.

DIE WELT[①]

WAs ist die Welt / und ihr berühmtes gläntzen?

Was ist die Welt und ihre gantze Pracht?

Ein schnöder Schein in kurtzgefasten Gräntzen /

Ein schneller Blitz bey schwartzgewölckter Nacht.

Ein bundtes Feld / da Kummerdisteln grünen;

Ein schön Spital / so voller Kranckheit steckt.

---

① 这首诗在形式上是五音步抑扬格，押四组十字韵（abab, cdcd, efef, ghgh），同时在第 1—2 行，第 3—8 行采用首词重复的修辞（Anapher）。

克里斯蒂安·霍夫曼·封·霍夫曼斯瓦尔道

克里斯蒂安·霍夫曼·封·霍夫曼斯瓦尔道（1616—1679）出生于西里西亚首府布雷斯劳的城市贵族家庭，曾担任布雷斯劳的市长。他是西里西亚第二诗派的代表人物，是德语文学矫饰主义和风流名士风格的开创者之一，他在诗歌中擅用精巧繁复的修辞，追求文辞的华美、喻像的丰富奇特和诗歌形式的考究，敏锐（argutia）和夸张（aemulatio）是17世纪下半叶德语诗歌的诗学理想。

《尘世》和《美之无常》使用了大量隐喻、悖论、夸张等修辞手法，演绎巴洛克文学中的两大核心主题“牢记死亡”（memento mori）和“抓住时日”（carpe diem）。

尘 世

什么是尘世和她备受赞誉的荣光？

什么是尘世和她所有的富丽堂皇？

一副脆弱的幻相，禁锢在有限的时光，

一道迅疾的闪电，照亮乌云密布的夜晚。

一片五彩的草地，悲伤的蓟草正在变绿[①]，

一家美丽的医院，处处都是疾病。

---

① 蓟草寓指罪孽、悲痛和死亡。

Ein Sclavenhauß / da alle Menschen dienen /

Ein faules Grab / so Alabaster deckt.

Das ist der Grund / darauff wir Menschen bauen /

Und was das Fleisch für einen Abgott hält.

Komm Seele / komm / und lerne weiter schauen /

Als sich erstreckt der Zirckel dieser Welt.

Streich ab von dir derselben kurtzes Prangen /

Halt ihre Lust vor eine schwere Last.

So wirstu leicht in diesen Port gelangen /

Da Ewigkeit und Schönheit sich umbfast.

(1679)

VERGÄNGLICHKEIT DER SCHÖNHEIT

ES wird der bleiche Todt mit seiner kalten Hand

一个奴隶所，所有的人都在服役，

一处破败的陵墓，雪花石膏装饰穹顶[①]。

这就是根基，我们人类赖以生存的根本，

这就是肉胎凡夫崇拜的对象。

来吧，灵魂，来吧，学会看得更远，

将目光超越尘世的穹庐。

掸去身上短暂的荣华。

保有承受重负的乐趣。

这样，你便会轻松地抵达港湾[②]，

那是永恒和美好的驻守之地。

（1679 年）

美之无常[③]

苍白的死神，随着时间的流逝，

---

① 用精美昂贵的雪花石膏装饰墓室的穹顶是对“牢记死亡”（memento mori）主题的演绎。

② “港湾”寓指灵魂安息之地，人生的彼岸世界。

③ 这是一首彼特拉克诗风的十四行诗，以美丽容颜的无常（Vanitas）为主题，同时采用了巴洛克诗歌常见的美貌清单（Schönheitskatalog）的方式，描述女子的红唇、肩膀、头发、步履、仪态。

Dir endlich mit der Zeit umb deine Brüste streichen /
Der liebliche Corall der Lippen wird verbleichen;
Der Schultern warmer Schnee wird werden kalter Sand/

Der Augen süsser Blitz/ die Kräffte deiner Hand/
Für welchen solches fällt/ die werden zeitlich weichen/
Das Haar/ das itzund kan des Goldes Glantz erreichen /
Tilgt endlich Tag und Jahr als ein gemeines Band.

Der wohlgesetzte Fuß/ die lieblichen Gebärden /
Die werden theils zu Staub/ theils nichts und nichtig werden/
Denn opfert keiner mehr der Gottheit deiner Pracht.

Diß und noch mehr als diß muß endlich untergehen /
Dein Hertze kan allein zu aller Zeit bestehen /
Dieweil es die Natur aus Diamant gemacht.

(1695)

他冰凉的手，将抚触你的酥胸，
红唇娇艳如珊瑚，将黯淡如铅；
温暖如雪的双肩，将冰冷如沙。[1]

闪电般的甜美目光，无论曾为谁凝驻，
你有力的手，都将在时间中变得虚弱。
你的头发光泽，堪与金子的光辉媲美，
岁月变迁，终会化为一条黯淡的粗布。

轻盈的步履，柔美的仪态，
或将化为尘土，或将归为虚无，
天神般的容颜，将再无人敬奉。

凡此种种，以及更多，终将逝去，
唯有你的心灵，经受得起时间的磨蚀，
因为它是自然，用钻石制成。[2]

（1695年）

① “温暖如雪”和“冰冷如沙”使用了逆喻（Oxymoron）和佯谬的修辞。

② 将心灵比作钻石有两种解读：第一种解读将钻石的永恒与肉体的易逝相对比，歌颂心灵的不朽；第二种解读将冰冷坚硬的心灵比作钻石，告诫女子勿忘青春易逝，应该抓住时日，打开心灵的大门，享受爱情的美好。

Johann Christian Günther

Johann Christian Günther (1695–1723), einer der bedeutendsten deutschen Dichter zwischen Barock und Aufklärung, wurde in Niederschlesien in einer Arztfamilie geboren. 1715 studierte er Medizin an den Universitäten Frankfurt an der Oder und Wittenberg und ging 1717 an die Universität Leipzig. Er starb im Alter von 27 Jahren in Jena. 1716 wurde ihm der Titel „Poeta Laureatus Caesareus" verliehen. Seine frühe Poesie war vom barocken literarischen Manierismus beeinflusst, die spätere Poesie drückte aufrichtige persönliche Gefühle aus, die auf Klopstock und die Sturm-und-Drang-Bewegung einwirkten. „Trostaria" ist ein berühmtes religiöses Gedicht von Günther, ursprünglich eine Totenklage. Es verwendet viele biblische Anspielungen, Wiederholungen, Parallelismen und andere rhetorische Figuren zur Steigerung der Ausdruckskraft.

TROSTARIA

ENDLICH bleibt nicht ewig aus,

Endlich wird der Trost erscheinen,

Endlich grünt der Hoffnungsstrauß,

Endlich hört man auf zu weinen,

Endlich bricht der Tränenkrug,

Endlich spricht der Tod: Genug!

约翰·克里斯蒂安·京特

约翰·克里斯蒂安·京特（1695—1723）是介于巴洛克和启蒙运动之间最为重要的德语诗人之一，出生于下西里西亚的医生家庭。1715 年在奥得河畔的法兰克福和维滕堡大学攻读医学，1717 年前往莱比锡大学，27 岁病逝于耶拿。1716 年获“桂冠诗人”称号。前期诗歌受巴洛克文学矫饰主义的影响，后期诗歌抒发个人真挚情感，对克洛卜施多克、狂飙突进运动都有影响。

《安魂曲》是京特的一首著名的宗教诗歌，原本为哀悼亡人之作，使用了大量圣经典故、反复、排比等修辞格，富有感染力。

安魂曲

终于不会永远缺席，

终于慰藉将要显现，

终于希望的花束有了绿意，

终于人们不再哭泣，

终于泪瓮[①]被打碎，

终于死神开口说话：够了！

---

① “泪瓮”典故出自《旧约·诗篇》(56:8)。“我几次流离，你都记数。求你把我眼泪装在你的皮袋里。”(和合本译作“装泪的皮袋”。)

Endlich wird aus Waßer Wein
Endlich kommt die rechte Stunde,
Endlich fällt der Kerker ein,
Endlich heilt die tiefste Wunde,
Endlich macht die Sclaverey
Der gefangenen Joseph frey.

Endlich, endlich kan der Neid,
Endlich auch Herodes sterben,
Endlich Davids Hirtenkleid
Seinen Saum in Purpur färben,
Endlich macht die Zeit den Saul
Zur Verfolgung schwach und faul.

Endlich nimmt der Lebenslauf
Unsers Elends auch ein Ende,
Endlich steht ein Heiland auf,
Der das Joch der Knechtschaft wende,

终于水变成了酒[1]，
终于正确的时刻来临，
终于监狱的大门坍塌，
终于最深的伤口愈合，
终于被奴役的约瑟得解救[2]。

终于，终于嫉妒，
让希律王杀戮，
终于将大卫的牧袍镶边
染成了高贵的紫色，
终于，时日让扫罗
软弱败坏，追杀近臣。[3]

终于我们的苦难
到达了终点，
终于救世主复活，
打破了奴隶的枷锁，

---

① “水变成了酒”典故出自《新约·约翰福音》(2:1–11)，耶稣行神迹，将婚礼上的水变成酒。

② 《旧约·创世纪》中约瑟被兄弟卖到埃及为奴，后得解救。

③ 《新约·马太福音》记载罗马总督希律执政期间，耶稣诞生于伯利恒，希律闻听犹太王降世的信息后嫉妒不安，下令杀死伯利恒境内两岁以下的男孩。扫罗和大卫的故事出自《旧约·撒母耳记》等：扫罗是以色列国王，早年精进有为，在位后期朝政松弛，听信谗言，出于嫉妒，追杀得力助手大卫。大卫王在扫罗死后成为国王，他曾是牧人，紫色是王袍的颜色。

Endlich machen vierzig Jahr
Die Verheissung zeitig wahr.

Endlich blüht die Aloe,
Endlich trägt der Palmbaum Früchte,
Endlich schwindet Furcht und Weh,
Endlich wird der Schmerz zu nichte,
Endlich sieht man Freudental,
Endlich, endlich kommt einmahl.

(1714)

终于等待了四十年，

预言终于实现。[1]

终于芦荟绽放花朵，

终于棕榈树结了果，

终于恐惧痛苦减弱，

终于苦痛将会消亡，

终于见到了喜悦谷，

终于，终于降临。

（1714年）

---

① 《旧约·出埃及记》中摩西率领犹太民族，走出旷野，历时40年。

Barthold Heinrich Brockes

Barthold Heinrich Brockes (1680–1747) ist ein repräsentativer Schriftsteller und Dichter der deutschen Frühaufklärung. Geboren in einer großbürgerlichen Familie in Hamburg, studierte er von 1700 bis 1702 Jura an der Universität Halle und promovierte 1704 an der Universität Leiden. Seit 1720 war er Senator von Hamburg und fungiert als Diplomat, Senator und Richter. Brockes' repräsentatives Werk ist das neunbändige naturphilosophische Gedichtband *Irdisches Vergnügen in Gott* (1721–1748), das das irdische Leben rühmt und das Schaffen des Schöpfers preist, indem es Naturobjekte und Naturphänomene detailliert darstellt. Das Werk stellt den Physiktheologie in der Aufklärungszeit dar. *Kirschblüte bei der Nacht* ist ein repräsentatives Beispiel dafür.

KIRSCHBLÜTE BEI DER NACHT

Ich sahe mit betrachtendem Gemüte

jüngst einen Kirschbaum, welcher blühte,

In kühler Nacht beim Mondenschein;

Ich glaubt', es könne nichts von größerer Weiße sein.

Es schien, ob wär ein Schnee gefallen.

Ein jeder, auch der kleinste Ast

Trug gleichsam eine rechte Last

Von zierlich-weißen runden Ballen.

Es ist kein Schwan so weiß, da nämlich jedes Blatt,

巴尔托尔德·海因里希·布洛克斯

巴尔托尔德·海因里希·布洛克斯（1680—1747），德国早期启蒙运动的代表作家和诗人。出生于汉堡大市民家族，1700—1702年在哈勒大学学习法律，1704年在莱顿大学获得法学博士学位，1720年起任汉堡市参议员，担任外交官、参议和法官等职务。布洛克斯的代表作是九卷本自然哲理诗《神内的尘世欢愉》（1721—1748），颂扬人间生活，通过细致精微地刻画自然物和自然现象，以赞美造物主的精妙造化，是启蒙时期自然神学的体现。《夜观樱花》便是其中有代表性的一首。

夜观樱花

最近一个清凉的夜晚，

我在月光下仔细端详

一株盛开的樱花树；

世上没有更为洁白之物。

如同落下一场雪，

每个枝头都承载着，

娇小洁白的雪球，

即便是最小的枝头。

天鹅都不会如此洁白，

Indem daselbst des Mondes sanftes Licht

Selbst durch die zarten Blätter bricht,

Sogar den Schatten weiß und sonder Schwärze hat.

Unmöglich, dacht ich, kann auf Erden

Was Weißers ausgefunden werden.

Indem ich nun bald hin, bald her

Im Schatten dieses Baumes gehe,

Sah ich von ungefähr

Durch alle Blumen in die Höhe

Und ward noch einen weißern Schein,

Der tausenmal so weiß, der tausendmal so klar,

Fast halb darob erstaunt, gewahr.

Der Blüte Schnee schien schwarz zu sein

Bei diesem weißen Glanz. Es fiel mir ins Gesicht

Von einem hellen Stern ein weißes Licht,

Das mir recht in die Seele strahlte.

Wie sehr ich mich an Gott im Irdischen ergetze,

Dacht ich, hat Er dennoch weit größre Schätze.

Die größte Schönheit dieser Erden

Kann mit der himmlischen doch nicht verglichen werden.

(1727)

月亮温柔的光辉，

透过娇嫩的花瓣，

花影都变得洁白无瑕。

我想，在大地上，

不会有更为洁净之物。

我在樱花树的树荫下，

前后走动，来回踱步。

透过几乎所有花朵，

我向高空中望去，

惊讶地发现一片白色光影，

千百倍洁白，千百倍晶莹。

在这片纯净光影的映衬下，

连樱花雪都黯然失色。

一颗星辰的澄澈光芒，

落在了我的脸上，

将我的灵魂照亮。

纵人间喜见上帝造化之功，

但思量上帝处珍宝更无穷。

虽人间不乏至美之造物，

尚无法与神性之美比肩。

（1727 年）

Friedrich von Hagedorn

Friedrich von Hagedorn (1708–1754), der repräsentative Dichter der Rokoko-Literatur in der deutschen Aufklärung. Sein in Hamburg geborener Vater war dänischer Minister. Er studierte von 1726 bis 1727 Rechtswissenschaften an der Universität Jena, diente von 1729 bis 1731 als Privatsekretär des dänischen Botschafters in London und kehrte 1733 nach Hamburg zurück, um dort zu dienen. Beeinflusst von der französischen Hirtendichtung und dem klassischen Dichter Anakreon gründete er die deutsche Anakreontik. Gedichte kommen in verschiedenen Formen vor, besingen das weltliche Leben und haben einen witzigen Stil, der den Geist der Bürger der Aufklärung zum Ausdruck bringt. Das Gedicht „Anakreon“ stellt das Programm der Anakreonik dar.

ANAKREON

In Tejos und in Samos

Und in der Stadt Minervens

Sang ich von Wein und Liebe,

Von Rosen und vom Frühling,

Von Freundschaft und von Tänzen,

Doch höhnt ich nicht die Götter,

Auch nicht der Götter Diener,

弗里德里希·封·哈格多恩

弗里德里希·封·哈格多恩（1708—1754），德国启蒙运动中洛可可文学的代表诗人。出生于汉堡，父亲为丹麦公使。1726—1727 年在耶拿大学攻读法律，1729—1731 年任丹麦驻伦敦大使的私人秘书，1733 年起回汉堡任职。受法国田园诗歌及古典诗人安纳克瑞翁的影响，创立了德国安纳克瑞翁诗派。诗歌形式多样，歌咏世俗生活，风格机智风趣，是启蒙运动市民精神的显现。《安纳克瑞翁》一诗便是典型的安纳克瑞翁诗歌风格。

安纳克瑞翁

在蒂诺斯岛和萨摩斯岛，①
在密涅瓦的家乡，②
我歌唱醇酒和爱情，
歌唱玫瑰和春天，
歌唱友谊和舞蹈，
但我并不嘲讽众神的仆从，

① 蒂诺斯岛和萨摩斯岛是希腊的两座岛屿。
② 罗马神话中的智慧女神密涅瓦的故乡在雅典。

Auch nicht der Götter Tempel.
Wie hieß ich sonst der Weise?

Ihr Dichter voller Jugend,
Wollt ihr bei froher Muße
Anakreontisch singen,
So singt von milden Reben,
Von rosenreichen Hecken,
Vom Frühling und von Tänzen,
Von Freundschaft und von Liebe,
Doch höhnet nicht die Gottheit,
Auch nicht der Gottheit Diener,
Auch nicht der Gottheit Tempel.
Verdienet, selbst im Scherzen,
Den Namen echter Weisen.

(1747)

也不嘲讽众神的庙宇。
否则我何以被称为智者?

你们青春洋溢的诗人,
你们若在欢乐闲暇,
如安纳克瑞翁般歌唱,
那就歌唱温和的葡萄酒,
歌唱开满玫瑰的灌木丛,
歌唱春天和舞蹈,
歌唱友谊和爱情,
但请不要嘲讽神性,
不要嘲讽神的仆从,
不要嘲讽神的庙宇。
即便在嬉笑玩闹中,
也要合乎真正的智者之名。

(1747 年)

Friedrich Gottlieb Klopstock

Klopstock (1724–1803) war neben Lessing und Wieland ein repräsentative Dichter der deutschen Aufklärung. In einer Juristenfamilie in Quedlingburg geboren, erhielt er früh eine pietistische Erziehung. 1739–1745 erhielt er eine humanistische Ausbildung an der Fürstenschule Schulpforta und studierte von 1745–1748 Theologie an den Universitäten Jena und Leipzig. 1748 fanden die ersten drei Gesänge der *Messias* große Beachtung. Er war Vertreter der Empfindsamkeit und Pionier der Sturm-und-Drang-Bewegung in der Literaturgeschichte. Neben *Messias* ist er auch für seine klassischen Oden bekannt, mit denen er den klassischen Hexameter-Stil in die deutsche Sprache einführte, wie zum Beispiel in *Zürchersee* (1750). Bekannt ist er auch für seine *Hermann*-Trilogie, und für seine Abhandlungen wie *Deutsche Gelehrtenrepublik* (1774). 1792 erhielt er die Ehrenbürgerschaft der Französischen Republik.

DER MESSIAS

Erster Gesang (Auszug)

Sing, unsterbliche Seele, der sündigen Menschen Erlösung,

Die der Messias auf Erden in seiner Menschheit vollendet

Und durch die er Adams Geschlechte zu der Liebe der Gottheit

Mit dem Blute des heiligen Bundes von neuem geschenkt hat.

弗里德里希·戈特利普·克洛卜施多克

克洛卜施多克（1724—1803），与莱辛、维兰德齐名的德国启蒙运动诗人。出生于奎德林堡的律师家庭，自幼接受虔敬派教育。1739—1745 年在舒尔普福特中学（Fürstenschule Schulpforta）接受宗教和人文主义教育，1745—1748 年在耶拿大学和莱比锡大学攻读神学，1748 年发表长诗《救世主》的前三章，引起广泛关注。他在文学史上是狂飙突进运动的先驱者。除了宗教长诗《救世主》，他以创作古典颂歌知名，将古典六音步诗体引入德语，《苏黎世湖》（1750）便是代表作。在戏剧创作上，有以古日耳曼英雄赫尔曼事迹为题的赫尔曼戏剧三部曲，另撰有《德意志学者共和国》（1774）等论文。1792 年获法兰西共和国荣誉公民称号。

弥赛亚[①]

第一咏歌（节选）

歌唱吧，不死的灵魂，歌唱罪人的救赎，

弥赛亚在人间以血肉之躯完成，

道成肉身，以神圣同盟之血，

重新赐给亚当后裔以上帝之爱。

---

① 《救世主》（1748—1773）是克洛卜施多克的代表作，历时 25 年完成。全诗共二十篇，分为两部分。一至十篇描写耶稣受难，十一至二十篇叙述耶稣的胜利。全诗情感充沛，富有感染力。这里节选第一咏歌。

Also geschah des Ewigen Wille. Vergebens erhub sich
Satan wider den göttlichen Sohn, umsonst stand Judäa
Wider ihn auf; er tat's, und vollbrachte die große Versöhnung.

Aber, o Werk, das nur Gott allgegenwärtig erkennet,
Darf sich die Dichtkunst auch wohl aus dunkler Ferne dir nähern?
Weihe sie, Geist Schöpfer, vor dem ich im stillen hier bete;
Führe sie mir, als deine Nachahmerin, voller Entzückung,
Voll unsterblicher Kraft, in verklärter Schönheit, entgegen.
Rüste sie mit jener tiefsinnigen einsamen Weisheit,
Mit der du, forschender Geist, die Tiefen Gottes durchschauest;
Also werd ich durch sie Licht und Offenbarungen sehen
Und die Erlösung des großen Messias würdig besingen.

Sterbliche, kennt ihr die Ehre, die euer Geschlechte verherrlicht,
Da der Schöpfer der Welt, als Erlöser, auf Erden gekommen;
So hört meinen Gesang, ihr besonders, ihr wenigen Edlen,
Theure gesellige Freunde des liebenswürdigen Mittlers,
Ihr mit der Zukunft des großen Gerichts vertrauliche Seelen,
Hört mich, und singt den ewigen Sohn durch ein göttliches Leben.

(1749)

于是，永生之人的意志实现。撒旦
起来反对神子，是徒劳的；犹大
起来反对神子，是徒劳的；
他成就了伟大的和解。

但是，哦，既然上帝在造物中无处不在，
那么诗亦可从黑暗的远方向上帝靠近？
造物主之灵，我静静向你祈祷，请赐福于诗；
请将诗，你的模仿者，赐予我，
诗，沉醉，具备不朽之力和焕发容光。
请赐予诗那深沉而又孤独的智慧，
以此，探索精神可以洞察上帝深处；
于是，经由诗，我将见到光明和启示，
将那伟大弥赛亚的救赎，庄严歌颂。

人啊，你们要知道，谁带给了你们的族群荣耀，
是创世主，作为救赎者，来到了人间：
来吧，听我的歌唱，尤其是你们，少见的高贵者，
你们，那受人爱戴的神子可爱乐群的朋友啊，
你们，预见到伟大末世审判之未来的灵魂啊，
听我说，用神性充满的生活，歌颂永恒之子。

（1749 年）

DER ZÜRCHERSEE[①]

Schön ist, Mutter Natur, deiner Erfindung Pracht
Auf die Fluren verstreut, schöner ein froh Gesicht,
Das den grossen Gedanken
Deiner Schöpfung noch *einmal* denkt.

Von des schimmernden Sees Traubengestaden her,
Oder, flohest du schon wieder zum Himmel auf,
Kom in röthendem Strahle
Auf dem Flügel der Abendluft,

Komm, und lehre mein Lied jugendlich heiter sein,
Süße Freude, wie du! gleich dem beseelteren
Schnellen Jauchzen des Jünglings,
Sanft, der fühlenden Fanny gleich.

---

① 《苏黎世湖》是一首古典体颂诗，采用了阿斯克雷匹亚德斯颂诗体（Asklepiadeische Ode），有严格格律要求，不押尾韵。格律规定如下（—代表重音，∪代表轻音）：

— ∪ — ∪ ∪ — / — ∪ ∪ — ∪ —
— ∪ — ∪ ∪ — / — ∪ ∪ — ∪ —
— ∪ — ∪ ∪ — ∪
— ∪ — ∪ ∪ — ∪ —

苏黎世湖[1]

我的自然母亲，你的造物辉煌，
撒落在田野上。笑容洋溢的脸，
远比造物更美，将上帝的伟大，
又一次念想。

湖面闪闪发亮，两岸葡萄林密布，
你从湖面腾空而起，转瞬飞向空中，
来吧，在映红了湖面的霞光里，
乘着晚风的翅膀。

来吧，教我的歌声青春欢乐，
甜美的欢乐女神，像你一样！
就像青年灵动欢快的歌声，
温柔如那善感多情的芳妮[2]。

---

① 克洛卜施多克在发表《救世主》后，1750 年 8 月应瑞士著名语文学家博德默邀请，前往苏黎世，与当地青年文学爱好者共游苏黎世湖后完成这首长诗。颂诗热情洋溢地歌颂了苏黎世湖的自然风光，朋友之间的友谊，人世间的欢乐和诗歌的不朽。

② 芳妮是克洛卜施多克对挚爱的表妹玛利亚·索菲亚·施密特的爱称，另著有颂诗《致芳妮》。

Schon lag hinter uns weit Uto, an dessen Fuß
Zürch in ruhigem Thal freie Bewohner nährt;
Schon war manches Gebirge
Voll von Reben vorbeigeflohn.

Jetzt entwölkte sich fern silberner Alpen Höh,
Und der Jünglinge Herz schlug schon empfindender,
Schon verriet es beredter
Sich der schönen Begleiterin.

»Hallers Doris, « die sang, selber des Liedes wert,
Hirzels Daphne, den Kleist innig wie Gleimen liebt;
Und wir Jünglinge sangen,
Und empfanden, wie Hagedorn.

Jetzo nahm uns die Au in die beschattenden

苏黎世城在宁静的山谷，
哺育了自由的市民；
轻舟驶过两岸的葡萄园，
武拓峰[1]已远在我们身后。

阿尔卑斯山的银顶在云中显现，
年轻人的心脏跳动得更为善感，
美丽的旅伴[2]，
也谈兴愈浓。

“哈勒的多丽丝”，唱歌的她也值得歌一曲，[3]
希尔策的达芙妮，将克莱斯特和格莱姆真诚欢喜；
我们年轻人且歌唱且感悟，
就和哈格多恩一般。

澳岛[4]戴上了绿林的桂冠，

---

① 武拓峰是苏黎世附近的一座山峰。

② “美丽的旅伴”是指此行组织者苏黎世议员和医生希尔策（Hans Kaspar Hirzel, 1725—1803）的夫人，在下一诗节中，她被比作希尔策的达芙妮，即月桂女神，太阳神阿波罗的爱人。

③ 这一诗节里出现了四位当时著名的德语诗人：哈勒（Albrecht von Haller, 1708—1777），瑞士博物学家，《多丽丝》是他的一首颂歌；另外三位诗人是克莱斯特（Eward Christian von Kleist, 1715—1759）、格莱姆（Johann Wilhelm Ludwig Gleim, 1719—1803）和哈格多恩（Friedrich von Hagedorn, 1708—1754）。

④ 澳岛是苏黎世湖中的一个半岛。

Kühlen Arme des Walds, welcher die Insel krönt;
Da, da kamest du, Freude!
Volles Maßes auf uns herab!

Göttin Freude, du selbst! dich, wir empfanden dich!
Ja, du warest es selbst, Schwester der Menschlichkeit,
Deiner Unschuld Gespielin,
Die sich über uns ganz ergoß!

Süß ist, fröhlicher Lenz, deiner Begeistrung Hauch,
Wenn die Flur dich gebiert, wenn sich dein Odem sanft
In der Jünglinge Herzen
Und die Herzen der Mädchen gießt.

Ach, du machst das Gefühl siegend, es steigt durch dich
Jede blühende Brust schöner, und bebender,
Lauter redet der Liebe
Nun entzauberter Mund durch dich!

Lieblich winket der Wein, wenn er Empfindungen,
Beßre sanftere Lust, wenn er Gedanken winkt,
Im sokratischen Becher
Von der tauenden Ros' umkränzt;

将我们拥入它阴凉的臂膀；
看啊，你来了，欢乐女神，
盛大地降临在了我们身旁。

欢乐女神，是你！我们感受到了你！
是啊，是你，你是人性的姐妹，
人性是你无邪的玩伴，
完全流入我们的心灵！

欢乐的春天，你起伏的呼吸如此甜美，
大地生养了你，你的气息温和宁静，
注入少男的心田，
流入少女的心底。

啊，你让情感凯旋：你让
每个绽放的胸口起伏更美，
你把封口的魔咒解除，
爱情的歌咏更为响亮！

苏格拉底的酒杯，
滴露的玫瑰缠绕，
杯中的葡萄酒柔美，它唤醒情感，
和更为温柔的情趣，它唤醒念想，

Wenn er dringt bis ins Herz, und zu Entschließungen,

Die der Säufer verkennt, jeden Gedanken weckt,

Wenn er lehret verachten,

Was nicht würdig des Weisen ist.

Reizvoll klinget des Ruhms lockender Silberton

In das schlagende Herz, und die Unsterblichkeit

Ist ein großer Gedanke,

Ist des Schweißes der Edlen wert!

Durch der Lieder Gewalt, bey der Urenkelin

Sohn und Tochter noch sein; mit der Entzückung Ton

Oft beim Namen genennet,

Oft gerufen vom Grabe her,

Dann ihr sanfteres Herz bilden, und, Liebe, dich,

Fromme Tugend, dich auch gießen ins sanfte Herz,

Ist, beim Himmel! nicht wenig!

Ist des Schweißes der Edlen wert!

Aber süßer ist noch, schöner und reizender,

In dem Arme des Freunds wissen ein Freund zu sein!

So das Leben genießen,

美酒浸润心灵，唤醒决断，
远离滥饮者，他们优柔寡断，
美酒教导人们摒弃那些，
配不上智者声名的行为。

荣耀奏响诱人的银铃，
铃声传入跳动的心灵，
不朽是一个伟大的念想，
值得高贵的人付出汗水。

诗歌的力量无穷，直到
曾孙女的儿女成双；动人的音调
常把诗人的名字提及，
被人从坟墓里召唤。

爱和虔诚注入你的心灵，
将一颗更温柔的心塑造，
啊，上天！你们多么珍贵，
值得高贵的人们付出汗水！

但是，还有更甜蜜，更美，更诱人的，
是在朋友的怀抱里做一个朋友！
享受生活，

Nicht unwürdig der Ewigkeit!

Treuer Zärtlichkeit voll, in den Umschattungen,
In den Lüften des Walds, und mit gesenktem Blick
Auf die silberne Welle,
Tat ich schweigend den frommen Wunsch:

Wäret ihr auch bei uns, die ihr mich ferne liebt,
In des Vaterlands Schoß einsam von mir verstreut,
Die in seligen Stunden
Meine suchende Seele fand;

O so bauten wir hier Hütten der Freundschaft uns!
Ewig wohnten wir hier, ewig! Der Schattenwald
Wandelt' uns sich in Tempe,
Jenes Tal in Elysium!

(1750)

不负永恒！

满怀忠诚的温柔，在林荫里
在林风中，垂下目光，
凝视着银色的波浪，
默默许下虔诚的祝福：

但愿你们和我们在一起，
分散在祖国怀抱的远方的朋友，
我寻寻觅觅的灵魂
在一些有福的时刻里遇到了你们：

哦，让我们在这里建造起友谊的小屋！
但愿我们永远居住在这里，永远！
眼前的林荫变成了潭蓓谷，
每个山谷都成为了极乐园。[①]

（1750 年）

① 潭倍谷是希腊地名，在奥林匹斯山和奥萨山之间，极乐园（Elysium）是希腊神话中的极乐国土。

Ludwig Hölty

Ludwig Hölty (1748–1776), Dichter der Göttinger Hain im Sturm und Drang. Geboren in einer Pfarrerfamilie in Hannover, studierte er 1769 Theologie an der Universität Göttingen. Sein lyrisches Schaffen wurde stark von Klopstock und britischen sentimentalen Dichtern beeinflusst. Höltys lyrische Gedichte sind frisch und einfach, aufrichtig in der Emotion, anmutig in der Form und raffiniert in der Sprache, preisen Natur, Freundschaft und Gott und gelten als Meisterwerke der deutschen Lyrik in der Aufklärung. „Das Landleben" gehört zu Höltys besten Gedichten, die von Mozart und Schubert komponiert und viel gesungen werden.

DAS LANDLEBEN

Flumina amem silvasque inglorious. (Virgin)

Wunderseliger Mann, welcher der Stadt entfloh![①]

Jedes Säuseln des Baums, jedes Geräusch des Bachs,

  Jeder blinkende Kiesel,

    Predigt Tugend und Weisheit ihm!

Jedes Schattengesträuch ist ihm ein heiliger

Tempel, wo ihm sein Gott näher vorüberwallt;

① 与克洛卜施多克的《苏黎世湖》一样，这首诗是一首仿古体的阿斯克雷匹亚德斯体颂诗。

路德维希·赫谛

路德维希·赫谛（1748—1776），德国狂飙突进时期哥廷根林苑派诗人。出生于汉诺威牧师家庭，1769年在哥廷根大学学习神学。诗歌创作深受克洛卜施多克和英国感伤主义诗人影响。赫谛的抒情诗清新质朴、情感真挚、形式优美、语言洗练，歌颂自然、友谊和上帝，是启蒙时期德语抒情诗的佳作。赫谛的诗歌被莫扎特和舒伯特多次谱曲，其中的代表作《乡村生活》是歌颂自然和造物主的经典诗篇。

乡村生活

我爱无名的河流和森林。（维吉尔）

逃离城市的人，享有至福！
每棵树的沙沙声，每条溪流的潺潺声，
　　每颗闪光的石子，
　　　　都在宣讲美德和智慧！

每丛绿荫都是他的圣殿，
上帝在更近处踱步，庄严；

Jeder Rasen ein Altar,

Wo er vor dem Erhabnen kniet.

Seine Nachtigall tönt Schlummer herab auf ihn,

Seine Nachtigall weckt flötend ihn wieder auf,

Wenn das liebliche Frühroth

Durch die Bäum' auf sein Bette scheint.

Dann bewundert er dich, Gott, in der Morgenflur,

In der steigenden Pracht deiner Verkünderin,

Der allherrlichen Sonne,

Dich im Wurm, und im Knospenzweig.

Ruht im wehenden Gras, wann sich die Kühl' ergießt,

Oder strömet den Quell über die Blumen aus;

Trinkt den Athem der Blüthe,

Trinkt die Milde der Abendluft.

Sein bestrohetes Dach, wo sich das Taubenvolk

Sonnt, und spielet und hüpft, winket ihm süßre Rast,

Als dem Städter der Goldsaal,

Als der Polster der Städterin.

每处草坪都是一个祭坛，

祭坛前他向崇高者屈膝。

上帝的夜莺婉转低吟伴他入眠，

上帝的夜莺又用笛声将他唤醒，

当可爱的朝霞，

穿过树枝映照他的眠床。

于是，他赞美你，上帝，在早晨的田野里，

在你的宣告者，伟丽的太阳，

升起的光华之中，

在虫豸和芽枝中。

凉风习习中，他在草丛中休息，

或将清泉洒向花朵；

感受着鲜花的气息，

感受着晚风的温和。

在茅草屋顶上，有群鸽子沐浴阳光，

嬉戏和跳跃，诱惑他享受甜美的休憩，

如同金色大厅之于城市男子，

如同温香软垫之于城市女子。

Und der spielende Trupp schwirret zu ihm herab,

Gurrt und säuselt ihn an, flattert ihm auf den Korb;

  Picket Krumen und Erbsen,

    Picket Körner ihm aus der Hand.

Einsam wandelt er oft, Sterbegedanken voll,

Durch die Gräber des Dorfs, sezet sich auf ein Grab,

  Und beschauet die Kreuze,

    Und den wehenden Todtenkranz.

Wunderseliger Mann, welcher der Stadt entfloh!

Engel segneten ihn, als er geboren ward,

  Streuten Blumen des Himmels

    Auf die Wiege des Knaben aus.

(1755)

嬉戏的鸽群呼扇着翅膀飞下来，
咕咕啼鸣，飞到篮子上；
　　从他的手里啄食着面包屑，
　　　　啄食着豌豆和谷粒。

他常常踽踽独行，思考死亡，
穿过乡村墓地，坐在坟茔上，
　　端详着十字架
　　　　和在风中飘动的花圈。

逃离城市的人，享有至福！
他出生之时，天使为他祝福，
　　把天国的花朵，
　　　　撒在男婴的摇篮上。

（1755 年）

Johann Wolfgang von Goethe

Johann Wolfgang von Goethe (1749–1832), der große deutscher Denker, Schriftsteller und Naturforscher, ist eine repräsentative Figur der modernen europäischen Kultur. Goethe stammte aus einer angesehenen bürgerlichen Familie; sein Großvater mütterlicherseits war als Stadtschultheiß höchster Justizbeamter der Stadt Frankfurt, sein Vater Doktor der Rechte und Kaiserlicher Rat. Goethe studierte Jura an der Universität Leipzig und Straßburg. Zu seinen repräsentativen Werken gehören *Die Leiden des jungen Werthers*, *Faust*, *West-östlicher Divan, Wilhelm Meister* usw. Seine Schaffensperiode gliedert sich in die Epoche des Sturm und Drangs (1770–1780), die Epoche der Weimarer Klassik (1781–1805) und die Zeit der Vollenderung im Alter (1806–1832).
Die fünf ausgewählten Gedichte repräsentieren unterschiedliche Schaffensperioden Goethes: „Maifest“ (1771) gehört zu seinen Sesenheimer-Liedern und gilt als Anfang der Erlebnislyrik in der deutschen Literaturgeschichte; „Das Göttliche“ (1783) und das Sonett „Natur und Kunst“ (1800) wurden in der Weimarer Klassik vollendet; Zu seiner Alterslyrik gehören *West-östliche Divan* (1819) und „Urworte. Orphisch“ (1820).

MAIFEST

Wie herrlich leuchtet

约翰·沃尔夫冈·封·歌德

约翰·沃尔夫冈·封·歌德（1749—1832），德国杰出的思想家、作家和自然博物学家，近代欧洲文化精神的代表人物。出生于美因河畔的法兰克福，父亲获法学博士学位和皇家参议头衔，外祖父为法兰克福市长。1765年入莱比锡大学，1770年入斯特拉斯堡大学学习法律。一生著述浩繁，是西方文学史上与荷马、但丁及莎士比亚比肩的人物，代表作有《少年维特的烦恼》《浮士德》《西东合集》《威廉·迈斯特》《诗与真》等。他的创造时期分为青年狂飙突进时期（1770—1780）、中年魏玛古典时期（1781—1805）和晚年圆融时期（1806—1832）。

本书选取的五首诗代表了歌德不同创作时期:《五月节》（1771）是狂飙突进时期的体验诗“塞森海姆组诗”中的作品，描述了青年诗人的真挚喜悦之情，被认为是德语诗歌史上体验诗的开端；歌颂人性高贵的古典体颂歌《神性》（1783）和探讨诗艺的十四行诗《自然与艺术》（1800）完成于魏玛古典时期；组诗《西东合集》中选取的《至福的慕求》《银杏二裂叶》和人生哲理诗《元辞——俄耳甫斯教义》（1820）是歌德晚年圆融时期的作品。

五月节①

自然何绚烂，

① 本诗翻译采用了郭沫若1920年译本，有所改动。《五月节》是歌德1770/1771年在斯特拉斯堡大学求学期间，与塞森海姆镇上的牧师之女弗里德里珂·布里翁相恋为契机写下的诗歌，如《五月节》（又译作《五月歌》，*Mailied*）、《欢会与离别》等，被后人认为是体验诗（Erlebnislyrik）的起源，以区别于巴洛克以先的诗歌中爱情题材的程式化，标志着现代德语诗歌的开端。

Mir die Natur!

Wie glänzt die Sonne!

Wie lacht die Flur!

Es dringen Blüten

Aus jedem Zweig

Und tausend Stimmen

Aus dem Gesträuch,

Und Freud und Wonne

Aus jeder Brust.

O Erd, o Sonne!

O Glück, o Lust!

O Lieb, o Liebe!

So golden schön,

Wie Morgenwolken

Auf jenen Höhn!

Du segnest herrlich

Das frische Feld,

Im Blütendampfe

Die volle Welt.

照耀吾心间！
太阳何闪耀！
大地何嫣妍！

群木发繁枝，
枝枝花怒迸，
林莽深深处，
鸟啭千万声。

喜悦与欢愉，
皆自深心出。
大地哟太阳，
幸福哟欢乐。

爱哟哦爱哟！
璀璨如黄金，
如同朝之云，
飘浮穹宇中。

汝心深景慕，
赞彼新乐土，
氤氳花雾中，
世界庄严处。

O Mädchen, Mädchen,

Wie lieb ich dich!

Wie blickt dein Auge!

Wie liebst du mich!

So liebt die Lerche

Gesang und Luft,

Und Morgenblumen

Den Himmelsduft,

Wie ich dich liebe

Mit warmem Blut,

Die du mir Jugend

Und Freud und Mut

Zu neuen Liedern

Und Tänzen gibst.

Sei ewig glücklich,

Wie du mich liebst!

(1771)

少女哟少女，
吾爱汝至深！
汝目光娇媚，
汝心深爱余！

犹彼百灵鸟，
爱于空中歌，
犹彼晨花发，
爱挹天之香。

汝予吾青春，
婍曼为新调；
予吾乐而勇，
手舞且足蹈。

以吾之热血，
吾心挚爱汝。
永远幸福哟，
汝心深爱吾。

（1771年）

DAS GÖTTLICHE

Edel sei der Mensch,

Hilfreich und gut!

Denn das allein

Unterscheidet ihn

Von allen Wesen,

Die wir kennen.

Heil den unbekannten

Höhern Wesen,

Die wir ahnen!

Ihnen gleiche der Mensch!

Sein Beispiel lehr' uns

Jene glauben.

Denn unfühlend

Ist die Natur:

Es leuchtet die Sonne

Über Bös' und Gute,

神　性[①]

愿人类高贵，
仁慈且善良！
因为只有这点，
才使他有别于，
我们所认识的
芸芸众生。

我们不曾亲见，
却能预感的
更高的精神万岁！
愿人类肖似他们，
作为人类的榜样，
从而信仰他们！

因为大自然
没有感觉：
太阳照耀好人，
也照耀恶人，[②]

---

① 《神性》是一首古典体颂歌，完成于1783年的魏玛，歌颂人性高贵，犹如神性，让人生出信仰之心。

② 《圣经·马太福音》(5:45)："因为他叫日头照好人，也照歹人。"

Und dem Verbrecher
Glänzen, wie dem Besten
Der Mond und die Sterne.

Wind und Ströme,
Donner und Hagel
Rauschen ihren Weg
Und ergreifen
Vorüber eilend
Einen um den andern.

Auch so das Glück
Tappt unter die Menge,
Faßt bald des Knaben
Lockige Unschuld,
Bald auch den kahlen
Schuldigen Scheitel.

Nach ewigen, ehrnen,
Großen Gesetzen
Müssen wir alle
Unseres Daseins
Kreise vollenden.

月亮和星辰
照亮罪人，
也照亮至善之人。

飓风洪水，
雷电冰雹
一路呼啸
疾驰而过，
攫取万物，
毫无差异。

幸运之神也是如此，
在人群中摸索，
时而抓住卷发的
无辜少年，
时而抓住
秃顶的有罪之人。

坚硬如青铜的
永恒伟大准则，
人人都须遵守。
人类的存在之环，
人人都须走完。

Nur allein der Mensch

Vermag das Unmögliche:

Er unterscheidet,

Wählet und richtet;

Er kann dem Augenblick

Dauer verleihen.

Er allein darf

Den Guten lohnen,

Den Bösen strafen,

Heilen und retten,

Alles Irrende, Schweifende

Nützlich verbinden.

Und wir verehren

Die Unsterblichen,

Als wären sie Menschen,

Täten im Großen,

Was der Beste im Kleinen

Tut oder möchte.

Der edle Mensch

Sei hilfreich und gut!

唯有人类能行，
万物所不能之事：
他进行甄别，
选择和裁判；
他能使瞬间，
得以长存。

唯有人能
奖励善人，
惩罚恶人，
治病救人，
将所有迷途彷徨者，
有益地团结起来。

我们崇敬那
不朽的神明，
仿佛他们也是人，
他们成就的大事，
至善之人在小处，
成就或者期待。

愿人类高贵，
仁慈而善良！

Unermüdet schaff' er

Das Nützliche, Rechte,

Sei uns ein Vorbild

Jener geahneten Wesen!

(1783)

NATUR UND KUNST[①]

Natur und Kunst, sie scheinen sich zu fliehen,

Und haben sich, eh' man es denkt, gefunden;

Der Widerwille ist auch mir verschwunden,

Und beide scheinen gleich mich anzuziehen.

Es gilt wohl nur ein redliches Bemühen!

Und wenn wir erst in abgemeßnen Stunden

Mit Geist und Fleiß uns an die Kunst gebunden,

Mag frei Natur im Herzen wieder glühen.

① 歌德在魏玛古典时期撰写的十四行诗，是歌德古典文艺观的体现。

不倦地作出，

有益和正义的事，

成为我们的典范，

为那预感的神灵。

（1783 年）

自然与艺术

自然与艺术，似乎相互回避，

不经意间，它们相遇在一起；

我也不会再心怀抵触，

两者有同样的吸引力。

重要的是投入切实的努力！

当我们在深思熟虑的时刻，

以精神和勤奋与艺术结合，

自然自会在心里重又燃起。

So ist's mit aller Bildung auch beschaffen:

Vergebens werden ungebundne Geister

Nach der Vollendung reiner Höhe streben.

Wer Großes will, muß sich zusammen raffen;

In der Beschränkung zeigt sich erst der Meister,

Und das Gesetz nur kann uns Freiheit geben.

(1800)

WEST-ÖSTLICHE DIVAN
SELIGE SEHNSUCHT

(Aus: Buch des Sängers)

Sagt es niemand, nur den Weisen,

Weil die Menge gleich verhöhnet,

所有的修养，皆是如此，
不受束缚的天才，无法
达到纯粹高度的完美。

成大事者，必须集中全力，
在限制中才显示出大师的本领，
只有规则才能够给予我们自由。

（1800 年）

《西东合集》[1]
至福的慕求
（出自：《西东合集·歌者之书》）[2]

别讲给人听，除了智者，
因为众人总爱信口雌黄，

① 《西东合集》是歌德晚年圆融时期诗艺的结晶，受到 13 世纪波斯诗人哈菲兹的影响，是东西方文学和文化的融合之作，诗歌语言纯净、意象丰富，充满象征意蕴。《西东合集》作于 1814—1819 年，共 12 章，是歌德作品中最长的组诗。“至福的慕求”和“银杏二裂叶”是其中的名篇。

② “至福的慕求”是《西东合集》第一章《歌者之书》的最后一首，也是全诗的高潮，指向《西东合集》的主题：爱与信仰、生与死、光与暗的紧密关联。“至福”（selig）在 18 世纪具有宗教色彩，是指信徒所慕求的至高的宗教感应。

Das Lebend'ge will ich preisen,

Das nach Flammentod sich sehnet.

In der Liebesnächte Kühlung,

Die dich zeugte, wo du zeugtest,

Überfällt dich fremde Fühlung

Wenn die stille Kerze leuchtet.

Nicht mehr bleibest du umfangen

In der Finsternis Beschattung,

Und dich reißet neu Verlangen

Auf zu höherer Begattung.

Keine Ferne macht dich schwierig,

Kommst geflogen und gebannt,

Und zuletzt, des Lichts begierig,

Bist du Schmetterling verbrannt.

Und so lang du das nicht hast,

Dieses: Stirb und Werde!

我要赞美那生生不息者，
它们渴望在火焰中死亡。

在这爱之夜的清凉里，
有宁静的烛光[①]在闪耀，
陌生的感觉浸染了你，
你被创造，你也创造，

你们不再长久地拥抱，
在黑暗的林荫中停留，
新的慕求会把你引向
那更高一等级的合和。

远方不再让你畏惧，
你来了，一往情深，
蝴蝶，恋慕着烛光，
渴望在火焰中葬身。

只要你还不曾
经历过死与变，

① “宁静的烛光”是神性之光的象征和涅槃之地。

Bist du nur ein trüber Gast

Auf der dunklen Erde.

GINGO BILOBA

(Aus: Buch Suleika)

Dieses Baums Blatt, der von Osten

Meinem Garten anvertraut,

Gibt geheimen Sinn zu kosten,

Wie's den Wissenden erbaut.

Ist es Ein lebendig Wesen,

Das sich in sich selbst getrennt?

Sind es zwei, die sich erlesen,

Daß man sie als Eines kennt?

Solche Frage zu erwidern,

Fand ich wohl den rechten Sinn;

Fühlst du nicht an meinen Liedern,

你只是位阴郁[1]的旅人，
在这晦暗的尘寰飘游。

银杏二裂叶

（出自：《西东合集·苏莱卡之书》）

这棵树木，从东方
迁入我园，叶子里，
蕴含着神秘的意义，
使得识者获取教益。

这是生命的独一本体，
在自己内部一分为二？
还是双方选择了对方，
以致被人们认为合一？

要回答这样的问题，
我显然已领悟真谛；
你岂未在我的诗里，

① “阴郁”（trüb）是指依然被尘世和物质所束缚于阴暗的尘世间，只有纯净之人才会完全被神光所照亮。

Daß ich Eins und doppelt bin?

(1819)

URWORTE. ORPHISCH①

ΔΑΙΜΩΝ, Dämon

Wie an dem Tag, der dich der Welt verliehen,

Die Sonne stand zum Gruße der Planeten,

Bist alsobald und fort und fort gediehen,

Nach dem Gesetz, wonach du angetreten.

So mußt du sein, dir kannst du nicht entfliehen,

So sagten schon Sibyllen, so Propheten;

① 这首诗采用了八行诗（Stanze）的形式，押尾韵 abababcc，在德语诗歌中具有崇高庄重的风格。这一诗体源自意大利，原意为“建筑”，意为如建筑的诗节，承载思想的诗意空间。

见我是一，又是双？[①]

（1819 年）

元辞——俄耳甫斯教义[②]

ΔΑΙΜΩΝ，天命[③]

那天你诞生于世，

太阳向群星致意，

依据你遵循的法则，

不断成长，从未停息，

循规蹈矩，无法偏移，

如女祭司，如先知所云，

① 本诗以银杏叶形状的“一”和“双”为出发点，展示了丰富的辩证法寓意，至少在三层意思上有所寓指：第一层寓指诗中“你”和“我”，即苏莱卡和哈台木的爱情；第二层寓意上歌德也暗指自己与当时的恋人，也是《西东合集》的合作者，玛利亚娜·维乐默夫人之间的关系既是独立的个体，又是共存的爱侣；第三层寓指东方和西方的文化共生关系。

② 这组哲理诗 1820 年最初发表于《论形态学》刊物中，1827 年收入组诗《神与世界》。歌德借用赫西俄德的神谱和古希腊原始宗教俄耳甫斯教（Orphik）的五位神灵（Dämon, Tyche, Eros, Ananke, Elpis）来命名人类生命发展的五个状态。

③ “天命”（Dämon）意指人出生时的命神，他守护每个个体的个性，区别于他人之处，具有必然性。

Und keine Zeit und keine Macht zerstückelt
Geprägte Form, die lebend sich entwickelt.

ΤΥΧΗ, Das Zufällige

Die strenge Grenze doch umgeht gefällig
Ein Wandelndes, das mit und um uns wandelt;
Nicht einsam bleibst du, bildest dich gesellig,
Und handelst wohl, so wie ein andrer handelt:
Im Leben ists bald hin-, bald widerfällig,
Es ist ein Tand und wird so durchgetandelt.
Schon hat sich still der Jahre Kreis geründet,
Die Lampe harrt der Flamme, die entzündet.

ΕΡΩΣ, Liebe

Die bleibt nicht aus! – Er stürzt vom Himmel nieder,
Wohin er sich aus alter Öde schwang,
Er schwebt heran auf luftigem Gefieder
Um Stirn und Brust den Frühlingstag entlang,
Scheint jetzt zu fliehn, vom Fliehen kehrt er wieder:

时间和外力都无法改变，
生机勃发的固有规律。

TYXH，偶然[1]

严格的界限，总被变动突破，
变动总发生在我们身上和周围，
不要独自一人，在群体中成长，
学会如同他人一样行事。
生命中，总是起伏不定，
若陷入庸常，也就无聊度过。
年轮已经在寂静中圆满，
油灯等待火苗，将它点燃。

ΕΡΩΣ，爱情[2]

爱不会缺位！它从天而降，
从古老的荒原里飞驰而出，
额头和胸部飘动轻盈羽毛，
它滑翔在春日里，
似乎要飞离，又转身归来，

① “变动”（Tyche）是偶然之神，变化的命运之神。意指人生中的变动偶发因素，摆脱天命之神加给人类命运的严格界限。

② 爱神（Eros）既是俄耳甫斯奥义书中来自混沌（Chaos）的神，也是古希腊神话中长翅膀的爱神。天命和变动这两种对立的力量在爱中和解。

Da wird ein Wohl im Weh, so süß und bang.
Gar manches Herz verschwebt im Allgemeinen,
Doch widmet sich das edelste dem Einen.

ΑΝΑΓΚΗ, Nötigung

Da ists denn wieder, wie die Sterne wollten:
Bedingung und Gesetz; und aller Wille
Ist nur ein Wollen, weil wir eben sollten,
Und vor dem Willen schweigt die Willkür stille;
Das Liebste wird vom Herzen weggescholten,
Dem harten Muß bequemt sich Will und Grille.
So sind wir, scheinfrei, denn nach manchen Jahren
Nur enger dran, als wir am Anfang waren.

ΕΛΠΙΣ, Hoffnung

Doch solcher Grenze, solcher ehrnen Mauer
Höchst widerwärtge Pforte wird entriegelt,
Sie stehe nur mit alter Felsendauer!
Ein Wesen regt sich leicht und ungezügelt:

痛苦又愉悦，甜蜜又惊惶。
有些心在芸芸众生中游移，
最高贵的人心只忠于一人。

ΑΝΑΓΚΗ，必要[1]

它再度出现了，星象的兆示：
条件与法则；所有人的意愿
之所以成为愿望，因是必然，
意愿之前，随心所欲沉默；
至爱之物，从心中被摒弃，
意愿与杂念屈服于严苛的必然。
若干年后，我们似乎拥有自由，
却距离我们的起点更近。

ΕΛΠΙΣ，希望[2]

然，此等边界，此等青铜墙
它们极顽固的门扉已被开启，
希望，愿她如古老峰岩永恒！
一个生命轻盈无拘地跃动：

---

① 在爱情之后，婚姻由责任（Ananke）之神掌管，是义务、约束和必要的人格化象征。

② 希望之神作为超越责任的力量出现，对应着永恒的飞升，也象征着歌德对人类精神和勇气的信念。

Aus Wolkendecke, Nebel, Regenschauer

Erhebt sie uns, mit ihr, durch sie beflügelt,

Ihr kennt sie wohl, sie schwärmt durch alle Zonen;

Ein Flügelschlag – und hinter uns Äonen!

(1820)

她从云层、雾霭和阵雨中，

带领我们飞升，和她一起，

你们定熟悉她，她飘游在所有空间，

振翅一高飞——我们身后便是千年。

（1820 年）

Gottfried August Bürger

Gottfried August Bürger (1747–1794), ein Dichter der Aufklärung und Sturm und Drang, 1747 in einer Pfarrerfamilie bei Halberstadt geboren, studierte 1764–1772 in Halle und Göttingen Theologie, Jura und Philosophie. Nach 1789 schrieb er Balladen zur Unterstützung der Französischen Revolution und entlarvte den monarchistischen Absolutismus und veröffentlichte seine Abhandlung „Über Volkspoesie". Die Ballade „Lenore" (1773) war sein Meisterwerk und beschuldigte die Menschen nachdrücklich des großen Schmerzes, den der siebenjähriger Krieg verursacht hatte. Es war die berühmteste Ballade seiner Zeit und verbreitete sich in Großbritannien, Frankreich und anderen europäischen Ländern.

LENORE

Lenore fuhr um's Morgenroth

Empor aus schweren Träumen:

„Bist untreu, Wilhelm, oder todt?

Wie lange willst du säumen?" -

Er war mit König Friedrich's Macht

Gezogen in die Prager Schlacht,

Und hatte nicht geschrieben,

戈特弗里特·奥古斯特·毕尔格

戈特弗里特·奥古斯特·毕尔格（1747—1794），启蒙运动狂飙突进时期诗人，1747 年出生于哈尔伯施塔特附近的牧师家庭，1764—1772 年在哈勒和哥廷根学习神学、法学和哲学。1789 年后撰写拥护法国大革命和揭露君主专制主义的叙事谣曲，发表论著《论人民文学》。叙事诗《莱诺蕾》（1773）有力地控诉七年战争给人民带来的巨大伤痛，是当时最著名的叙事谣曲，流传至英法等国。

莱诺蕾

莱诺蕾在黎明时分
从沉重的梦中惊起：
“威廉，你是死了，还是变了心？
你还要耽搁多久？”
威廉加入腓特烈国王[①]的军队，
前往布拉格战役，
却不曾写过信来，

① 普鲁士国王腓特烈二世发动七年战争（1756—1763），与奥地利军队在布拉格附近作战。

Ob er gesund geblieben.

Der König und die Kaiserin,
Des langen Haders müde,
Erweichten ihren harten Sinn,
Und machten endlich Friede;
Und jedes Heer, mit Sing und Sang,
Mit Paukenschlag und Kling und Klang,
Geschmückt mit grünen Reisern,
Zog heim zu seinen Häusern.

Und überall all überall,
Auf Wegen und auf Stegen,
Zog Alt und Jung dem Jubelschall
Der Kommenden entgegen.
„Gottlob!“ rief Kind und Gattinn laut,
„Willkommen!“ manche frohe Braut.
Ach! aber für Lenore'n
War Gruß und Kuß verloren.

报告他是否平安。

那位国王和那位女皇，[1]
倦于长年的争执，
软化了铁石心肠，
终于达成了和议；[2]
每支军队，高歌欢唱，
擂响战鼓，鼓声铿锵，
插上绿色的嫩枝，
返回他们的家乡。

无论何处，无论何方，
无论是在大路和小巷，
返乡士兵欢呼胜利，
老老少少趋迎上前：
“赞美上帝！”妻儿高呼，
“热烈欢迎！”新娘欣喜，
唉！可是对于莱诺蕾，
亲吻和欢呼都已失去。

---

① 指普鲁士国王腓特烈二世和奥地利特蕾莎女王。

② 1763年普奥双方签订《胡贝尔图斯堡和约》，结束七年战争，普鲁士获得西里西亚的统治权。

Sie frug den Zug wohl auf und ab,
Und frug nach allen Namen;
Doch keiner war, der Kundschaft gab,
Von Allen, so da kamen.
Als nun das Heer vorüber war,
Zerraufte sie ihr Rabenhaar,
Und warf sich hin zur Erde,
Mit wüthiger Geberde.

Die Mutter lief wohl hin zu ihr: -
„Ach, daß sich Gott erbarme!
Du trautes Kind, was ist mit dir?" -
Und schloß sie in die Arme.
„O Mutter, Mutter! hin ist hin!
Nun fahre Welt und Alles hin!
Bei Gott ist kein Erbarmen.
O weh, o weh mir Armen!" -

„Hilf Gott, hilf! Sieh uns gnädig an!
Kind, bet' ein Vaterunser!
Was Gott thut, das ist wohl gethan.
Gott, Gott erbarmt sich unser!" -
„O Mutter, Mutter! Eitler Wahn!

她走向队伍，前后询问，
向所有人打听；
没有一个回乡的人，
给她带来任何音讯。
当返乡的军队离去，
她扑倒在地，
撕扯乌黑长发，
愤怒而又癫狂。

她的母亲奔过来，
将她搂入怀中：
“哎呀，愿上帝怜悯！
亲爱的孩子，你怎么啦？”
“哦，母亲母亲！完了完了，
世上的一切已经完了！
上帝没有怜悯。
哦，痛啊痛啊，我这可怜的人！”

“上帝保佑！看顾我们！
孩子，念祷天主经！
上帝所行，必是善行。
上帝上帝，愿你怜悯我们！”
“哦，母亲母亲，这是妄想！

Gott hat an mir nicht wohl gethan!
Was half, was half mein Beten?
Nun ist's nicht mehr vonnöthen." -

„Hilf Gott, hilf! wer den Vater kennt,
Der weiß, er hilft den Kindern.
Das hochgelobte Sakrament
Wird deinen Jammer lindern." -
„O Mutter, Mutter! was mich brennt,
Das lindert mir kein Sakrament!
Kein Sakrament mag Leben
Den Todten wiedergeben." -

„Hör, Kind! wie, wenn der falsche Mann,
Im fernen Ungerlande,
Sich seines Glaubens abgethan,
Zum neuen Ehebande?
Laß fahren, Kind, sein Herz dahin!
Er hat es nimmermehr Gewinn!
Wann Seel' und Leib sich trennen,
Wird ihn sein Meineid brennen." -

„O Mutter, Mutter! Hin ist hin!

上帝没有对我行善！
我的祈祷，又有何用？
现在已经全无必要。”

“上帝保佑！信主的人，
都知道，他保佑孩子。
众人称道的圣礼，
会减轻你的痛苦。”
“哦，母亲母亲，我心如火燎，
没有圣礼可以扑灭！
任何圣礼也不能，
让死者复生。”

“听着，孩子！那个负心汉，
恐怕是在遥远的匈牙利，
背信弃义，另结姻缘？
放手吧，孩子，让他负心！
他绝不会有好下场！
若灵魂和肉体分离，
背弃誓言让他悔恨。”

“哦，母亲母亲！完了完了！

Verloren ist verloren!

Der Tod, der Tod ist mein Gewinn!

O wär ich nie geboren!

Lisch aus, mein Licht, auf ewig aus!

Stirb hin, stirb hin in Nacht und Graus!

Bei Gott ist kein Erbarmen.

O weh, o weh mir Armen!" -

„Hilf, Gott, hilf! Geh' nicht in's Gericht

Mit deinem armen Kinde!

Sie weiß nicht, was die Zunge spricht.

Behalt' ihr nicht die Sünde!

Ach, Kind, vergiß dein irdisch Leid,

Und denk' an Gott und Seligkeit!

So wird doch deiner Seelen

Der Bräutigam nicht fehlen." -

„O Mutter! was ist Seligkeit?

O Mutter! Was ist Hölle?

Bei ihm, bei ihm ist Seligkeit,

Und ohne Wilhelm Hölle! -

Lisch aus, mein Licht, auf ewig aus!

Stirb hin, stirb hin in Nacht und Graus!

失去的永不复得！

死亡，死亡就是我的酬劳！

哦，但愿我从未出生！

我的灯熄了，永远熄了！

死了死了，在黑夜和恐惧中！

上帝没有怜悯，

哦，痛啊痛啊，我这可怜的人！”

“上帝保佑！别责罚

这可怜的孩子！

她不知道在说些什么。

饶恕她的罪孽！

哦，孩子，忘记人间的痛苦，

想想上帝和永恒的喜乐。

就将会有新郎

抚慰你的灵魂。”

“哦，母亲！什么是喜乐？

哦，母亲！什么是地狱？

只有他在，才有喜乐，

没有威廉，就是地狱！

熄了，我的灯，永远熄了！

死了死了，在黑夜和恐惧中！

Ohn' ihn mag ich auf Erden,

Mag dort nicht selig werden." - -

So wüthete Verzweifelung

Ihr in Gehirn und Adern.

Sie fuhr mit Gottes Vorsehung

Vermessen fort zu hadern;

Zerschlug den Busen, und zerrang

Die Hand, bis Sonnenuntergang,

Bis auf am Himmelsbogen

Die goldnen Sterne zogen.

Und außen, horch! ging's trap trap trap,

Als wie von Rosseshufen;

Und klirrend stieg ein Reiter ab,

An des Geländers Stufen;

Und horch, und horch, den Pfortenring

Ganz lose, leise, klinglingling!

Dann kamen durch die Pforte

Vernehmlich diese Worte:

„Holla, Holla! Thu' auf, mein Kind!

Schläfst, Liebchen, oder wachst du?

没有他，我在人间，
我在此岸不会有喜乐。”

她的头脑，她的血管，
充满绝望的怒气。
她大胆放肆，不断埋怨
上帝规定的命运；
她捶烂了胸房，扭伤了手，
直到太阳下山，
直到金色的星星点点
上升到天穹。

听！这时踢踢踏踏的声音，
从屋外传来，好像马蹄声；
当啷当啷，在台阶旁边，
跳下个骑马的人；
听啊听啊，门环的声音，
轻轻响起，叮叮当当！
从门缝里传来说话的声音：

“好啦好啦！开门吧，我的姑娘！
你睡了么，亲爱的，还是醒着？

Wie bist noch gegen mich gesinnt?
Und weinest oder lachst du?
„Ach, Wilhelm, du? ... So spät bei Nacht? ...
Geweinet hab' ich und gewacht;
Ach, großes Leid erlitten!
Wo kommst du her geritten?" -

„Wir satteln nur um Mitternacht.
Weit ritt ich her von Böhmen.
Ich habe spät mich aufgemacht,
Und will dich mit mir nehmen." -
„Ach, Wilhelm, erst herein geschwind'!
Den Hagedorn durchsaust der Wind,
Herein, in meinen Armen,
Herzliebster, zu erwarmen!" -

„Laß sausen durch den Hagedorn,
Laß sausen, Kind, laß sausen!
Der Rappe scharrt; es klirrt der Sporn.
Ich darf allhier nicht hausen.
Komm, schürze, spring und schwinge dich
Auf meinen Rappen hinter mich!
Muß heut noch hundert Meilen

你还在生我的气？

你在笑，还是在哭？”

“啊，威廉，是你吗？……深夜才来？

我大哭过一场，无法入睡；

啊，承受了巨大的痛苦！

你骑马是从哪里来？”

“我们午夜才鞴马装鞍，

从遥远的波西米亚赶来。

我动身已经很晚，

我来将你带走。”

“哎呀，威廉，快进门来！

山楂林里风声呼啸，

来吧，进入我的怀抱，

最爱的人，给你些温暖！”

“让风呼啸，穿过山楂林，

让风呼啸，姑娘，让风呼啸！

黑马咆哮，马刺叮当。

我不能在这里任何一处逗留。

来，提起衣裙，快快上马，

坐在我的身后！

今天我们还得赶上百里路，

Mit dir ins Brautbett eilen.“ -

„Ach! wolltest hundert Meilen noch
Mich heut in's Brautbett tragen?
Und horch! es brummt die Glocke noch,
Die elf schon angeschlagen.“ -
„Sieh hin, sieh her! der Mond scheint hell.
Wir und die Todten reiten schnell.
Ich bringe dich, zur Wette,
Noch heut in's Hochzeitbette.“

„Sag' an, wo ist dein Kämmerlein?
Wo? wie dein Hochzeitbettchen?“ -
„Weit, weit von hier! ... Still, kühl und klein! ...
Sechs Bretter und zwei Brettchen!“ -
„Hat's Raum für mich?“ – „Für dich und mich!
Komm, schürze, spring' und schwinge dich!
Die Hochzeitgäste hoffen;
Die Kammer steht uns offen.“ -

Schön Liebchen schürzte, sprang und schwang
Sich auf das Roß behende;
Wohl um den trauten Reiter schlang

才能把你带入洞房。”

“啊，今年你还要带我赶百里路
才能把我带入洞房？
听啊！钟声已经响起，
已经敲打了十一下。”
“看那，看这！月色多么明亮。
我们和死人快马飞驰。
我要带着你，我打赌，
今天就把你带上婚床。”

“告诉我，你的小屋在哪里？
你的婚床在哪里，怎么样？”
“离这里还很远！宁静、仄小而阴凉！
六块木板加两块小板！”
“可有我的地方？”“足够我俩！
来，提起衣裙，快快上马！
婚礼的宾客已经在等候；
洞房的大门为我们打开。”

美丽的姑娘提起衣裙，
跳上马背；
姑娘伸出百合花似的素手

Sie ihre Lilienhände;

Und hurre hurre, hop hop hop!

Ging's fort in sausendem Galopp,

Daß Roß und Reiter schnoben,

Und Kies und Funken stoben.

Zur rechten und zur linken Hand,

Vorbei vor ihren Blicken,

Wie flogen Anger, Heid' und Land!

Wie donnerten die Brücken! -

„Graut Liebchen auch? ... Der Mond scheint hell!

Hurrah! die Todten reiten schnell!

Graut Liebchen auch vor Todten!" -

„Ach nein! ... Doch laß die Todten!" -

Was klang dort für Gesang und Klang?

Was flatterten die Raben? ...

Horch Glockenklang! horch Todtensang:

„Laßt uns den Leib begraben!"

Und näher zog ein Leichenzug,

Der Sarg und Todtenbahre trug.

Das Lied war zu vergleichen

Dem Unkenruf in Teichen.

抱住亲爱的骑手；
呼啦呼啦，踢踢踏踏！
只听到马儿飕飕飞驰，
骑手和马儿粗喘连连，
一路上石子火花四溅。

在他们的左边和右边，
原野、田地和牧场，
飞一般从眼前闪过！
桥梁震得轰轰作响！
“亲爱的，你也害怕？……月光这般明亮！
乌拉！死人正骑得飞快！
亲爱的，你也害怕死人！”
“不！……但别去招惹死人！”

“那边为何传来歌声和乐声？”
是什么惊飞了群鸦？
听那钟鸣！听那挽歌：
“让我们埋葬尸体！”
远远走来了送葬队伍，
人们抬着棺材和棺架，
他们的歌声就好像
池塘里蟾蜍的歌声。

„Nach Mitternacht begrabt den Leib,

Mit Klang und Sang und Klage!

Jetzt führ' ich heim mein junges Weib.

Mit, mit zum Brautgelage!

Komm, Küster, hier! Komm mit dem Chor,

Und gurgle mir das Brautlied vor!

Komm, Pfaff', und sprich den Segen,

Eh' wir zu Bett uns legen!" -

Still Klang und Sang... Die Bahre schwand...

Gehorsam seinem Rufen,

Kam's, hurre hurre! nachgerannt,

Hart hinter's Rappen Hufen.

Und immer weiter, hop hop hop!

Ging's fort in sausendem Galopp,

Daß Roß und Reiter schnoben,

Und Kies und Funken stoben.

Wie flogen rechts, wie flogen links,

Gebirge, Bäum' und Hecken!

Wie flogen links, und rechts, und links

Die Dörfer, Städt' und Flecken! -

„Graut Liebchen auch?... Der Mond scheint hell!

“尸体在午夜之后埋葬，
配上哀歌、奏乐和歌唱！
现在娶回我年轻的新娘。
来吧，来参加婚礼！
司事，过来！带上歌队，
唱起婚礼之歌！
来吧，神父，为我们祝福，
在我们躺下之前！”

歌乐沉寂——棺材消失。
随着他的呼喊，
只听得，呼啦呼啦，
奔来了，紧跟着马蹄声。
呼啦呼啦，踢踢踏踏！
只听到马儿飕飕飞驰，
骑手和马儿粗喘连连，
一路上石子火花四溅。

右边也飞过，左边也飞过，
树木、丛林和山岗！
左边、右边、再左边，
飞过城市、小镇和村庄！
“亲爱的，你也害怕？……月光这般明亮！

Hurrah! die Todten reiten schnell!

Graut Liebchen auch vor Todten?" -

„Ach! Laß sie ruhn, die Todten." -

Sieh da! sieh da! Am Hochgericht

Tanzt' um des Rades Spindel

Halb sichtbarlich bei Mondenlicht,

Ein luftiges Gesindel. -

„Sasa! Gesindel, hier! Komm hier!

Gesindel, komm und folge mir!

Tanz' uns den Hochzeitreigen,

Wann wir zu Bette steigen!" -

Und das Gesindel, husch husch husch!

Kam hinten nachgeprasselt,

Wie Wirbelwind am Haselbusch

Durch dürre Blätter rasselt.

Und weiter, weiter, hop hop hop!

Ging's fort in sausendem Galopp,

Daß Roß und Reiter schnoben,

Und Kies und Funken stoben.

Wie flog, was rund der Mond beschien,

乌拉，死人正骑得飞快！
亲爱的，你也害怕死人？”
“唉！不要去惊动死人。”

看那儿！看那儿！在刑场旁，
月光下朦朦胧胧，
一个轻浮的家伙，
正围着磔刑轮跳舞。
“快！家伙，快过来！
家伙，快过来，跟着我！
待我们上了婚床，
来跳个婚礼轮舞！”

那个家伙，呼哧呼哧！
紧紧跟上，窸窣窸窣，
好像榛树林中刮起了旋风，
瑟瑟吹动着枯叶。
呼啦呼啦，踢踢踏踏！
只听到马儿飕飕飞驰，
骑手和马儿粗喘连连，
一路上石子火花四溅。

月亮照亮的地方，都在飞驰，

Wie flog es in die Ferne!

Wie flogen oben über hin

Der Himmel und die Sterne! -

„Graut Liebchen auch? ... Der Mond scheint hell!

Hurrah! die Todten reiten schnell!

Graut Liebchen auch vor Todten!“ -

„O weh! Laß ruhn die Todten!“ - -

„Rapp'! Rapp'! Mich dünkt, der Hahn schon ruft...

Bald wird der Sand verrinnen ...

Rapp'! Rapp'! Ich wittre Morgenluft ...

Rapp'! Tummle dich von hinnen! -

Vollbracht, vollbracht ist unser Lauf!

Das Hochzeitbette tut sich auf!

Die Todten reiten schnelle!

Wir sind, wir sind zur Stelle.“ - -

Rasch auf ein eisern Gitterthor

Ging's mit verhängtem Zügel.

Mit schwanker Gert' ein Schlag davor

Zersprengte Schloß und Riegel.

Die Flügel flogen klirrend auf,

Und über Gräber ging der Lauf.

似乎飞向远方！

穹宇和星辰，也好像

在头顶上飞驰！

“亲爱的，你也害怕？……月光这般明亮！

乌拉！死人正骑得飞快！

亲爱的，你也害怕死人！”

“哦，天哪！别去惊动死人！”

“黑马！黑马！我好像听见鸡鸣，

时间之沙很快就要流尽。

黑马！黑马！我闻到了黎明的气息，

黑马！加油快跑！

到了，我们的旅程已经完成！

新婚之床就在眼前！

死人们纵马飞奔！

我们，我们已经到了目的地。”

他一松缰绳，冲到

一扇铁栅栏门前。

甩动鞭子一鞭下去

打断了门锁和门闩。

门扇砰的一声开启，

马儿越过墓地。

Es blinkten Leichensteine
Rund um im Mondenscheine.

Ha sieh! Ha sieh! im Augenblick,
Huhu! ein gräßlich Wunder!
Des Reiters Koller, Stück für Stück,
Fiel ab, wie mürber Zunder.
Zum Schädel, ohne Zopf und Schopf,
Zum nackten Schädel ward sein Kopf;
Sein Körper zum Gerippe,
Mit Stundenglas und Hippe.

Hoch bäumte sich, wild schnob der Rapp',
Und sprühte Feuerfunken;
Und hui! war's unter ihr hinab
Verschwunden und versunken.
Geheul! Geheul aus hoher Luft,
Gewinsel kam aus tiefer Gruft.
Lenore'ns Herz, mit Beben,
Rang zwischen Tod und Leben.

Nun tanzten wohl bei Mondenglanz,
Rundum herum im Kreise,

四周围一座座墓碑，
在月下闪烁着幽辉。

看哪！看哪！转瞬之间，
啊呀！可怕的奇迹发生！
骑士的皮甲，一片片落下，
仿佛腐烂的火棉。
他的脑袋成了光头，
没有皮发的骷髅；
身体变成了骨架，
拿着镰刀和沙漏。

黑马高举前蹄，大口喘气，
喷出点点火星；
天！脚下的地面大开，
他们突然消失，
高空中传来嚎哭，
深坑里传来哀泣。
莱诺蕾的心战栗，
挣扎于生死之间。

这时候在月光下，
幽灵们围成一圈，

Die Geister einen Kettentanz,

Und heulten diese Weise:

„Geduld! Geduld! Wenn's Herz auch bricht!

Mit Gott im Himmel hadre nicht!

Des Leibes bist du ledig;

Gott sei der Seele gnädig!"

(1773)

手挽手跳着链舞，

嚎着这样的小曲：

“忍耐！忍耐！哪怕心碎！

不要向天上的主抱怨！

你脱离了肉身的束缚，

愿上帝恩佑你的灵魂！”

（1773年）

Matthias Claudius

Matthias Claudius (1740–1815), deutscher Dichter und Journalist in der Aufklärung. Geboren in der Familie eines evangelischen Pfarrers in Holstein studierte er von 1759 bis 1763 Theologie und Jura an der Universität Jena, gab mit seinen Freunden den *Wandsbecker-Boten* heraus und unterstützte die Sturm und Drang-Bewegung. Seine Gedichte basierten meistens auf dem bürgerlichem Leben, mit wunderschönen Melodien voller Emotionen und im Stil von Volksliedern. „Abendlied" ist sein bekanntestes Gedicht, das sehr beliebt und weit verbreitet ist. Herder hat es in die *Stimmen der Völker* aufgenommen.

ABENDLIED

Der Mond ist aufgegangen,

Die goldnen Sternlein prangen

Am Himmel hell und klar;

Der Wald steht schwarz und schweiget,

Und aus den Wiesen steiget

Der weiße Nebel wunderbar.

Wie ist die Welt so stille,

Und in der Dämmrung Hülle

So traulich und so hold!

马蒂亚斯·克劳狄乌斯

马蒂亚斯·克劳狄乌斯（1740—1815），德国诗人、报人。出生于荷尔斯坦因地区新教牧师家庭。1759—1763 年在耶拿大学学习神学和法律，与友人出版《万茨贝格信使报》，支持狂飙突进运动。诗歌多以市民生活为题材，曲调优美，富有情感，具有民歌风格。《晚歌》便是他最著名的诗歌，赫尔德收入《民歌集》中，脍炙人口、广为流传。

晚　歌

月亮已经升起来了，
金色的小星星闪耀，
在穹宇中清澈明亮，
森林矗立幽暗静默，
白色的雾霭袅袅，
升起在原野上。

世界是多么安静，
朦胧的夜幕降临，
如此的亲切安逸，

Als eine stille Kammer,
Wo ihr des Tages Jammer
Verschlafen und vergessen sollt.

Seht ihr den Mond dort stehen? -
Er ist nur halb zu sehen,
Und ist doch rund und schön!
So sind wohl manche Sachen,
Die wir getrost belachen,
Weil unsre Augen sie nicht sehn.

Wir stolze Menschenkinder
Sind eitel arme Sünder,
Und wissen gar nicht viel;
Wir spinnen Luftgespinste,
Und suchen viele Künste,
Und kommen weiter von dem Ziel.

Gott, lass uns *dein* Heil schauen,
Auf nichts Vergänglichs trauen,
Nicht Eitelkeit uns freun!
Laß uns einfältig werden,
Und vor dir hier auf Erden

如同宁静的房间。
你们安睡在其中，
忘记了白日忧愁。

看见月亮在那边？
只能见到半边脸。
可它却浑圆美丽！
我们常自以为是，
将好多事情嘲笑，
是因为我们无知。

我们傲慢的世人，
虚荣可怜的罪人。
知道的实在不多；
我们编织着空想，
也寻找许多伎俩，
却更加远离目标。

上帝，让我们看到你的恩典，
不要信无常之事，
不要满足于虚荣！
让我们变得单纯，
在世上，在你面前，

Wie Kinder fromm und fröhlich sein!

Wollst endlich sonder Grämen
Aus dieser Welt uns nehmen
Durch einen sanften Tod!
Und, wenn du uns genommen,
Laß uns in Himmel kommen,
Du unser Herr und unser Gott!

So legt euch denn, ihr Brüder,
In Gottes Namen nieder;
Kalt ist der Abendhauch.
Verschon uns, Gott! mit Strafen,
Und laß uns ruhig schlafen!
Und unsern kranken Nachbar auch!

(1779)

如孩子般虔诚又快乐!

请通过温和的死亡,
将我们带离这世界,
终于脱离一切痛苦!
让我们进入天堂,
我们的主,我们的上帝!

请躺下吧,兄弟们,
以上帝之名,晚风清凉。
上帝啊,请免除惩罚,
让我们安然睡去!
还有病中的邻人!

(1779年)

Friedrich Schiller

Friedrich Schiller (1759–1805) war ein Arzt, Dichter, Philosoph und Historiker. Er gilt als einer der bedeutendsten deutschen Dramatiker, Lyriker und Essayisten im Sturm und Drang und der Weimarer Klassik. Geboren in einer Arztfamilie eines Arztes in Marbach im Herzogtum Württemberg. Nach dem Abitur 1773 trat er in die vom Herzog Eugen gegründete Karlschule ein. 1782 wurde er mit der Aufführung *Die Räuber* landesweit berühmt. Er ging 1787 nach Weimar und widmete sich historischen und philosophischen Forschungen an der Universität Jena. 1794 schloss der Freundschaftsbund mit Goethe und gemeinsam prägen sie die Weimarer Klassik. Zu den repräsentativen Werken gehören die dramatischen Werke wie *Die Räuber* (1781), *Kabale und Liebe* (1784), *Wallenstein-Trilogie* (1799) usw., und zu seinen theoretischen Arbeiten gehören *Über die ästhetische Erziehung des Menschen* (1795) *Über naive und sentimentale Gedichte* (1800).

„Ode an die Freude" (1786) ist das Meisterwerk aus Schillers Sturm-und-Drang-Zeit, voller humanitärer Leidenschaft, später von Beethoven als Liedtext des vierten Satzes der „Neunten Symphonie" ausgewählt und weltberühmt geworden. In „Dem Antritt des neuen Jahrhunderts" (1801) verurteilte Schiller die Zerstörung von Freiheit und Frieden auf dem europäischen Kontinent nach der Französischen Revolution und bekräftigte die Idee der ästhetischen Erziehung.

AN DIE FREUDE

Freude, schöner Götterfunken,

弗里德里希・席勒

弗里德里希・席勒（1759—1805），德国狂飙突进和魏玛古典时期的代表作家。出生于符滕堡公国马尔巴赫镇的医生家庭。1773 年中学毕业后，进入欧根公爵设立的军事学校。1782 年以《强盗》上演而蜚声文坛。1787 年前往魏玛，1788 年担任耶拿大学历史学教授，从事历史和哲学研究，1794 年后与歌德结为文坛盟友，成就了德语文学史上魏玛古典文学的高峰。代表作有剧作《强盗》（1781）、《阴谋与爱情》（1784）、《华伦斯坦三部曲》（1799）等，理论著作有《审美教育书简》（1795）、《论朴素的诗与感伤的诗》（1800）等。

《欢乐颂》是席勒狂飙突进时期的代表作，发表于 1786 年，洋溢着人道主义的激情，后被贝多芬选用作《第九交响乐》第四乐章的歌词而闻名世界。《新世纪的登场》（1801）中席勒谴责了法国大革命后欧洲大陆上自由与和平的毁灭，重申了审美教育的理念。

欢乐颂

欢乐女神，神界的火花，[①]

① 普罗米修斯将神火作为礼物送给了人类，给人类带来了欢乐。

Tochter aus Elysium,

Wir betreten feuertrunken

Himmlische, dein Heiligtum.

Deine Zauber binden wieder,

Was der Mode Schwert geteilt;

Bettler werden Fürstenbrüder,

Wo dein sanfter Flügel weilt.

Chor

Seid umschlungen, Millionen!

Diesen Kuß der ganzen Welt!

Brüder – überm Sternenzelt

Muß ein lieber Vater wohnen.

Wem der große Wurf gelungen,

Eines Freundes Freund zu sein;

Wer ein holdes Weib errungen,

Mische seinen Jubel ein!

Ja – wer auch nur *eine* Seele

Sein nennt auf dem Erdenrund!

Und wers nie gekonnt, der stehle

Weinend sich aus diesem Bund!

来自极乐岛的美丽女儿，
天界的神女，我们走进，
你的圣殿，容光焕发。
大家被世俗的利剑分离，
在你的魅力下重又相聚；
在你温柔的羽翼护佑下，
乞讨者成为王公的兄弟。

合唱

相互拥抱吧，百万生民！
将热吻给予这整个世界！
弟兄们！在那星空上界，
定安居着一位慈爱父亲。

谁若获得这极大的幸运，
能拥有个友朋亲切相处；
谁若获得个温柔的伴侣，
让他的欢呼加入我们！
是的，他只要在这世上，
能获得一个灵魂的青睐！
假若不能，他就得悄然
哭泣着离开我们的同盟！

Chor

Was den großen Ring bewohnet,

Huldige der Sympathie!

Zu den Sternen leitet sie,

Wo der *Unbekannte* thronet.

Freude trinken alle Wesen

An den Brüsten der Natur,

Alle Guten, alle Bösen

Folgen ihrer Rosenspur.

Küsse gab sie *uns* und *Reben*,

Einen Freund, geprüft im Tod.

Wollust ward dem Wurm gegeben,

Und der Cherub steht vor Gott.

Chor

Ihr stürzt nieder, Millionen?

Ahndest du den Schöpfer, Welt?

Such ihn überm Sternenzelt,

Über Sternen muß er wohnen.

合唱

聚居寰宇的所有生灵，

共同高歌那心灵相通！

她引导你们升向星空，

那高坐着不可知的神。

众生吸吮自然的乳汁，

那乳汁中饱含着欢乐，

无论良善，无论邪恶，

都追循着欢乐的芳踪。

她赐给人类亲吻和美酒，

和一位生死相许的朋友。

她赐予虫豸的乃是快感，

而智天使站在上帝面前。[①]

合唱

你们伏倒在地，百万生民?

世界啊，你预感到造物主?

他一定在星空穹宇上居住，

你们去星空上界将他寻找。

---

① 智天使（Cherub），圣经中伊甸园的守护者，象征认知神的智慧。人类、虫豸和天使从欢乐女神处获得的赐予各不相同，智天使以接近神、认知神的智慧为乐。

Freude heißt die starke Feder

In der ewigen Natur.

Freude, Freude treibt die Räder

In der großen Weltenuhr.

Blumen lockt sie aus den Keimen,

Sonnen aus dem Firmament,

Sphären rollt sie in den Räumen,

Die des Sehers Rohr nicht kennt.

Chor

Froh, wie seine Sonnen fliegen,

Durch des Himmels prächtgen Plan,

Laufet, Brüder, eure Bahn,

Freudig wie ein Held zum Siegen.

Aus der Wahrheit Feuerspiegel

Lächelt *sie* den Forscher an.

Zu der Tugend steilem Hügel

Leitet *sie* des Dulders Bahn.

Auf des Glaubens Sonnenberge

Sieht man *ihre* Fahnen wehn,

Durch den Riß gesprengter Särge

Sie im Chor der Engel stehn.

在那永恒的大自然，

欢乐是强有力的发条。

宏伟的世界之钟内部，

欢乐，是欢乐女神，将齿轮推动。

她从幼芽里诱发鲜花，

她从穹宇中吸引恒星，

望远镜看不到的空间，

她也使天体在那里转动。

合唱

如此欣喜，见天体飞行，

穿过星空壮丽的星图，

奔跑吧，弟兄，沿着你们的轨道，

欢乐如同奔赴胜利的英雄。

从真理的火焰之镜，

她对探索者微笑。

通往美德的陡峭山峰，

她为忍耐者指点迷津。

在信仰的阳光山峰，

可看到她的旗帜飘动，

透过裂开的棺柩缝隙，

人们见她站在天使的合唱队列中。

Chor

Duldet mutig, Millionen!

Duldet für die beßre Welt!

Droben überm Sternenzelt

Wird ein großer Gott belohnen.

Göttern kann man nicht vergelten,

Schön ist's, ihnen gleich zu sein.

Gram und Armut soll sich melden,

Mit den Frohen sich erfreun.

Groll und Rache sei vergessen,

Unserm Todfeind sei verziehn,

Keine Träne soll ihn pressen,

Keine Reue nage ihn.

Chor

Unser Schuldbuch sei vernichtet!

Ausgesöhnt die ganze Welt!

Brüder – überm Sternenzelt

Richtet Gott, wie wir gerichtet.

Freude sprudelt in Pokalen,

In der Traube goldnem Blut

合唱

勇于忍耐吧，百万生民！

为了更好的世界忍耐！

在上面的星空世界，

伟大的神会给我们酬劳。

我们对神灵无以回报，

要以他们为榜样就好。

即便有忧伤困苦来到，

也要与欢乐的人同庆。

怨恨和复仇全都忘掉，

我们的死敌予以宽恕，

不要逼迫他流下眼泪，

不要由悔恨让他煎熬。

合唱

把我们的账簿毁弃！

整个世界都已和解！

兄弟们——在那星空上界

神在审判，如同我们。

欢乐在酒杯里面冒泡，

畅饮金色的葡萄美酒，

Trinken Sanftmut Kannibalen,

Die Verzweiflung Heldenmut – –

Brüder, fliegt von euren Sitzen,

Wenn der volle Römer kreist,

Laßt den Schaum zum Himmel sprützen:

Dieses Glas dem guten Geist.

Chor

Den der Sterne Wirbel loben,

Den des Seraphs Hymne preist,

Dieses Glas dem guten Geist

Überm Sternenzelt dort oben!

Festen Mut in schwerem Leiden,

Hülfe, wo die Unschuld weint,

Ewigkeit geschwornen Eiden,

Wahrheit gegen Freund und Feind,

Männerstolz vor Königsthronen –

Brüder, gält es Gut und Blut, –

Dem Verdienste seine Kronen,

食人族也会温柔可亲，
绝望者陡增英雄勇气。
兄弟们，请起身，
将斟满的罗马杯[1]传递，
要让酒沫喷向空中：
将酒杯敬献给良善的神！

合唱

天体的乐音将神颂扬，[2]
还有炽天使[3]的赞歌声，
将酒杯敬献给良善的神，
他在那星空穹庐之上！

深重苦难中坚定勇气，
帮助流泪的无辜之人，
永远信守立下的誓言，
对友对敌都真诚相待，
国王御座前不卑不亢，
兄弟们，别吝惜生命财产，
为建立功勋者戴上冠冕，

---

① 罗马（人）杯（Römer）是一种棕色或绿色的葡萄酒杯，杯脚上有珠状花饰和螺纹，在杯身上多刻绘有徽章及诸侯、手工作坊及家庭的标志。

② 希腊哲人毕达哥拉斯认为在恒星天界有10个天体，转动时发出天体的乐音。

③ 炽天使（Seraph），是天使等列中的最高天使，亦译为六翼天使。

Untergang der Lügenbrut!

Chor

Schließt den heilgen Zirkel dichter,

Schwört bei diesem goldnen Wein:

Dem Gelübde treu zu sein,

Schwört es bei dem Sternenrichter!

Rettung von Tyrannenketten,

Großmut auch dem Bösewicht,

Hoffnung auf den Sterbebetten,

Gnade auf dem Hochgericht!

Auch die Toten sollen leben!

Brüder trinkt und stimmet ein,

Allen Sündern soll vergeben,

Und die Hölle nicht mehr sein.

Chor

Eine heitre Abschiedsstunde!

Süßen Schlaf im Leichentuch!

Brüder – einen sanften Spruch

Aus des Totenrichters Munde!

(1786)

让招摇撞骗者走向灭亡！

合唱

神圣同盟更要紧密团结，

举起金色的美酒发誓：

对于盟约要忠诚不移，

向着星辰审判者起誓！

从暴君的镣链中获得解救，

宽恕那些恶贯满盈的人，

在临终卧榻上怀有期望，

在最后审判中得到恩典！

死者也要重生复活！

兄弟们，喝吧，唱吧，

所有罪人都将获救赎，

地狱便无需要再存在。

合唱

享受欢乐的告别时光！

裹尸布里的甜蜜安眠！

兄弟们，这温和的话语

是来自死亡终审的判官！

（1786年）

DER ANTRITT DES NEUEN JAHRHUNDERTS[①]

An ***

Edler Freund! Wo öffnet sich dem Frieden,
Wo der Freiheit sich ein Zufluchtsort?
Das Jahrhundert ist im Sturm geschieden,
Und das neue öffnet sich mit Mord.

Und das Band der Länder ist gehoben,
Und die alten Formen stürzen ein;
Nicht das Weltmeer hemmt des Krieges Toben,
Nicht der Nilgott und der alte Rhein.

Zwo gewaltge Nationen ringen
Um der Welt alleinigen Besitz,
Aller Länder Freiheit zu verschlingen,
Schwingen sie den Dreizack und den Blitz.

---

① 每个诗节为四行抑扬格交叉韵，共九个诗节。

新世纪的登场

致 ***[1]

高贵的朋友！哪里为和平敞开了大门？

哪里是自由的避难所？

旧世纪在风暴中离去，

新世纪以杀戮开场。[2]

连接各国的纽带松懈，

古老的体制凋零崩坏；

世界大洋也无法阻止战争肆虐，

何况尼罗河神和古老的莱茵河。[3]

两个强大的国家正在角力，[4]

争夺统治世界的唯一霸权，

它们吞噬了所有国家的自由，

手里挥舞着三叉戟和雷霆。

---

① 1801年2月9日，法国与奥地利签订了《吕内维尔和约》(Friede von Lunéville)，确立了拿破仑在欧洲大陆的霸权，开启了德意志神圣罗马帝国消亡的过程。书商葛励邀请席勒为和约签订写作颂诗。席勒拒绝书写针对德意志帝国的讽刺，撰写本诗谴责英法强权世界争霸，认为自由的理念只有在审美教育中才能获得。

② 指爆发于1789年的法国大革命和俄皇保罗一世于1801年被弑。

③ 指拿破仑入侵埃及和德国。

④ 指法国和英国争霸世界。

Gold muß ihnen jede Landschaft wägen,
Und wie Brennus in der rohen Zeit
Legt der Franke seinen ehrnen Degen
In die Waage der Gerechtigkeit.

Seine Handelsflotten streckt der Brite
Gierig wie Polypenarme aus,
Und das Reich der freien Amphitrite
Will er schließen wie sein eignes Haus.

Zu des Südpols nie erblickten Sternen
Dringt sein rastlos ungehemmter Lauf,
Alle Inseln spürt er, alle fernen
Küsten - nur das Paradies nicht auf.

Ach umsonst auf allen Länderkarten
Spähst du nach dem seligen Gebiet,
Wo der Freiheit ewig grüner Garten,
Wo der Menschheit schöne Jugend blüht.

每块地都可以与黄金置换，
就像野蛮时代的布伦纳斯[①]，
这法兰克人拔出他的铁剑，
将之置于公义的天平之上。

不列颠人派出的商人船队，
如同水螅伸出贪婪的手臂，
要把海洋女神的自由王国
划入属于自己的领海范围。

船队一路向前，不可阻挡，
向着传说中的南极星进发；
他们发现了所有岛屿，还有
遥远的海岸线，却不见天堂。

在所有国家的地图上，
你寻觅不见那极乐之地，
在永远绿色的自由花园，
人类美好的青春开放。

---

① 布伦纳斯是古代法兰克人军事领袖，公元前 387 年打败罗马军队。罗马人献金赔偿时，布伦纳斯拔剑放在天平上增加砝码重量，罗马人不敢抗议。

Endlos liegt die Welt vor deinen Blicken,
Und die Schiffahrt selbst ermißt sie kaum,
Doch auf ihrem unermeßnen Rücken
Ist für zehen Glückliche nicht Raum.

In des Herzens heilig stille Räume
Mußt du fliehen aus des Lebens Drang,
Freiheit ist nur in dem Reich der Träume,
Und das Schöne blüht nur im Gesang.

(1801)

你眼前的世界辽阔无边，
航行几乎无法将之测量，
在世界不可测的脊背之上，
却容不下十个幸福人徜徉。

你从俗世侵扰中逃走，
遁入心灵安宁的圣所，
在梦的国度里才能找到自由，
在歌声中才能开出美的花朵。

（1801 年）

Friedrich Hölderlin

Johann Christian Friedrich Hölderlin (1770–1843), ein hervorragender Lyriker der deutschen Klassik-Romantik und ein Begründer des deutschen Idealismus. Er wurde in Lauffen am Neckar geboren. Sein Vater war Klosterhofmeister und seine Mutter Pfarrertochter. Er studierte in seinen frühen Jahren im Kloster Denkendorf und Maulbronn und von 1788 bis 1793 am Tübinger Stift, wo er befreundet war mit Hegel und Schelling. Er ging 1794 nach Jena, lernte Schiller und Goethe kennen, hörte Fichtes Vorlesungen. Wegen der begrenzten finanziellen Mittel war er als Hauslehrer für Kinder wohlhabender Familie tätig. 1798 verliebte er sich in Susette Gontards, die Frau eines Frankfurter Bankiers. Er geriet allmählich in eine Geistesstörung und verbrachte nach 1807 den Rest seines Lebens im Turm am Neckar.
Schon früh von Schiller beeinflusst, schrieb Hölderlin die Reimhymnen „An die Natur“ und „An die Freiheit“. Nach 1796 entfremdete er sich Schiller allmählich und bevorzugte die hohen klassischen Formen: wie Oden „Die Eichbäume“, „An die Parzen“, „Heidelberg“, und Elegien „Heimkehr“, „Brod und Wein“ und das lange Gedicht in Hexametern "Der Archipelagus" usw.. Sein lyrisches Schaffen verbindet die deutsche und antike Poesie, hat sowohl die Perfektion von Form und Rhythmus als auch die Tiefe von Gedanken und Emotionen. Die späteren freirhythmischen „Vaterlandsgesänge“, darunter „Friedensfeier“, „Deutscher Gesang“, „Andenken“ usw. bringen die Fürsorge und den Glauben des Dichters an die deutsche Nation zum Ausdruck. 1805 erschienen die *Nachtgesänge*, darunter das schicksalhafte Gedicht „Die Hälfte des Lebens“. Neben seinem lyrischen Schaffen war Hölderlin bekannt für seinen Roman *Hyperion* und die Dramenfragmente *Der Tod des Empedokles*.

弗里德里希·荷尔德林

弗里德里希·荷尔德林（1770—1843），德国古典浪漫时期优秀的抒情诗人，生于内卡河畔的劳芬，父亲是修道院总管，母亲是牧师之女。荷尔德林幼年失怙，少年时代在邓肯多夫和毛尔布隆修道院学习，1788—1793年在图宾根神学院学习，与黑格尔、谢林为友。1794年前往耶拿，结识席勒、歌德，听费希特授课，后辗转在法兰克福和波尔多等地担任家庭教师，1798年与法兰克福银行家之妻苏赛特·贡塔特恋爱受挫，陷入精神危机，1807年后在内卡河畔的塔楼里度过余生。

荷尔德林早期受席勒影响，著有韵体赞诗《自然颂》《自由颂》等。1796年后逐渐与席勒疏远，转而撰写古典颂歌体诗，如《橡树》《命运女神颂》《海德堡》，哀歌体诗《回乡》《饼与葡萄酒》，以及六音步体长诗《爱琴海》等，其中将德语与古典诗律结合，兼有形式节奏的完美和思想情感的深刻。后期的自由格律体“父国咏歌”包括《和平庆典》《德意志咏歌》《怀念》等，表达了诗人对德意志民族的关怀和信念。1805年发表《夜之咏歌》，包括名诗《岁月中半》，另著有小说《许佩里翁，或希腊的隐士》和未完成的悲剧《恩培多克勒斯之死》。

DIE EICHBÄUME

Aus den Gärten komm ich zu euch, ihr Söhne des Berges!

Aus den Gärten, da lebt die Natur geduldig und häuslich,

Pflegend und wieder gepflegt mit dem fleißigen Menschen zusammen.

Aber ihr, ihr Herrlichen! steht, wie ein Volk von Titanen

In der zahmeren Welt und gehört nur euch und dem Himmel,

Der euch nährt' und erzog, und der Erde, die euch geboren.

Keiner von euch ist noch in die Schule der Menschen gegangen,

Und ihr drängt euch fröhlich und frei, aus der kräftigen Wurzel,

Unter einander herauf und ergreift, wie der Adler die Beute,

Mit gewaltigem Arme den Raum, und gegen die Wolken

Ist euch heiter und groß die sonnige Krone gerichtet.

Eine Welt ist jeder von euch, wie die Sterne des Himmels

Lebt ihr, jeder ein Gott, in freiem Bunde zusammen.

Könnt ich die Knechtschaft nur erdulden, ich neidete nimmer

Diesen Wald und schmiegte mich gern ans gesellige Leben.

Fesselte nur nicht mehr ans gesellige Leben das Herz mich,

橡树林[①]

走出花园，我走向你们，深山之子！

走出花园，此地的自然，耐心而家常，

与勤劳的人类共处，看顾人类又被看顾。

你们，你们却是如此伟岸！如泰坦神族

屹立于驯顺的世界，只属于自己和育教了

你们的天空，只属于繁衍了你们的大地。

你们中没有一位上过人类的学堂，

你们欢跃而自由，从强健的根部，

层层叠叠地向上攀爬，如雄鹰抓捕猎物，

用有力的臂膀，占据空间，迎向云端的

是你们灿如阳光的树冠，庄严壮丽。

你们各自是一个世界，如同宇宙的星辰，

每一位都是神灵，在一起结成自由的联盟。

若我能够忍耐奴役之苦，我便永不会嫉妒

这片树林，且定然乐于融入群体生活。

但愿我难舍爱意的心不再为社交往来所困，

---

① 《橡树林》完成于1796年，1797年发表于席勒主编的《时序女神》，形式上是一首六音步无韵诗，标志着荷尔德林离开耶拿，从早年学习席勒的韵体赞诗，转向独立写作古典格律诗歌。诗歌以伟岸的橡树林比喻聚集于魏玛、耶拿的歌德、席勒、费希特等文化巨人，表达了荷尔德林景仰前辈，但又不甘居人之下，确定自己道路的决心。

Das von Liebe nicht läßt, wie gern würd ich unter euch wohnen!

(1796)

AN DIE PARZEN[①]

Nur Einen Sommer gönnt, ihr Gewaltigen!
Und einen Herbst zu reifem Gesange mir,
Daß williger mein Herz, vom süßen
Spiele gesättiget, dann mir sterbe.

Die Seele, der im Leben ihr göttlich Recht
Nicht ward, sie ruht auch drunten im Orkus nicht;
Doch ist mir einst das Heil'ge, das am
Herzen mir liegt, das Gedicht, gelungen,

① 本诗为每节四行的阿尔凯奥斯体颂歌，以古希腊同名诗人得名，贺拉斯经常使用，18 世纪德国克洛卜施多克创作有 17 首，荷尔德林在法兰克福期间创作了 13 首。其格律遵循的规则如下：前两行为 11 个音节，第 6 个音节后有停顿，第三行 9 个音节，第四行为 10 个音节。

×—◡—×‖—◡◡—◡×
×—◡—×‖—◡◡—◡×
×—◡—×—◡—×
—◡◡—◡◡—◡—×

我多么，多么，愿意与你们相伴！

（1796 年）

命运女神颂[①]

请赐给我一个夏，你们强大的女神！
还有一个秋，让我的歌诗成熟，
让我的心，饱足于甜美的
乐音，而后更愿赴死。

灵魂，若生前未享受神赋的
权利，在九泉之下也无法安宁；
可一旦萦绕于我心间的
圣业已经完成，

① 希腊神话中的命运三女神是宙斯和正义女神忒弥斯之女，她们是阿特洛彼斯（Atropos）、拉克西丝（Lachesis）、克洛特（Clotho）。克洛特负责纺织生命线，拉克西丝负责决定生命线的长度，阿特洛彼斯负责斩断生命线。倚尔德林在这首古体颂诗中向命运女神祈求足够长的生命以完成诗歌创作。

Willkommen dann, o Stille der Schattenwelt!

Zufrieden bin ich, wenn auch mein Saitenspiel

Mich nicht hinab geleitet; *einmal*

Lebt ich, wie Götter, und mehr bedarf's nicht.

(1799)

那么，欢迎你，哦，冥界的安宁！

我心满意足，纵使我的弦琴

未伴我坠落深渊；我曾经活过一次，

如众神，再别无他求。

（1799 年）

BROD UND WEIN[1]

An Heinze

1.

Rings um ruhet die Stadt; still wird die erleuchtete Gasse,

Und, mit Fackeln geschmückt, rauschen die Wagen hinweg.

Satt gehn heim von Freuden des Tags zu ruhen die Menschen,

Und Gewinn und Verlust wäget ein sinniges Haupt

Wohlzufrieden zu Haus; leer steht von Trauben und Blumen,

Und von Werken der Hand ruht der geschäftige Markt.

① 本诗共9节160行，是荷尔德林篇幅最长的哀歌（Elegie），用哀歌双行体（Distichon：奇数行六音步，偶数行五音步）写就。

饼与葡萄酒[①]

致海因泽[②]

1.

周遭的街市已安歇，掌灯的小巷渐沉寂，

火把装饰的马车，在路上辚辚而去。

满怀白日的喜乐，人们回到家中歇息，

赢与亏有深思熟虑的头脑在家掂量，

定然满意；葡萄和鲜花已经撤空，

繁忙的集市停下手工的劳作。

---

① 《饼与葡萄酒》是一组歌颂基督和酒神狄奥尼索斯的哀歌，受到荷尔德林研究者的重视，荷尔德林的编者贺林格拉特（Norbert von Hellingrath）称之为"进入荷尔德林思想世界最好的起点"，是其"新神话"（Neue Mythologie）思想和诗学的体现。《德意志理念论最早系统纲领》（Das älteste Systemprogramm des deutschen Idealismus, 1786/1787）中提出，通过建立一个理性的"新神话"，调和启蒙与非启蒙的冲突。诗人在这个众神缺席、贫乏的世界里，诗人担任神的祭司，等候神的到来。酒神是黑夜之神、喜乐之神和诗人之神，荷尔德林在哀歌中将希腊神话中酒神与基督融合为一体，称之为"将临的神"（der kommende Gott）。在这首诗中，"饼与葡萄酒"既是基督教圣体圣事（Eucharistie），象征基督的肉和血，也是希腊神话中谷神德墨特尔和酒神狄奥尼索斯对人类的馈赠，慰藉等待神的到来的人类。全诗共九节，每三节为一段，分成三个部分。第一个三诗节段描述了黑夜的降临；第二个三诗节段回忆了古希腊的白昼；最后一个三诗节段中，酒神将白昼与黑夜和解，恢复了夜的太平。全诗结尾指向历史语境中的当下，即1801年法奥签订了吕内维尔和约（Friede von Lunéville）。

② 威廉·海因泽（Johann Jakob Wilhelm Heinze, 1746—1803），小说家，荷尔德林的忘年交，在1796年法军入侵法兰克福时同荷尔德林与贡塔尔特一家避难。

Aber das Saitenspiel tönt fern aus Gärten; vielleicht, daß
Dort ein Liebendes spielt oder ein einsamer Mann
Ferner Freunde gedenkt und der Jugendzeit; und die Brunnen
Immerquillend und frisch rauschen an duftendem Beet.
Still in dämmriger Luft ertönen geläutete Glocken,
Und der Stunden gedenk rufet ein Wächter die Zahl.
Jetzt auch kommet ein Wehn und regt die Gipfel des Hains auf,
Sieh! und das Schattenbild unserer Erde, der Mond,
Kommet geheim nun auch; die Schwärmerische, die Nacht kommt,
Voll mit Sternen und wohl wenig bekümmert um uns,
Glänzt die Erstaunende dort, die Fremdlingin unter den Menschen,
Über Gebirgeshöhn traurig und prächtig herauf.

2.

Wunderbar ist die Gunst der Hocherhabnen und niemand
Weiß, von wannen und was einem geschiehet von ihr.
So bewegt sie die Welt und die hoffende Seele der Menschen,
Selbst kein Weiser versteht, was sie bereitet, denn so
Will es der oberste Gott, der sehr dich liebet, und darum

丝弦之声远远自花园中奏响，或许，
那里有恋人拨弦或是位孤独的人
思念遥远的朋友和青春时光；清泉，
汩汩不停，流淌在芬芳的花圃旁。
黄昏的风中静静响起报时的钟鸣，
一位更夫铭记时辰报响钟点。
此刻亦有风袭来，拂动林苑顶梢，
看哪！月亮，地球的那个影像，
正悄悄显现；夜，这迷醉者，已来临，
星斗满天，对人类似不甚在意，
彼处那人群中的异乡客，引发惊异，[①]
哀伤而辉煌，闪耀在群山之巅。

2.

神异的是那崇高者的恩赐，无人
知晓，黑夜自何时对何人施恩。[②]
以此她打动世界和人类期盼的灵魂，
即使智者也不知她的准备，因为
这是至高之神所愿，他甚爱你，因此

① 这句指称上文中的“夜”（die Nacht）是引发惊异者（die Erstaunende），“惊异”是人遇见神及不可知的崇高者的心理感受，是哲学思考的开端。

② 此句及下文中的代词“她”指“夜”（阴性名词）。

Ist noch lieber, wie sie, dir der besonnene Tag.
Aber zuweilen liebt auch klares Auge den Schatten
Und versuchet zu Lust, eh es die Not ist, den Schlaf,
Oder es blickt auch gern ein treuer Mann in die Nacht hin,
Ja, es ziemet sich, ihr Kränze zu weihn und Gesang,
Weil den Irrenden sie geheiliget ist und den Toten,
Selber aber besteht, ewig, in freiestem Geist.
Aber sie muß uns auch, daß in der zaudernden Weile,
Daß im Finstern für uns einiges Haltbare sei,
Uns die Vergessenheit und das Heiligtrunkene gönnen,
Gönnen das strömende Wort, das, wie die Liebenden, sei,
Schlummerlos, und vollern Pokal und kühneres Leben,
Heilig Gedächtnis auch, wachend zu bleiben bei Nacht.

3.

Auch verbergen umsonst das Herz im Busen, umsonst nur
Halten den Mut noch wir, Meister und Knaben, denn wer
Möcht es hindern und wer möcht uns die Freude verbieten?
Göttliches Feuer auch treibet, bei Tag und bei Nacht,
Aufzubrechen. So komm! daß wir das Offene schauen,
Daß ein Eigenes wir suchen, so weit es auch ist.
Fest bleibt Eins; es sei um Mittag oder es gehe

深思的白昼比黑夜更为你所爱。
但有时，清亮的眼睛也爱阴影，
在倦意来临之前，乐于尝试睡眠，
或有一个忠实的人，喜爱凝视黑夜，
是啊，夜配得上桂冠和颂歌，
因为她被迷途者和亡者尊奉为圣，
自己却永存于最自由的灵中。
她必须，为在那彷徨的时光中，
在黑暗中我们有所依靠，
赐予我们忘性和神圣的沉醉，
赐予我们潮涌的词语，当如恋人
毫无睡意，赐予更满的觥筹和更勇猛的生命，
还有神圣的记忆，为在长夜里保持警醒。

3.

即便将心藏于胸中也是枉然，即便
我们，师父与学徒，约束兴致，
谁又会阻挠，谁会禁止我们享有喜乐？
神的火焰总是催促启程，日夜不停，
那么，来吧！让我们观看那开显之物，
让我们寻找属于自我之物，不管有多遥远。
只有一条恒定不变；无论正午还是

Bis in die Mitternacht, immer bestehet ein Maß,

Allen gemein, doch jeglichem auch ist eignes beschieden,

Dahin gehet und kommt jeder, wohin er es kann.

Drum! und spotten des Spotts mag gern frohlockender Wahnsinn,

Wenn er in heiliger Nacht plötzlich die Sänger ergreift.

Drum an den Isthmos komm! dorthin, wo das offene Meer rauscht

Am Parnaß und der Schnee delphische Felsen umglänzt,

Dort ins Land des Olymps, dort auf die Höhe Cithärons,

Unter die Fichten dort, unter die Trauben, von wo

Thebe drunten und Ismenos rauscht im Lande des Kadmos,

Dorther kommt und zurück deutet der kommende Gott.

4.

Seliges Griechenland! du Haus der Himmlischen alle,

Also ist wahr, was einst wir in der Jugend gehört?

Festlicher Saal! der Boden ist Meer! und Tische die Berge,

Wahrlich zu einzigem Brauche vor alters gebaut!

Aber die Thronen, wo? die Tempel, und wo die Gefäße,

直到午夜，总有一个度存在，

适用众人，然每人也有独特之处。

每人的前程和来路，通向他能去的方向。

因此啊，诱人狂喜的癫狂乐于讽刺讥嘲，

在神圣的夜里突然将歌者攫取。

因此到伊斯特莫斯海峡来吧！那里开阔的海轰鸣，

前往帕尔纳索斯山，白雪覆盖着德尔斐的山崖，

前往那奥林匹斯的领地，登上那基泰隆山的顶峰，①

去那云杉林中，来到葡萄园中，

忒拜城下伊斯美诺河鸣响于卡德摩斯的国土上，

将临之神来自那里，且回指向那里。②

4.

享有天福的希腊！你是所有天神的家园，

确凿无疑，我们曾经在年少时听说过的神话？

庄严的大殿！以大海为地！以山峦为席，

确是远古为那唯一的用途而建！

可是宝座，神庙，在何方？哪里是杯盏，

---

① 四处漫游是酒神的特征，这两句指酒神从故乡忒拜出发，前往希腊各地，以及三座神山：帕尔纳索斯山和德尔斐神庙是阿波罗的居住地，奥利匹斯山是希腊众神所在之地，基泰隆山是酒神的居所。

② 酒神的母亲是忒拜公主，卡德摩斯是忒拜英雄。酒神来自那里，他的记忆回指向古希腊的黄金时代。

Wo mit Nektar gefüllt, Göttern zu Lust der Gesang?

Wo, wo leuchten sie denn, die fernhintreffenden Sprüche?

Delphi schlummert und wo tönet das große Geschick?

Wo ist das schnelle? wo brichts, allgegenwärtigen Glücks voll,

Donnernd aus heiterer Luft über die Augen herein?

Vater Aether! so riefs und flog von Zunge zu Zunge

Tausendfach, es ertrug keiner das Leben allein;

Ausgeteilet erfreut solch Gut und getauschet, mit Fremden,

Wirds ein Jubel, es wächst schlafend des Wortes Gewalt:

Vater! heiter! und hallt, so weit es gehet, das uralt

Zeichen, von Eltern geerbt, treffend und schaffend hinab.

Denn so kehren die Himmlischen ein, tiefschütternd gelangt so

Aus den Schatten herab unter die Menschen ihr Tag.

5.

Unempfunden kommen sie erst, es streben entgegen

Ihnen die Kinder, zu hell kommet, zu blendend das Glück,

Und es scheut sie der Mensch, kaum weiß zu sagen ein Halbgott,

Wer mit Namen sie sind, die mit den Gaben ihm nahn.

Aber der Mut von ihnen ist groß, es füllen das Herz ihm

盛满琼浆？哪里是赞美众神的颂歌？
哪里，哪里它们仍熠熠发光，远远应验的格言？
德尔斐神庙在沉睡，那伟大命运在何处鸣响？
迅疾之物在何方？它，时刻为幸福充满，
从晴空挟雷声落入眼帘，又在何方？
天父以太！[①] 曾经如此呼唤，口口相传，
千遍万遍，无人能独自承受生命之重；
这财富令人喜悦，被分发，与陌生人交换，
成为一声欢呼，言语的威力在沉睡中成长，
天父！欢呼吧！远古的符号，上承自父母，
回响于所及的远方和未来，恰切且创造。
因为天神便是这样来临，他们的白昼是这样
震撼人心，从阴影中降临到人间。

5.

天神来临时，不为人所知，只有孩子们
迎向他们。降临时过于明亮，幸福过于炫目，
人类畏惧他们，一个半神也无法说出，
那些带着礼物靠近他的，姓甚名谁。
但神的勇气极大，他们的喜乐充满

① 以太（Aether）是古希腊自然哲学的，指包容一切、联结一切的神性气息。

Ihre Freuden und kaum weiß er zu brauchen das Gut,

Schafft, verschwendet und fast ward ihm Unheiliges heilig,

Das er mit segnender Hand törig und gütig berührt.

Möglichst dulden die Himmlischen dies; dann aber in Wahrheit

Kommen sie selbst und gewohnt werden die Menschen des Glücks

Und des Tags und zu schaun die Offenbaren, das Antlitz

Derer, welche, schon längst Eines und Alles genannt,

Tief die verschwiegene Brust mit freier Genüge gefüllet,

Und zuerst und allein alles Verlangen beglückt;

So ist der Mensch; wenn da ist das Gut, und es sorget mit Gaben

Selber ein Gott für ihn, kennet und sieht er es nicht.

Tragen muß er, zuvor; nun aber nennt er sein Liebstes,

Nun, nun müssen dafür Worte, wie Blumen, entstehn.

6.

Und nun denkt er zu ehren in Ernst die seligen Götter,

Wirklich und wahrhaft muß alles verkünden ihr Lob.

Nichts darf schauen das Licht, was nicht den Hohen gefället,

Vor den Aether gebührt Müßigversuchendes nicht.

人心。人类几乎不会使用神的赐予，
获得，又被浪费，他以祈福的手去触摸，
笨拙而又善意，平常之物也被认作神圣，
天神对此尽可能宽容；但他们随后
显现亲自来临，人们于是习惯于幸福，
和白昼，习惯于观看显现者，那些神祇的
面容，他们早被称之为一和万有，[①]
自由地将满足深深填满缄默的胸怀，
首先且独自让所有的欲求完满，
这便是人类；若财富在此，一位神亲自
赐予他礼物，他却无法看见和识得。
之前，他必须承受；现在，他称之为至爱，
如今，描述它的言语必须，如同鲜花，盛开。

6.

如今人思忖着，须对至福的众神肃然起敬，
一切必须，真实又真诚地，道出对神的赞歌。
不为崇高者所喜者，不许将那光来凝视，
随意尝试的言词不适宜呈于以太面前。

---

① “一和万有”（Eines und Alles），是源自古希腊泛神论的核心要义，即 ἓν καὶ πᾶν, hen kai pan。

Drum in der Gegenwart der Himmlischen würdig zu stehen,
Richten in herrlichen Ordnungen Völker sich auf
Untereinander und baun die schönen Tempel und Städte
Fest und edel, sie gehn über Gestaden empor –
Aber wo sind sie? wo blühn die Bekannten, die Kronen des Festes?
Thebe welkt und Athen; rauschen die Waffen nicht mehr
In Olympia, nicht die goldnen Wagen des Kampfspiels,
Und bekränzen sich denn nimmer die Schiffe Korinths?
Warum schweigen auch sie, die alten heilgen Theater?
Warum freuet sich denn nicht der geweihete Tanz?
Warum zeichnet, wie sonst, die Stirne des Mannes ein Gott nicht,
Drückt den Stempel, wie sonst, nicht dem Getroffenen auf?
Oder er kam auch selbst und nahm des Menschen Gestalt an
Und vollendet' und schloß tröstend das himmlische Fest.

7.

Aber Freund! wir kommen zu spät. Zwar leben die Götter,
Aber über dem Haupt droben in anderer Welt.
Endlos wirken sie da und scheinens wenig zu achten,
Ob wir leben, so sehr schonen die Himmlischen uns.
Denn nicht immer vermag ein schwaches Gefäß sie zu fassen,
Nur zu Zeiten erträgt göttliche Fülle der Mensch.

因此各族民众聚集一处，排成壮观的阵容，

庄严地站立于众神前，

建造美丽的神庙和城市，

坚固而高贵，它们耸立于海滨之上——

但是它们现在何方？那些熟悉的身影，庆典上的

王冠？忒拜和雅典城已经凋敝；兵器不再

轰鸣于奥林匹亚，体育比赛的黄金马车不再喧腾，

科林斯的航船就再不装饰花环？

为何它们也在沉默，神圣古老的剧场？

为何神授之舞也并不喜悦？

为何神不在那人的额头上留下标记，如从前那样？

为何不在选中之人身上打上印章，如从前那样？

抑或他曾亲自降临，化作人的形象，

将那天神的节日圆满结束，以慰藉众人。

7.

可是，朋友！我们来得太晚。众神虽然活着，

但是在头顶高处另外一个世界。

他们在那里造化无穷，天神虽然如此眷顾我们

但仍不在意，我们的生活。

因为虚弱的容器并非总能容纳他们。

人类仅是偶尔能够承受神的丰盈。

Traum von ihnen ist drauf das Leben. Aber das Irrsal
Hilft, wie Schlummer, und stark machet die Not und die Nacht,
Bis daß Helden genug in der ehernen Wiege gewachsen,
Herzen an Kraft, wie sonst, ähnlich den Himmlischen sind.
Donnernd kommen sie drauf. Indessen dünket mir öfters
Besser zu schlafen, wie so ohne Genossen zu sein,
So zu harren, und was zu tun indes und zu sagen,
Weiß ich nicht, und wozu Dichter in dürftiger Zeit.
Aber sie sind, sagst du, wie des Weingotts heilige Priester,
Welche von Lande zu Land zogen in heiliger Nacht.

8.

Nämlich, als vor einiger Zeit, uns dünket sie lange,
Aufwärts stiegen sie all, welche das Leben beglückt,
Als der Vater gewandt sein Angesicht von den Menschen,
Und das Trauern mit Recht über der Erde begann,
Als erschienen zuletzt ein stiller Genius, himmlisch
Tröstend, welcher des Tags Ende verkündet' und schwand,
Ließ zum Zeichen, daß einst er da gewesen und wieder

此后生活便是对神的梦想。但是迷途
有益，如同睡眠，困顿和夜使人刚强，
直到英雄在青铜摇篮里成熟，
内心力量增长，如同以往，如天神一般。
雷声轰鸣，天神临现。在这期间，我经常思考，
如此这般苦无盟友，不如睡去，
如此坚持，此时又该如何言行，
我并不知晓。贫乏时代诗人何为？
可是他们，你说，如同酒神的神圣祭司，
在神圣之夜从一地迁往另一地。[①]

8.

一段时间前，在我们看来已经很久，
他们都升天而去，那些被生命赐福的人，
当天父向人们背过脸去，
哀伤便应当开始笼罩大地，
一位沉静的守护神最终出现，带来
天国的安慰，宣告白昼终结并消失，
天上的歌队留下一些赐予，

① 根据贺德里希（Benjamin Hederich）《神话大辞典》（*Gründliches mythologisches Lexikon*, 1770），狄奥尼索斯在世界范围内漫游，解决各个城市人民之间的争端，缔结和平。

Käme, der himmlische Chor einige Gaben zurück,

Derer menschlich, wie sonst, wir uns zu freuen vermöchten,

Denn zur Freude, mit Geist, wurde das Größre zu groß

Unter den Menschen und noch, noch fehlen die Starken zu höchsten

Freuden, aber es lebt stille noch einiger Dank.

Brot ist der Erde Frucht, doch ists vom Lichte gesegnet,

Und vom donnernden Gott kommet die Freude des Weins.

Darum denken wir auch dabei der Himmlischen, die sonst

Da gewesen und die kehren in richtiger Zeit,

Darum singen sie auch mit Ernst, die Sänger, den Weingott

Und nicht eitel erdacht tönet dem Alten das Lob.

9.

Ja! sie sagen mit Recht, er söhne den Tag mit der Nacht aus,

Führe des Himmels Gestirn ewig hinunter, hinauf,

Allzeit froh, wie das Laub der immergrünenden Fichte,

Das er liebt, und der Kranz, den er von Efeu gewählt,

Weil er bleibet und selbst die Spur der entflohenen Götter

Götterlosen hinab unter das Finstere bringt.

昭示他曾经来过且将重新回来，
这些赐予，如同往日，给予我们人间的喜乐，
因为属灵的喜乐，使人群中的更伟大者
过于伟大，而享有至高喜乐的强者，
尚付之阙如，但有一些感激默默存在。
面饼是大地的果实，被光所赐福，
葡萄酒带来的喜乐来自那雷鸣之神。
因此我们享用时也怀念天神，他们曾经
来过，并将在合适的时机归来，
因此歌者也严肃地歌唱酒神，
颂歌为这位古者而吟，并非虚空。①

9.

是的！他们说得有理，他将白昼与黑夜和解，②
引导天上星辰永恒不停地沉落、升起，
无时不欢喜，如同他所爱的常青的
云杉树叶，和他拣选的常青藤花环，
因为他留下，亲自将众神消遁的踪迹
引入黑暗中，为那些不信神的人。

---

① 诗人歌颂酒神，关乎存在的必须，并非是转瞬即逝的虚空。

② 酒神将希腊的白昼与西方的黑夜和解。

Was der Alten Gesang von Kindern Gottes geweissagt,
Siehe! wir sind es, wir; Frucht von Hesperien ists!
Wunderbar und genau ists als an Menschen erfüllet,
Glaube, wer es geprüft! aber so vieles geschieht,
Keines wirket, denn wir sind herzlos, Schatten, bis unser
Vater Aether erkannt jeden und allen gehört.
Aber indessen kommt als Fackelschwinger des Höchsten
Sohn, der Syrier, unter die Schatten herab.
Selige Weise sehns; ein Lächeln aus der gefangnen
Seele leuchtet, dem Licht tauet ihr Auge noch auf.
Sanfter träumet und schläft in Armen der Erde der Titan,
Selbst der neidische, selbst Cerberus trinket und schläft.

(1800/1801)

古人在咏歌中为神的儿女所预言的，

看吧！那便是我们，我们；西方[①]的果实！

如同奇迹而又无比贴近，好似在人们身上应验。

去验证的人，信吧！许多事发生了，

但无一奏效，因为我们无心、是影子，直到

天父以太认出每个人，又属于众人。

这时，作为火炬手的至高者之子，

那个叙利亚人，降临到冥间。[②]

有福的智者看见了；微笑从被缚的

灵魂闪现，光将他们眼睛里的冰融解。

泰坦在大地的怀抱里沉睡于更温和的梦境，

那位善嫉者，那刻耳柏洛斯也醉饮且酣眠。[③]

（1800/1801 年）

---

① 赫斯佩里（Hesperien），指古代希腊（Hellas）以西。

② 指酒神狄奥尼索斯来自叙利亚。

③ 古希腊神话中的地狱看门犬，据说有三个脑袋，性情残暴。传说中狄奥尼索斯用葡萄酒让刻耳柏洛斯昏睡，从冥界救出母亲赛墨勒，从而达到了夜的太平。

HÄLFTE DES LEBENS

Mit gelben Birnen hänget

Und voll mit wilden Rosen

Das Land in den See,

Ihr holden Schwäne,

Und trunken von Küssen

Tunkt ihr das Haupt

Ins heilignüchterne Wasser.

Weh mir, wo nehm ich, wenn

Es Winter ist, die Blumen, und wo

Den Sonnenschein,

Und Schatten der Erde?

Die Mauern stehn

岁月中半[1]

结满黄色的梨，

长满野玫瑰的，

那块陆地垂入湖中，

你们圣美的天鹅，[2]

沉醉于吻，

将你们的头颅

浸入神圣理性的水。

痛啊，到冬天时，

我到哪里找花，哪里

去找阳光

和大地的阴影？

墙屹立，

---

① 这首诗发表于1805年《袖珍书》(*Taschenbuch für das Jahr*，1805)，是题为“夜歌”(Nachtgesänge)的组诗九首中的第七首。“七”这个数字也体现在诗的结构里，每节各7行。平行对偶的两节，分别代表生命的两半。第一节是夏日的丰盛，描绘的都是大自然的景物“黄梨”“蔷薇”“天鹅”“湖”，句子结构绵延完整；第二节是冬日的肃杀，描绘的是人工制物“墙”“旗标”，句子结构支离破碎。写这首诗时，荷尔德林正当中年，却已经预感到下半生的衰弱。题名来自《旧约·诗篇》(102:24)：“我说：我的神啊，不要把我在中年时带走！”

② “圣美”(hold)，是圣洁柔美的意思，同时也暗自呼应荷尔德林名字的词根，以天鹅喻指诗人，是西方文学自柏拉图以来的传统母题。

Sprachlos und kalt, im Winde

Klirren die Fahnen.

(1805)

无言而冰冷，在风中
风向旗战栗。

（1805年）

Novalis

Novalis (eigentlich Georg Philipp Friedrich von Hardenberg, 1772–1801, Pseudonym Novalis, was auf Lateinisch „de Novali“ bedeutet), war ein deutscher Schriftsteller der Frühromantik und Philosoph. Er starb früh im Alter von 29 Jahren und galt als Genie und Dichter der „Blauen Blume“, eine Symbolfigur in der Romantik. Seine Familie gehörte dem alten niedersächsischen Adel an. Novalis erhielt in seiner Kindheit eine pietistische Erziehung, studierte Philosophie und Jura an den Universitäten Jena, Leipzig und Wittenberg, später Naturwissenschaften an der Bergakademie Freiberg und wurde zum Mitglied des Salinendirektoriums ernannt. Novalis selbst hatte lediglich die Veröffentlichung der *Blüthenstaub*-Fragmente, der Fragmentsammlung *Glauben und Liebe oder Der König und die Königin* (1798) und der *Hymnen an die Nacht* (1800) erlebt. Die unvollendeten Romane *Heinrich von Ofterdingen* und *Die Lehrlinge zu Sais* sowie die später so genannte Rede *Die Christenheit oder Europa* wurden der Öffentlichkeit erst durch die postume Drucklegung durch die Freunde Ludwig Tieck und Friedrich Schlegel zugänglich.
Hymnen an die Nacht ist das repräsentative Werk von Novalis, der Höhepunkt der frühdeutschen romantischen Lyrik, und gilt als das schönste deutsche Prosagedicht. Das Gedicht basiert auf einem mysteriösen Erlebnis des Dichters vor dem Grab seiner jung verstorbenen Verlobten Sophie. Das Gedicht preist die Nacht und erforscht, wie man das Endliche und das Unendliche vermittelt durch die Geliebte und den Christus, um den Tod zu überwinden. Das kurze Gedicht „When nicht mehr Zahlen und Figuren..." stammt aus dem unvollendeten zweiten Teil von *Ofterdingen*, verdichtet die Essenz der romantischen Naturphilosophie.

诺瓦利斯

诺瓦利斯（原名弗里德里希·封·哈登贝格，1772—1801），笔名诺瓦利斯，是拉丁文“开荒者”（de novali）之意，早期浪漫主义传奇的“蓝花诗人”，英年早逝的天才作家。他的家族属于下萨克森地区的古老贵族。诺瓦利斯幼年受虔敬派教育，在耶拿大学、莱比锡大学和维滕贝格大学攻读哲学和法律，后在弗莱贝格矿业学院（Bergakademie in Freiberg）学习自然科学，担任萨克森公国盐场行政官员，在世时发表组诗《夜颂》、断片集《花粉》《信仰和爱或曰国王和王后》，过世后由蒂克和弗里德里希·施莱格尔编撰发表未完成小说《海因里希·封·奥夫特丁根》和政论文《基督世界或曰欧洲》。

《夜颂》是诺瓦利斯的代表作，是德国早期浪漫主义抒情诗的高峰，被誉为最美的德语散文诗。诗歌以诗人在早夭的未婚妻索菲坟茔前的一次神秘经验为缘起，转向对夜的礼赞，探索了如何以爱人和基督为中介沟通有限与无限，超越死亡的命题。《当不再是数字和图形》出自《奥夫特丁根》未完成的第二部，浓缩了浪漫主义自然哲学的精髓。

HYMNEN AN DIE NACHT (Auszug)

2.

Muß immer der Morgen wiederkommen? Endet nie des Irdischen Gewalt? unselige Geschäftigkeit verzehrt den himmlischen Anflug der Nacht. Wird nie der Liebe geheimes Opfer ewig brennen? Zugemessen ward dem Lichte seine Zeit; aber zeitlos und raumlos ist der Nacht Herrschaft. – Ewig ist die Dauer des Schlafs. Heiliger Schlaf – beglücke zu selten nicht der Nacht Geweihte in diesem irdischen Tagewerk. Nur die Thoren verkennen dich und wissen von keinem Schlafe, als den Schatten, den du in jener Dämmerung der wahrhaften Nacht mitleidig auf uns wirfst. Sie fühlen dich nicht in der goldnen Flut der Trauben – in des Mandelbaums Wunderöl, und dem braunen Safte des Mohns. Sie wissen nicht, daß du es bist der des zarten Mädchens Busen umschwebt und zum Himmel den Schoß macht – ahnden nicht, daß aus alten Geschichten du himmelöffnend entgegentrittst und den Schlüssel trägst zu den Wohnungen der Seligen, unendlicher Geheimnisse schweigender Bote.

3.

Einst da ich bittre Thränen vergoß, da in Schmerz aufgelöst meine

夜颂（节选）[①]

2.

黎明总是非得复返？尘世的伟力永无终日？繁琐的俗务损耗了黑夜的来临。敬献给爱的隐秘祭祀难道不会永远燃烧？光明纵然有时，但是黑夜的统治永恒且无垠。——睡眠恒久。在白昼的劳作中，神圣的睡眠极少不曾对夜的知情者施以恩典。唯有愚人不知睡眠，将夜错认为是阴影，当真正的黑夜来临前的黄昏时分，夜悲悯地将阴影披在我们身上。在葡萄金色洪流中，在杏树的神奇魔油中，在罂粟的棕色汁液中，愚人无法感知到夜的存在。他们不知道，你漂浮于少女温柔的胸乳周围，你将少女的怀腹变成了天空，你从古老的故事中走来，向天空开放，你携带着有福者之家的钥匙，你是无数秘密的沉默使者。

3.

曾经，我将苦涩的泪水倾泻，我的希望破碎，化为痛苦，

---

① 《夜颂》发表于1800年的《雅典娜神殿》，共六首颂歌，原手稿为诗体，在发表时改为散文诗体，更加符合主题凝重深沉的风格。这里选取第二首和第三首颂歌。第二首表达了对永恒之夜的礼赞：相较于白昼，黑夜代表着无限广阔的精神世界，也是爱的世界。第三首颂诗描写了诗人与爱人在坟茔前的生死相会，发展成为对永恒之夜的皈依。

Hoffnung zerrann, und ich einsam stand am dürren Hügel, der in engen, dunkeln Raum die Gestalt meines Lebens barg – einsam, wie noch kein Einsamer war, von unsäglicher Angst getrieben – kraftlos, nur ein Gedanken des Elends noch. – Wie ich da nach Hülfe umherschaute, vorwärts nicht konnte und rückwärts nicht, und am fliehenden, verlöschten Leben mit unendlicher Sehnsucht hing: – da kam aus blauen Fernen – von den Höhen meiner alten Seligkeit ein Dämmerungsschauer – und mit einemmale riß das Band der Geburt – des Lichtes Fessel. Hin floh die irdische Herrlichkeit und meine Trauer mit ihr – zusammen floß die Wehmuth in eine neue, unergründliche Welt – du Nachtbegeisterung, Schlummer des Himmels kamst über mich – die Gegend hob sich sacht empor; über der Gegend schwebte mein entbundner, neugeborner Geist. Zur Staubwolke wurde der Hügel – durch die Wolke sah ich die verklärten Züge der Geliebten. In ihren Augen ruhte die Ewigkeit – ich faßte ihre Hände, und die Thränen wurden ein funkelndes, unzerreißliches Band. Jahrtausende zogen abwärts in die Ferne, wie Ungewitter. An Ihrem Halse weint ich dem neuen Leben entzückende Thränen. – Es war der erste, einzige Traum – und erst seitdem fühl ich ewigen, unwandelbaren Glauben an den Himmel der Nacht und sein Licht, die Geliebte.

(1800)

我孤独地站在荒凉的坟茔前，它将我的生命形态掩埋入狭窄阴暗的空间——孤独，前所未有的孤独者，被无可名状的恐惧驱赶——力量耗尽，唯余悲苦之念。——我四处寻觅帮助，进不能，退也不能。怀着无限的渴望，依附着转瞬即熄灭的生命：——从蓝色的远方，从昔日的福乐高地降下黄昏微雨——突然，生命降临的脐带断裂，那是光的绳索。尘世的荣耀消散，我的悲伤随之而去，悲苦汇入一个无法解释的新世界——夜之欢愉，天堂之眠征服了我——此地缓缓升起，在上方浮现出我被解缚的新生的灵。坟茔化为尘云，透过云层我看到了爱人富有神性的形象。在她的眼睛里栖息着永恒——我抓住她的手，泪水成为一条闪亮的接连不断的带子。千年万载下涌向远方，恍如风暴。拥抱住她，我为新的生命洒下激动的泪水。——这是第一个也是唯一的梦——自此以后，我感觉到了永恒不变的信仰：对夜之天堂和天堂之光，我的爱人。

（1800 年）

WENN NICHT MEHR ZAHLEN UND FIGUREN

WENN nicht mehr Zahlen und Figuren
Sind Schlüssel aller Kreaturen,
Wenn die, so singen oder küssen,
Mehr als die Tiefgelehrten wissen,
Wenn sich die Welt ins freie Leben,
Und in die Welt wird zurück begeben,
Wenn dann sich wieder Licht und Schatten
Zu echter Klarheit werden gatten,
Und man in Märchen und Gedichten
Erkennt die ew'gen Weltgeschichten,
Dann fliegt vor *einem* geheimen Wort
Das ganze verkehrte Wesen fort.

(1800)

当不再是数字和图形[①]

当不再是数字和图形
开启万物生灵，
当歌唱或亲吻的人群
比深刻的学者知道得更多，
当世界重返自由的生命
和世界本身，
当光和影
重又交融为纯正的清明，
当人们在童话和诗歌中
认识到永恒的世界历史，
这时一句密语出现，[②]
所有颠倒的事物消散。

（1800年）

---

① 这首十二行四音步抑扬格叠韵短诗朴实无华，朗朗上口，集中表达了诺瓦利斯的自然哲学观，对唯理主义机械物理观的批评，认为诗歌和爱是认知世界的真正途径，童话和诗歌中蕴含世界历史的真理。原诗并无题目，以首行为题。

② 德国浪漫主义自然哲学受雅各布·波墨代表的神秘主义“符码”学说影响，认为有“密语”通灵，能够召唤生灵，拨正颠倒混乱的世界。

Clemens Brentano

Clemens Brentano (1778–1842), ein repräsentativer Schriftsteller der deutschen Romantik, wurde in einer großbürgerlichen Familie in Frankfurt am Main geboren, sein Vater war italienischer Herkunft, und seine Großmutter Sophie la Roche war eine bekannte Schriftstellerin. Brentano und seine Schwägerin Achim von Arnim waren Vertreter der Heidelberger Romantikschule. Sie haben gemeinsam die dreibändige Volksliedsammlung *Des Knaben Wunderhorn* (1803/1806) herausgegeben, die einen tiefgreifenden Einfluss auf spätere deutsche Lyriker ausübte.
Brentanos Gedichte haben auch die Merkmale deutscher Volkslieder: schlicht und einfach, aber nicht naiv und krude, mit harmonischem Rhythmus und natürlicher Schönheit. Das Gedicht „Sprich aus der Ferne" stammt aus seinem Roman *Godwi oder das steinerne Bild der Mutter* und ist Brentanos repräsentatives Werk.

SPRICH AUS DER FERNE①

Sprich aus der Ferne

Heimliche Welt,

Die sich so gerne

Zu mir gesellt.

① 这首诗在诗歌形式上由长短两种诗节交错构成，短诗节为二音步，长诗节为四音步，押交替韵，音韵和谐优美。

克莱门斯·布伦塔诺

克莱门斯·布伦塔诺（1778—1842），德国浪漫主义代表作家，出生于法兰克福的大市民家庭，父亲是意大利人，外祖母索菲·拉·洛溪是著名女作家。布伦塔诺与其妹婿阿西姆·封·阿尔尼姆是海德堡浪漫派的发起人，他们合作编辑出版了三卷本德国民歌集《男童的神奇号角》（1803/1806），挖掘整理德意志文学遗产，展示天然去雕饰的民歌诗风，以民歌凝聚民族精神，启蒙民众，对于后世的德语抒情诗人影响深远。

布伦塔诺的诗歌同样具有德语民歌体的特点：朴实单纯，却不稚拙简陋，韵律和谐，具浑然天成之美。诗歌《从远方诉说》出自长篇小说《哥德维》，质朴感人，是布伦塔诺的代表作。

从远方诉说[①]

从远方诉说
神秘的世界，
你多么乐于
来与我相伴。

① 主人公与女友奥蒂莉耶夜里在林中漫步，奥蒂莉耶是诗意精神的人格象征，见到林中光亮，吟咏出这首诗，用以抚慰主人公思念逝去母亲的伤感。这首诗描述夜里的自然景物，多处使用通感修辞，音韵和美动人，体现了浪漫主义万物内在感应相联的自然观。

Wenn das Abendrot niedergesunken,
Keine freudige Farbe mehr spricht,
Und die Kränze still leuchtender Funken
Die Nacht um die schattigte Stirne flicht:

Wehet der Sterne
Heiliger Sinn
Leis durch die Ferne
Bis zu mir hin.

Wenn des Mondes still lindernde Tränen
Lösen der Nächte verborgenes Weh;
Dann wehet Friede. In goldenen Kähnen
Schiffen die Geister im himmlischen See.

Glänzender Lieder
Klingender Lauf
Ringelt sich nieder,
Wallet hinauf.

Wenn der Mitternacht heiliges Grauen
Bang durch die dunklen Wälder hinschleicht,
Und die Büsche gar wundersam schauen,

黄昏的云霞已经沉落，
再无喜乐的色彩言语，
夜在阴翳的额头织就
静静光亮闪耀的花环。

星辰从远方
将神圣意义
轻轻地吹拂
送至我身旁。

月亮轻洒抚慰的泪水
抚平夜晚隐藏的痛苦；
尔后安详洋溢。金舟
载着灵魂在天湖徜徉。

闪耀的歌声，
叮当的波痕，
蜿蜒着下降，
翻腾着上升。

当午夜神圣的森严
弥漫在阴暗的森林，
灌木丛也神奇张望，

Alles sich finster tiefsinnig bezeugt:

Wandelt im Dunkeln
Freundliches Spiel,
Still Lichter funkeln
Schimmerndes Ziel.

Alles ist freundlich wohlwollend verbunden,
Bietet sich tröstend und traurend die Hand,
Sind durch die Nächte die Lichter gewunden,
Alles ist ewig im Innern verwandt.

Sprich aus der Ferne
Heimliche Welt,
Die sich so gerne
Zu mir gesellt.

(1801)

万物显得幽暗深沉：

灯光友好摇曳，
在黑夜中漫游，
灯光静静闪亮
前方目标闪烁。

万物彼此友善相联，
伸出安慰同情之手，
灯光蜿蜒穿过黑夜
万物内在永远亲缘。

从远方诉说
神秘的世界，
你多么乐于
来与我相伴。

（1801 年）

Karoline von Günderrode

Karoline von Günderrode (1780–1806), eine Dichterin der deutschen Romantik, stammte aus einem Frankfurter Adelsgeschlecht und war über die Familie Brentano mit Mitgliedern der Heidelberger Romantiker befreundet. Sie erregte Aufsehen, als sie sich aufgrund ihrer unglücklichen Liebesbeziehung mit dem verheirateten Mythenforscher Friedrich Creuzer am Rhein das Leben nahm. Goethe bewunderte sie. Sie wurde als "Sappho der Romantik" für ihre Einbildungskraft und kühne Bilder zur Suche nach Freiheit und Liebe gepriesen.

IST ALLES STUMM UND LEER

Ist Alles stumm und leer.

Nichts macht mir Freude mehr;

Düfte sie düften nicht,

Lüfte sie lüften nicht,

Mein Herz so schwer!

Ist Alles so öd und hin,

Bange mein Geist und Sinn,

Wollte, nicht weiß ich was

Jagt mich ohne Unterlaß

Wüßt ich wohin? –

卡洛琳娜·封·贡德罗德

卡洛琳娜·封·贡德罗德（1780—1806），德语浪漫主义时期女诗人，出生于法兰克福贵族家庭，通过布伦塔诺家族，与海德堡浪漫主义成员交好。因与已婚学者弗里德里希·克罗策的不幸恋爱在莱茵河自刎，轰动一时。她的文学作品以追求自由与爱情为主题，情感沉郁，意象大胆，为歌德所赞赏，被誉为“浪漫主义的萨福”。

万物静默虚空

万物静默虚空。
再无欢愉可言；
芳草不再芬芳，
清风不再吹拂，
我心如此沉重！

万物荒芜死寂，
我的心魂忧惧，
不知我愿为何，
不停被人驱赶，
不知该往何方？ ——

Ein Bild von Meisterhand
Hat mir den Sinn gebannt
Seit ich das Holde sah
Ists fern und ewig nah
Mir anverwandt. –

Ein Klang im Herzen ruht,
Der noch erfüllt den Muth
Wie Flötenhauch ein Wort,
Tönet noch leise fort,
Stillt Thränenfluth.

Frühlinges Blumen treu,
Kommn zurück aufs Neu,
Nicht so der Liebe Glück
Ach es kommt nicht zurück
Schön doch nicht treu.

Kann Lieb so unlieb sein,
von mir so fern was mein? –
Kann Lust so schmerzlich sein
Untreu so herzlich sein? –
O Wonn' o Pein!

自从我亲眼目睹
大师的优美图画，
我的心念被吸引，
无论远近恒久，
万物与我亲缘。——

心中有声音安歇，
它仍将勇气充满，
话语如同笛音，
轻轻地不断鸣响，
平息泪水的洪流。

春天的花朵忠诚，
年年归来重新开放，
爱情的幸福却非如此，
美丽却并不忠贞，
它再也不会回来。

爱情如此冷酷，
属于我的，竟然远离？——
乐趣如此痛苦，
背叛如此真挚？——
哦，喜悦，哦，苦痛！

Phönix der Lieblichkeit

Dich trägt dein Fittig weit

Hin zu der Sonne Strahl –

Ach was ist dir zumal

Mein einsam Leid?

(1804)

极乐之鸟凤凰，

你的羽翼载你远行

向着太阳的光芒——

我孤独的痛苦

对你又意味着什么？

（1804 年）

Ludwig Uhland

Ludwig Uhland (1787–1862), die zentrale Figur der Schwäbischen Schule. Geboren in einer Gelehrtenfamilie in Tübingen, studierte er Philologie und Jura an der Universität Tübingen und Mediävistik in Paris 1810. 1829 wurde er Professor für Philologie an der Universität Tübingen. Als einer der Begründer der germanistischen Philologie verfasste er „Walter von der Vogelweide – Ein deutscher Dichter" und andere Abhandlungen. Uhlands lyrische Gedichte sind frisch und einfach, singen über Liebe und Natur und wurden von vielen Musikern komponiert, sie gehören zu den berühmtesten deutschen Gedichten der ersten Hälfte des 19. Jahrhunderts. Er war auch gut in Balladen, die hauptsächlich auf mittelalterlicher Folklore basieren, darunter berühmte Werke wie „Des Sängers Fluch" und „Der blinde König".

FREIE KUNST①

Singe, wem Gesang gegeben,

In dem deutschen Dichterwald!

Das ist Freude, das ist Leben,

Wenn's von allen Zweigen schallt.

Nicht an wenig stolze Namen

---

① 这首诗形式规整，韵律铿锵，四行一节，每行为四音步扬抑格，押交替韵，这是德语民谣典型的双行叠韵诗体（Knittelvers)。

路德维希·乌兰德

路德维希·乌兰德（1787—1862），是施瓦本浪漫派（Schwäbische Schule）的领袖。出生于图宾根的学者家族，在图宾根大学学习语文学和法律，1810年在巴黎学习中世纪语言，1829年担任图宾根大学语文学教授，是日耳曼语文学的奠基人之一，著有《福格威德的瓦尔特——一位德意志诗人》等论著。乌兰德的抒情诗歌清新质朴，歌咏爱情和自然，被多位音乐家谱曲，是19世纪上半叶最著名的德语诗歌。他还擅长叙事歌谣，多取材于中世纪民间传说，有《歌手的诅咒》《盲人国王》等名篇。

自由艺术①

唱吧，被赐予歌喉的人，
在德意志的诗人林苑里！
当歌声从所有的枝头响起，
这便是喜乐，这便是生活。

诗歌艺术并非只属于，

① 这首诗是乌兰德为德意志浪漫主义文学设定的艺术纲领。

Ist die Liederkunst gebannt;
Ausgestreuet ist der Samen
Über alles deutsche Land.

Deines vollen Herzens Triebe,
Gieb sie keck im Klange frei!
Säuselnd wandle deine Liebe,
Donnernd uns dein Zorn vorbei!

Singst du nicht dein ganzes Leben,
Sing doch in der Jugend Drang;
Nur im Blütenmond erheben
Nachtigallen ihren Sang.

Kann man's nicht in Bücher binden,
was die Stunden dir verleihn,
Gieb ein fliegend Blatt den Winden!
Muntre Jugend hascht es ein.

Fahret wohl, geheime Kunden
Nekromantik, Alchymie.
Formel hält uns nicht gebunden
Unsre Kunst heißt Poesie.

少数引以为傲的名字。
它的种子已经撒遍了，
每一块的德意志土地。

你的心中充满了向往，
让它们在歌声中释放！
你的爱意，飒飒作响，
你的盛怒，雷鸣滚滚！

你不必唱响整个一生，
但为青春的激进高歌！
在花朵盛开的月光下，
夜莺方才会放声歌唱。

那是时光给你的赐予，
无法在书中将之禁锢：
快快将传单抛向风中！
敏捷的青年赶紧抓住。

离去吧，神秘客人，
招魂术、炼金术！
秘术无法将我们约束，
诗歌才是我们的技艺。

Heilig achten wir die Geister
aber Namen sind uns Dunst;
Würdig ehren wir die Meister,
aber frei ist uns die Kunst!

Nicht in kalten Marmorsteinen,
nicht in Tempeln dumpf und tot,
In den frischen Eichenhainen
Webt und rauscht der deutsche Gott.

(1813)

我们将精神视若神明，
我们视声名臭不可闻；
我们尊重大师的尊严，
但自由是我们的艺术！

不是冰冷的大理石像，
不在神庙，僵硬枯槁：
在那清新的橡树林里，
德意志的神在织作，在歌唱。

（1813 年）

Joseph von Eichendorff

Joseph von Eichendorff (1788–1857), ein repräsentativer Dichter der deutschen Spätromantik, wurde in einer katholischen Adelsfamilie in Oberschlesien geboren. 1805–1808 studierte er Jura und Philosophie an den Universitäten Halle und Heidelberg. 1813 nahm er am Nationalen Befreiungskrieg gegen Napoleon teil. Ab 1816 war er Kulturbeamter in der preußischen Regierung in Berlin und Schlesien und schied 1844 aus dem Staatsdienst aus. Er ist Autor der Novelle *Das Leben eines Taugenichts*, *Ahnung und Gegenwart* usw. In seinen späteren Jahren verfasste er aus dem katholischen Standpunkt literaturhistorische Werke. Eichendorf gilt als „der deutscheste Naturlyriker“, seine Landschaftslyrik und Heimwehlieder gelten als Höhepunkte der deutschen romantischen Lyrik, die Heimweh und die Sehnsucht zur alten Zeit zum Ausdruck bringt.

ZWIELICHT

Dämmrung will die Flügel spreiten,

Schaurig rühren sich die Bäume,

Wolken zieh'n wie schwere Träume –

Was will dieses Grau'n bedeuten?

Hast ein Reh du, lieb vor andern,

约瑟夫·封·艾兴多夫

约瑟夫·封·艾兴多夫（1788—1857），德国晚期浪漫主义代表诗人，出生于上西里西亚的天主教贵族世家。1805—1808 年在哈勒大学和海德堡大学学习法律和哲学。1813 年加入反拿破仑的民族解放战争。1816 年起在柏林和西里西亚等地的普鲁士政府担任文化官员，1844 年辞去公职。著有小说《一个无用人的生涯》《预感和现实》等，晚年以天主教立场撰有《德国文学史》等学术论著。艾兴多夫有“最德意志的自然诗人”之称，他的诗歌吟咏山水，感怀故园，被认为是德国浪漫主义抒情诗的巅峰，抒发了对故园的乡愁和往昔时光的感伤。

黄　昏[1]

黄昏正欲展开翅膀，
树林发出恐怖声响，
云层如沉重的梦——
为何让人心生寒意？

若你爱鹿甚于其他，

① 出自艾兴多夫的长篇小说《预感和现实》。

Laß es nicht alleine grasen,
Jäger zieh'n im Wald' und blasen,
Stimmen hin und wider wandern.

Hast du einen Freund hienieden,
Trau ihm nicht zu dieser Stunde,
Freundlich wohl mit Aug' und Munde,
Sinnt er Krieg im tück'schen Frieden.

Was heut müde gehet unter,
Hebt sich morgen neugeboren.
Manches bleibt in Nacht verloren –
Hüte dich, bleib' wach und munter!

(1815)

SEHNSUCHT

Es schienen so golden die Sterne,
Am Fenster ich einsam stand

切莫让它独自吃草，
猎人穿行在树林中，
号角正在森林回荡。

若有朋友在人间，
此刻莫再信任他，
眼角口中虽友善，
背地将诡计思量。

今日纵黯淡退场，
明日振作如新生，
有物遗失于夜里，
切记，保持清醒，振奋。

（1815 年）

慕　求[1]

星辰闪烁金光，
我站在窗台旁。

---

① 出自艾兴多夫的中篇小说《诗人与友人》。

Und hörte aus weiter Ferne
Ein Posthorn im stillen Land.
Das Herz mir im Leib entbrennte,
Da hab' ich mir heimlich gedacht:
Ach wer da mitreisen könnte
In der prächtigen Sommernacht!

Zwei junge Gesellen gingen
Vorüber am Bergeshang,
Ich hörte im Wandern sie singen
Die stille Gegend entlang:
Von schwindelnden Felsenschlüften,
Wo die Wälder rauschen so sacht,
Von Quellen, die von den Klüften
Sich stürzen in die Waldesnacht.

Sie sangen von Marmorbildern,
Von Gärten, die über'm Gestein
In dämmernden Lauben verwildern,
Palästen im Mondenschein,
Wo die Mädchen am Fenster lauschen,
Wann der Lauten Klang erwacht
Und die Brunnen verschlafen rauschen

远方传来号角，
寂静大地回响。
我心胸中燃烧，
心中默默思量：
啊，谁可与我，
行于夏夜辉煌！

两位年轻小伙，
沿着山坡漫步，
他们边走边唱，
在这寂静之乡：
歌唱悬崖深谷，
传来和缓涛声，
歌唱幽谷深泉，
林中深夜流淌。

歌唱大理石像，
歌唱岩上花园，
黄昏林中荒芜，
歌唱月光宫殿，
姑娘倾听窗前，
何时歌声响起，
泉水沉睡汩汩，

In der prächtigen Sommernacht. –

(1834)

MONDNACHT

Es war, als hätt' der Himmel
Die Erde still geküsst,
Dass sie im Blüten-Schimmer
Von ihm nun träumen müßt'.

Die Luft ging durch die Felder,
Die Ähren wogten sacht,
Es rauschten leis die Wälder,
So sternklar war die Nacht.

Und meine Seele spannte
Weit ihre Flügel aus,

奏响夏夜辉煌。

（1834 年）

月　夜[①]

曾经，就好像那片天空
在静谧中亲吻大地，
使她在花海流光中
不禁对他梦寐难释。

有清风吹过了田野，
轻柔地抚动着麦浪；
森林发出娑娑声息，
星夜是何等地澄亮。

我的灵魂便舒展开
她那对宽阔的翅膀，

① 《月夜》是艾兴多夫最著名的诗歌之一，经舒曼谱曲，脍炙人口，被认为是德国浪漫主义最美的诗歌，三个诗节分别对应“宇宙—自然—人”和“历史—当下—未来”，构成了一个完整的时空寓像。

Flog durch die stillen Lande,

Als flöge sie nach Haus.

(1835)

飞翔过寂静的大地，

好似正飞向它家乡。

（1835 年）

Wilhelm Müller

Der in Dessau geborene deutsche Dichter Wilhelm Müller (1794–1827) ist berühmt für seine (Gedichte Zyklen) „Die schöne Müllerin“ und „Winterreise“, die durch Schuberts Vertonung zu berühmten Kunstliedern in Deutschland wurden. „Der Lindenbaum“ gehört zur *Winterreise*, und bringt das Heimweh und die Sehnsucht zum Ausdruck.

DER LINDENBAUM

Am Brunnen vor dem Tore

Da steht ein Lindenbaum:

Ich träumt' in seinem Schatten

So manchen süßen Traum.

Ich schnitt in seine Rinde

So manches liebe Wort;

Es zog in Freud' und Leide

Zu ihm mich immer fort.

威廉·穆勒

威廉·穆勒（1794—1827），德国诗人，出生于德绍，以组诗《美丽的女磨坊主》和《冬之旅》闻名，它们被舒伯特谱曲后成为德国著名的艺术歌曲。《菩提树》是《冬之旅》中的一首，表达了主人公背井离乡、思念家乡的真挚情感。

菩提树①

城门前的水井旁，
长着一株菩提树；
在它的绿荫之下，
我做过美梦无数。

在它的树皮上面，
刻下过甜蜜话语；
无论快乐和悲伤，
总去它身边流连。

---

① 菩提树，实际上是椴树，从其通译。在古日耳曼神话中被尊为神树，是日耳曼女神芙蕾雅（Freyja）的化身，象征爱情。很多德国城镇的城门外都会种有椴树，是民众集会庆典的场所，因此也象征着故乡和家园。

Ich mußt' auch heute wandern
Vorbei in tiefer Nacht,
Da hab' ich noch im Dunkel
Die Augen zugemacht.

Und seine Zweige rauschten,
Als riefen sie mir zu:
Komm her zu mir, Geselle,
Hier findst du deine Ruh'!

Die kalten Winde bliesen
Mir grad' ins Angesicht;
Der Hut flog mir vom Kopfe,
Ich wendete mich nicht.

Nun bin ich manche Stunde
Entfernt von jenem Ort,
Und immer hör' ich's rauschen:
Du fändest Ruhe dort!

(1822)

今夜我又得流浪，
深夜经过它身旁，
在那黑夜中行走，
仍将双眼紧闭上。

树枝叶飒飒作响，
好像在向我呼唤：
“朋友，快来这里，
这里有你的安宁！”

冰冷的寒风凛冽，
冷彻骨迎面吹来。
礼帽从头顶飞落，
我仍是一往无前。

离开了那个地方，
如今已有些时辰，
还听到声声呼唤：
那里有你的安宁！

（1822 年）

Heinrich Heine

Heinrich Heine (1797–1856) war ein großer deutscher Dichter, Journalist und politischer Kommentator. Geboren in Düsseldorf als Sohn einer jüdischen Tuchhändlerfamilie, studierte er Jura und Philosophie an den Universitäten Bonn, Göttingen und Berlin; nach 1831 ging er ins Exil nach Paris, freundete sich 1844 mit Marx an und war seit 1846 gelähmt. Heines frühe, von der Spätromantik beeinflusste lyrische Dichtung ist frisch und natürlich, reich an Volksliedern und wird im *Buch der Lieder* (1827) gesammelt, Gedichte wie z. B. „Lorelei" und „Auf den Flügeln des Liedes". *Deutschland. Ein Wintermärchen*, ein langes politisches Gedicht, das 1844 veröffentlicht wurde, beweist Heines Schärfe und Talent als revolutionärer und satirischer Dichter. Zu Heines weiteren Werken zählen der Essay „Reisebilder", die Abhandlung *Die Romantische Schule*, *Zur Geschichte der deutschen Religion und Philosophie* und das 1851 veröffentlichte Gedicht *Romanzero*.

LORELEY

Ich weiß nicht, was soll es bedeuten,

Daß ich so traurig bin;

Ein Märchen aus alten Zeiten,

Das kommt mir nicht aus dem Sinn.

海因里希·海涅

海因里希·海涅（1797—1856），德国伟大诗人、记者和政论家。出生于杜塞尔多夫的犹太布商家庭，在波恩、哥廷根和柏林大学学习法律和哲学。1831 年后流亡巴黎，1844 年与马克思结识，1846 年后瘫痪在床。海涅早期的抒情诗受晚期浪漫主义影响，清新自然，富于民歌色彩，集中收入《诗歌集》，其中《罗蕾莱》和《乘着歌声的翅膀》等诗歌脍炙人口。1844 年发表的政治长诗《德国——一个冬天的童话》显示了海涅作为革命诗人和讽刺诗人的锋芒和才能。海涅的代表作另有散文《游记集》、论著《论浪漫派》《论德国宗教和哲学史》，和 1851 年发表的诗集《罗曼采罗》等。

罗蕾莱[1]

不知意味着什么，
我是如此的悲伤；
一个古老的童话，
总在我脑海萦绕。

---

① 罗蕾莱是莱茵河畔的一处悬崖，传说女妖罗蕾莱在此用歌声引诱船夫落水。这首诗被希尔谢尔谱曲后，一度被当作民歌广为传唱。

Die Luft ist kühl und es dunkelt,
Und ruhig fließt der Rhein;
Der Gipfel des Berges funkelt
Im Abendsonnenschein.

Die schönste Jungfrau sitzet
Dort oben wunderbar,
Ihr goldnes Geschmeide blitzet,
Sie kämmt ihr goldenes Haar.

Sie kämmt es mit goldenem Kamme
Und singt ein Lied dabei;
Das hat eine wundersame,
Gewaltige Melodei.

Den Schiffer im kleinen Schiffe
Ergreift es mit wildem Weh;
Er schaut nicht die Felsenriffe,
Er schaut nur hinauf in die Höh.

Ich glaube, die Wellen verschlingen
Am Ende Schiffer und Kahn;
Und das hat mit ihrem Singen

天色渐暗晚风凉，
莱茵河静静流淌；
山之巅闪闪发光
落日余晖映斜阳。

高处奇妙地坐着
一位最美的少女，
金首饰闪着金光，
她梳着金色头发。

她用金梳子梳头，
一边唱一首歌谣；
歌声是那样美妙，
有着强大的旋律。

驾着小舟的船夫，
听到后心中哀伤；
他不看悬崖峭壁，
只抬头望向高处。

我想，船夫和小舟；
最后被波浪吞噬；
这是妖女罗蕾莱

Die Lore-Ley getan.

(1823/1824)

AUF FLÜGELN DES GESANGES

Auf Flügeln des Gesanges,

Herzliebchen, trag ich fort,

Fort nach den Fluren des Ganges,

Dort weiß ich den schönsten Ort.

Dort liegt ein rotblühender Garten

Im stillen Mondenschein;

Die Lotosblume erwarten

Ihr trautes Schwesterlein.

Die Veilchen kichern und kosen,

Und schaun nach den Sternen empor;

Heimlich erzählen die Rosen

Sich duftende Märchen ins Ohr.

Es hüpfen herbei und lauschen

用她的歌声所致。

（1823/1824 年）

乘着歌声的翅膀[①]

乘着歌声的翅膀，

亲爱的，我载你远行，

前往那恒河的原野，

我知道那里有最美之地。

有一个红花盛开的花园，

沐浴在宁静的月光之下；

莲花在等待着，

它可爱的小姊妹。

紫罗兰咯咯轻笑

抬头仰望星空，

玫瑰花悄悄在耳边讲述

芳香扑鼻的童话。

虔诚聪明的羚羊，

① 这首诗经门德尔松谱曲，是海涅最有名的诗歌之一。

Die frommen, klugen Gazelln;

Und in der Ferne rauschen

Des heiligen Stromes Welln.

Dort wollen wir niedersinken

Unter dem Palmenbaum,

Und Liebe und Ruhe trinken,

Und träumen seligen Traum.

(1827)

NACHTGEDANKEN

Denk ich an Deutschland in der Nacht,

Dann bin ich um den Schlaf gebracht,

Ich kann nicht mehr die Augen schließen,

Und meine heißen Tränen fließen.

Die Jahre kommen und vergehn!

Seit ich die Mutter nicht gesehn,

Zwölf Jahre sind schon hingegangen;

Es wächst mein Sehnen und Verlangen.

跳过来侧耳倾听；

圣河的波浪

在远方轰鸣，

那里我们坐在

棕榈树下，

畅饮爱和安宁，

做一个幸福的梦。

（1827 年）

夜　思

夜里一想起德意志，

我就整夜不能安眠，

我无法再紧闭双眼，

禁不住热泪直流淌。

岁月来来去去不停！

自从告别了我母亲，

十二年时光已经流逝；

日渐加深怀想和渴望。

Mein Sehnen und Verlangen wächst.
Die alte Frau hat mich behext,
Ich denke immer an die alte,
Die alte Frau, die Gott erhalte!

Die alte Frau hat mich so lieb,
Und in den Briefen, die sie schrieb,
Seh ich, wie ihre Hand gezittert,
Wie tief das Mutterherz erschüttert.

Die Mutter liegt mir stets im Sinn.
Zwölf Jahre flossen hin,
Zwölf lange Jahre sind verflossen,
Seit ich sie nicht ans Herz geschlossen.

Deutschland hat ewigen Bestand,
Es ist ein kerngesundes Land,
Mit seinen Eichen, seinen Linden
Werd ich es immer wiederfinden.

Nach Deutschland lechzt ich nicht so sehr,
Wenn nicht die Mutter dorten wär;
Das Vaterland wird nie verderben,

怀想和渴望日渐增长，
惦念母亲几让我疯狂，
我总是想起我的老母，
我的母亲，上天护佑！

我的母亲是如此爱我，
给我的家书情深意重，
我看到她的手在颤抖，
慈母心深深地被震动。

母亲始终挂在我心里。
自从我离开母亲怀抱，
悠悠十二年倏忽飞逝，
悠悠十二年烟消云散。

德意志持久永恒不衰，
它是一个健康的国度，
我总会和它再度重逢，
与它的橡树椴树会面。

我不会如此怀念德意志，
如果没有我母亲在那里；
我的祖国永远不会衰老，

Jedoch die alte Frau kann sterben.

Seit ich das Land verlassen hab,
So viele sanken dort ins Grab,
Die ich geliebt – wenn ich sie zähle,
So will verbluten meine Seele.

Und zählen muß ich – Mit der Zahl
Schwillt immer höher meine Qual,
Mir ist, als wälzten sich die Leichen
Auf meine Brust – Gottlob! Sie weichen!

Gottlob! Durch meine Fenster bricht
Französisch heitres Tageslicht;
Es kommt mein Weib, schön wie der Morgen,
Und lächelt fort die deutschen Sorgen.

(1843)

可是老母亲却会死亡。

自从我离开那块土地，
许多朋友都葬入坟墓，
许多心爱的朋友——想起他们，
我的灵魂将流血哭泣。

可我不得不一一细数，
我的痛苦不断高涨，
恍惚觉得尸体滚到了
我的胸口——上帝保佑！他们退去了！

感谢上帝！从我的窗口，
照进了法兰西晴朗晨光；
走来我的妻子，美丽如晨，
微笑赶走了德意志的忧愁。

（1843年）

DIE SCHLESISCHEN WEBER

Im düstern Auge keine Träne

Sie sitzen am Webstuhl und fletschen die Zähne:

Deutschland, wir weben dein Leichentuch,

Wir weben hinein den dreifachen Fluch –

Wir weben, wir weben!

Ein Fluch dem Gotte, zu dem wir gebeten

In Winterskälte und Hungersnöten;

Wir haben vergebens gehofft und geharrt –

Er hat uns geäfft, gefoppt und genarrt –

Wir weben, wir weben!

Ein Fluch dem König, dem König der Reichen,

Den unser Elend nicht konnte erweichen

Der den letzten Groschen von uns erpreßt

Und uns wie Hunde erschie0en läßt –

Wir weben, wir weben!

西里西亚纺织工人[1]

阴郁的眼中没有泪花，
他们坐在织车前咬牙切齿：
德意志，我们织你的裹尸布，
我们织进去三重诅咒[2]——
我们织，我们织！

一重诅咒给上帝，
我们在饥寒交迫时向他祈祷；
我们徒劳地希望和等待，
却被他戏耍、欺骗和愚弄——
我们织，我们织！

一重诅咒给国王，富人之王，
我们的痛苦无法将他软化
谁榨取了我们最后一个硬币
并让我们像狗一样被枪毙——
我们织，我们织！

---

① 1844 年 6 月 4 日，西里西亚纺织工人发动了饥饿暴动，后被普鲁士军队镇压。海涅的这首诗以传单的形式在普鲁士流传，恩格斯将这首诗的英译本在伦敦发表。

② “跟上帝一起，为国王和祖国而战”这是普鲁士保王党的战斗口号，海涅的三重诅咒就是针对此而发。

Ein Fluch dem falschen Vaterlande,
Wo nur gedeihen Schmach und Schande,
Wo jede Blume früh geknickt,
Wo Fäulnis und Moder den Wurm erquickt –
Wir weben, wir weben!

Das Schiffchen fliegt, der Webstuhl kracht,
Wir weben emsig Tag und Nacht –
Altdeutschland, wir weben dein Leichentuch,
Wir weben hinein den dreifachen Fluch,
Wir weben, wir weben!

(1844)

一重诅咒给虚伪的祖国，
这里只有羞耻和耻辱盛行，
那里每朵花早早就被摘走，
腐烂的垃圾养肥了蛆虫——
我们织，我们织！

梭子飞舞，织机吱吱响，
我们日日夜夜织个不停——
老德意志，我们织你的裹尸布，
我们织进去三重诅咒，
我们织，我们织！

（1844年）

Eduard Mörike

Eduard Mörike (1804–1875) war ein repräsentativer Dichter und Schriftsteller der schwäbischen Dichterschule der Biedermeierzeit. Geboren in Ludwigsburg, studierte er Theologie am Tübinger Stift und war nach dem Studium Pfarrer. Seine Gedichte sind gut darin, innere Gefühle auszudrücken, einfach und natürlich, elegant in der Form und wurden von vielen Komponisten komponiert.

ER IST'S

Frühling läßt sein blaues Band

Wieder flattern durch die Lüfte;

Süße, wohlbekannte Düfte

Streifen ahnungsvoll das Land.

Veilchen träumen schon,

Wollen balde kommen.

– Horch, von fern ein leiser Harfenton!

  Frühling, ja du bist's!

Dich hab' ich vernommen!

(1829)

爱德华·默里克

爱德华·默里克（1804—1875），德国比德迈耶时期施瓦本诗派的代表诗人和作家，出生于路德维希堡，在图宾根新教神学院学习神学，毕业后担任牧师。他的诗歌擅长抒发内心情感，朴素自然，形式典雅，曾由很多作曲家谱曲。

是　它

春天让它的蓝丝带
再次在风中飘起；
甘美而又熟悉的芳香
充满预示地掠过大地。

紫罗兰已在梦中，
期待尽快来临。
——听，远处传来一声轻柔的竖琴声！
　　春天，真的是你！
我已经听到你的声音！

（1829 年）

Nikolaus Lenau

Nikolaus Lenau (1802–1850), der bedeutendste österreichische Lyriker der Biedermeier im 19. Jahrhundert, war auch Vertreter des Weltschmerzen in der europäischen Restaurationszeit. Er ist in Csatád (heute: Lenauheim) bei Temesvár in Ungarn geboren, studierte in Wien und anderen Orten Philosophie, Jura, Landwirtschaft und Medizin, reiste 1832–1833 durch die Vereinigten Staaten. Er ist gut darin, Naturgedichte zu schreiben, die Beziehung zwischen Menschen und Natur durch die Lyrik zu beschreiben und zu erforschen wie z. B. in *Schilflieder* und *Waldlieder*.

SCHILFLIEDER

1.

Drüben geht die Sonne scheiden,

Und der müde Tag entschließ.

Niederhangen hier die Weiden

In den Teich, so still, so tief.

Und ich muß mein Liebstes meiden:

Quill, o Träne, quill hervor!

Traurig säuseln hier die Weiden,

Und im Winde bebt das Rohr.

尼克劳斯·莱瑙

尼克劳斯·莱瑙（1802—1850），奥地利 19 世纪最重要的比德迈耶派抒情诗人，也是欧洲复辟时期德语文学中悲世情怀的代表。出生于匈牙利的恰拓德，在维也纳等地学习哲学、法律、农业和医学，1832—1833 年曾经前往美国旅行。他擅长写自然诗，以诗歌的形式描绘和探索人与自然的关系，如《芦苇之歌》《森林之歌》。

芦苇之歌

1.

那里太阳正在离去，
疲惫的白日已经结束。
这儿柳树低下了头，
垂入湖面，寂静且深。

我必须离开我的至爱：
流吧，泪水，流吧！
柳树在这里悲哀低语，
芦苇荡正在风中晃动。

In mein stilles, tiefes Leiden
Strahlst du, Ferne! hell und mild,
Wie durch Binsen hier und Weiden
Strahlt des Abendsternes Bild.

2.

Trübe wirds, die Wolken jagen,
Und der Regen niederbricht,
Und die lauten Winde klagen:
»Teich, wo ist dein Sternenlicht?«

Suchen den erloschnen Schimmer
Tief im aufgewühlten See.
Deine Liebe lächelt nimmer
Nieder in mein tiefes Weh!

3.

Auf geheimem Waldespfade
Schleich ich gern im Abendschein
An das öde Schilfgestade,
Mädchen, und gedenke dein!

是你，远方的你！明亮温和，
照亮我寂静且深的痛苦，
犹如闪亮的金星之图，
照亮这里的芦苇垂柳。

2.

天色渐暗，乌云追逐，
暴雨倾盆如注，
狂风大声哀嚎：
“池塘，星光在何方？”

波涛汹涌的大海深处，
将那消逝的微光寻找。
你的爱的微笑永不会
垂怜我深深的苦痛！

3.

沿着隐蔽的森林小道
我喜欢在夕阳下走近
那一片荒凉的芦苇荡，
思念着你，姑娘！

Wenn sich dann der Busch verdüstert,
Rauscht das Rohr geheimnisvoll,
Und es klaget, und es flüstert,
Daß ich weinen, weinen soll.

Und ich mein, ich höre wehen
Leise deiner Stimme Klang
Und im Weiher untergehen
Deinen lieblichen Gesang.

4.

Sonnenuntergang;
Schwarze Wolken ziehn,
O wie schwül und bang
Alle Winde fliehn!

Durch den Himmel wild
Jagen Blitze, bleich;
Ihr vergänglich Bild
Wandelt durch den Teich.

Wie gewitterklar

当灌木丛里天色渐暗，
芦苇荡中神秘的窸窣，
它在哀叹，它在低语，
我该哭泣，哭泣。

我以为，我听到风在吹，
你的声音轻轻响起，
尔后，你可爱的歌声，
沉入了湖底。

4.

太阳西落；
乌云密布，
哦，多么闷热焦虑，
不见风的踪影！

闪电在空中狂野
奔逐，天地苍白；
她的身影转瞬即逝
在湖面上空穿过。

雷暴风驰电掣，

Mein ich dich zu sehn
Und dein langes Haar
Frei im Sturme wehn!

5.

Auf dem Teich, dem regungslosen,
Weilt des Mondes holder Glanz,
Flechtend seine bleichen Rosen
In des Schilfes grünen Kranz.

Hirsche wandeln dort am Hügel,
Blicken in die Nacht empor;
Manchmal regt sich das Geflügel
Träumerisch im tiefen Rohr.

Weinend muß mein Blick sich senken;
Durch die tiefste Seele geht
Mir ein süßes Deingedenken,
Wie ein stilles Nachtgebet!

(1831)

我以为见到了你，
还有你的长发，
在暴风雨中自由飘扬！

5.

月亮皎洁的光影，
静静停留在湖面上
将它苍白的玫瑰，
编入芦苇的绿色花环。

牡鹿在山坡上漫步，
抬头仰望夜空；
时而有振翅之声，
梦幻般来自芦苇丛深处。

我不禁低垂泪眼，
对你的甜蜜思念，
穿过灵魂的深处，
如同一次静静的夜祷！

（1831 年）

August Heinrich Hoffmann von Fallersleben

August Heinrich Hoffmann von Fallersleben (1798–1874), einer der Begründer der germanistischen Philologie in Deutschland, studierte seit 1816 in Göttingen, Bonn Theologie und Philologie. Als Begründer der niederländischen Philologie wurde ihm die Ehrendoktorwürde der Universität Leiden in den Niederlanden verliehen, und er war Professor für Germanistik an der Universität Breslau. In der demokratischen Revolution von 1848 wurde er zum Vertreter der liberalen Dichter und wurde von der preußischen Regierung der Professur für die Herausgabe von „Unpolitische Gedichte" enthoben. Das 1841 veröffentlichte „Lied der Deutschen" wurde später als deutsche Nationalhymne bezeichnet. Fallersleben schrieb 550 Kindergedichte und trug zudem wesentlich zur Sammlung von Volksliedern und zur Entdeckung und Zusammenstellung von mittelalterlichen Handschriften bei.

DAS LIED DER DEUTSCHEN

Deutschland, Deutschland über alles,

Über alles in der Welt,

Wenn es stets zu Schutz und Trutze

Brüderlich zusammenhält,

奥古斯特·海因里希·霍夫曼·封·法勒斯雷本

奥古斯特·海因里希·霍夫曼·封·法勒斯雷本（1798—1874），德国日耳曼语文学的创始人之一，1816 年起在哥廷根、波恩学习神学和语言学。作为尼德兰语文学的创始人在荷兰莱顿大学获荣誉博士称号，在布雷斯劳大学任日耳曼学教授。在 1848 年民主革命中，因发表自由派政治思想的《不问政治的诗歌》而被普鲁士政府免除教授职位。1841 年发表的《德意志人之歌》是他的代表作，后被定为德国国歌。法勒斯雷本撰写过 550 首儿童诗，并对搜集民歌和发现编撰中世纪手抄本贡献巨大。

德意志人之歌[①]

德意志，德意志高于一切，

高于世界上的一切，

每当需要防御和保护，

要如兄弟般站在一起：

---

① 《德意志人之歌》表达出 1848 年革命中德国民主自由人士争取国家统一的愿望。第一次世界大战后被定为德国国歌，并曾被利用为沙文主义的目的服务。这首歌的第三节“统一、正义和自由”，在第二次世界大战以后，成为德意志联邦共和国国歌。

Von der Maas bis an die Memel,

Von der Etsch bis an den Belt –

Deutschland, Deutschland über alles,

Über alles in der Welt!

Deutsche Frauen, deutsche Treue,

Deutscher Wein und deutscher Sang

Sollen in der Welt behalten

Ihren alten schönen Klang,

Uns zu edler Tat begeistern

Unser ganzes Leben lang –

Deutsche Frauen, deutsche Treue,

Deutscher Wein und deutscher Sang!

Einigkeit und Recht und Freiheit

Für das deutsche Vaterland!

Danach lasst uns alle streben

Brüderlich mit Herz und Hand!

Einigkeit und Recht und Freiheit

Sind des Glückes Unterpfand –

Blüh im Glanze dieses Glückes,

Blühe, deutsches Vaterland!

(1841)

从马斯河到梅梅尔河，
从埃奇河到丹麦海峡——
德意志，德意志高于一切，
高于世界上的一切。

德意志女人，德意志的忠诚，
德意志的美酒和德意志的歌声
应将你们古老美好的声音
保留在这个世界上，
激励我们成就高贵的事业
贯穿我们整个一生——
德意志女人，德意志的忠诚，
德意志的美酒和德意志的歌声！

争取统一、正义与自由
为了我们德意志祖国！
让我们大家一起为此努力，
兄弟般心连心、手牵手！
统一、正义与自由，
正是幸福的保证——
在幸福的光芒中盛开，
盛开吧，德意志祖国！

（1841 年）

Annette von Droste-Hülshoff

Annette von Drost-Hülshof (1797–1848), die bedeutendste Lyrikerin der deutschen Literaturgeschichte des 19. Jahrhunderts, wurde in einer katholischen Adelsfamilie in Westfalen geboren, durch Frühgeburt geschwächt und empfindlich, erhielt zu Hause eine gute Erziehung , und zeigte seit der Kindheit literarisches Talent, bekannt als „kleine Sappho". Ihre Werke thematisieren häufig die gesellschaftlichen Gepflogenheiten und natürlichen Gegebenheiten ihrer westfälischen Heimatstadt. Zu ihren repräsentativen Werken zählen die Novelle *Die Judenbuche*, die Naturgedichte „Heidebilder“ und geistliche Gedichte „Das geistliche Jahr“. Ihre Gedichte verwenden natürliche Landschaften wie Sümpfe, Klippen, Wälder, Seen und Wildnis als Hintergrund. Die Beschreibungen sind akribisch, voller Spiritualität und Fantasie. Widersprüche und Spannungen zwischen der strengen Glaubenstradition und dem Erwachen des weiblichen Selbstbewusstseins macht Drostes Dichtung einzigartig und attraktiv.
Von 1841 bis 1842 besuchte Droste ihre Schwester und Schwager in Meersburg, einer kleinen Stadt am Bodensee, wo sie ihre junge Geliebte Schücking kennenlernte. Es ist die glücklichste und produktivste Zeit ihres Lebens. „Am Turme“ ist eines ihrer bekanntesten Gedichte, das den Mut zum Ausdruck bringt, die Fesseln gesellschaftlicher Konventionen und Geschlechter zu durchbrechen. Im gleichen Zeitraum fertiggestellt, ist das Zyklus „Heidebilder“ in drei Teile gegliedert: Morgen, Tag und Abenddämmerung, mit insgesamt 12 Gedichten, die ein Vorbild für deutsche Wildnisgedichte schaffen, darunter „Der Weiher“ und „Der Knabe im Moor“ als zwei berühmte Beispiele. „Im Gras“ (1844) reflektierte den Sinn des Lebens aus der Perspektive einer Toten, die unter der Linde begraben wurde und im grünen Gras lag.

安内特·封·德罗斯特-许尔斯霍夫

安内特·封·德罗斯特-许尔斯霍夫（1797—1848），19世纪德国文学史上最重要的女诗人，出生于威斯特法伦的天主教贵族家庭，因早产而体弱敏感，在家中接受良好教育，从小显现出文学天赋，有“小萨福”之称。她的作品常以威斯特法伦家乡的社会风俗和自然风貌为题，代表作有中篇小说《犹太人山毛榉》、自然组诗《荒原画卷》和宗教组诗《宗教年》等。抒情诗多以自然景色为背景，如沼泽地、悬崖、森林、湖泊、荒野，笔触清新哀婉、描写细致入微、充满灵性和想象力，启蒙和信仰在现代社会中的矛盾和张力以及女性自我意识的觉醒使得德罗斯特的诗歌独具魅力。

1841到1842年，德罗斯特前往博登湖畔小城梅尔斯堡探访姐姐燕妮和姐夫，与年轻的恋人许京在此相聚。这是她一生中最自由和高产的时光，《塔楼上》是其中的代表作，表达出冲破社会习俗和性别枷锁的勇气。同期完成的《荒原画卷》分为清晨、白日、黄昏三部分，共12首诗，开创了德语荒原诗的先例，《池塘》和《沼泽地里的男孩》是其中最为著名的两首。《草丛中》完成于1844年，以葬于椴树下躺在青草丛中亡者的视角反思人生的意义。

DER WEIHER

Er liegt so still im Morgenlicht,
So friedlich, wie ein fromm Gewissen;
Wenn Weste seinen Spiegel küssen,
Des Ufers Blume fühlt es nicht;
Libellen zittern über ihn,
Blaugoldne Stäbchen und Karmin,
Und auf des Sonnenbildes Glanz
Die Wasserspinne führt den Tanz;
Schwertlilienkranz am Ufer steht
Und horcht des Schilfes Schlummerliede;
Ein lindes Säuseln kommt und geht,
Als flüstr' es: Friede! Friede! Friede!

(1842)

池　塘[1]

它静静躺在晨光中，
安宁如虔诚的良心；
西风亲吻它如镜的水面，
岸边的花朵竟毫无察觉；
蜻蜓在湖面上颤动飞舞，
金蓝细长身躯朱红点点，
映着日影的光辉照耀，
水蜘蛛正在翩翩起舞；
剑兰花丛玉立岸边，
倾听芦苇的催眠曲；
和煦微风去了又来，
宛如低语：安宁！安宁！安宁！

（1842 年）

① 《池塘》是《荒原画卷》中的第五首，也是“清晨”部分的最后一首。

DER KNABE IM MOOR

O schaurig ist's übers Moor zu gehn,
Wenn es wimmelt vom Heiderauche,
Sich wie Phantome die Dünste drehn
Und die Ranke häkelt am Strauche,
Unter jedem Tritte ein Quellchen springt,
Wenn aus der Spalte es zischt und singt,
O schaurig ist's, übers Moor zu gehn,
Wenn das Röhricht knistert im Hauche!

Fest hält die Fibel das zitternde Kind
Und rennt, als ob man es jage;
Hohl über die Fläche sauset der Wind
Was raschelt drüben am Hage?
Das ist der gespenstige Gräberknecht,
Der dem Meister die besten Torfe verzecht;
Hu, hu, es bricht wie ein irres Rind!
Hinducket das Knäblein zage.

沼泽地里的男孩①

哦，穿过沼泽心肝颤，
在那里荒野烟尘弥漫，
烟雾如幽灵般盘旋，
藤蔓卷须钩住灌木，
每一步都有水涌出，
听地缝里嘶嘶歌唱，
哦，穿过沼泽心肝颤，
芦苇在风中噼啪作响！

男孩浑身战栗夹紧书本，
像有人追赶，一路奔跑；
地面上响起低沉的风声，
树丛那边是什么在声响？
那是挖煤矿工的幽灵，
他把老板最好的炭土换了酒；
呼呼，他冲过来像一头疯牛！
把胆怯的小孩吓得低下了头。

---

① 《沼泽地里的男孩》是《荒原画卷》组诗的最后一首，属于“黄昏”部分，是一首著名的叙事谣曲，与歌德的《魔王》一脉相承，描述了自然界强大神秘和恐怖的力量。

Vom Ufer starret Gestumpf hervor,
Unheimlich nicket die Föhre,
Der Knabe rennt, gespannt das Ohr,
Durch Riesenhalme wie Speere;
Und wie es rieselt und knittert darin!
Das ist die unselige Spinnerin,
Das ist die gebannte Spinnlenor',
Die den Haspel dreht im Geröhre!

Voran, voran! nur immer im Lauf,
Voran, als woll' es ihn holen!
Vor seinem Fuße brodelt es auf,
Es pfeift ihm unter den Sohlen
Wie eine gespenstige Melodei;
Das ist der Geigenmann ungetreu,
Das ist der diebische Fiedler Knauf,
Der den Hochzeitheller gestohlen!

Da birst das Moor, ein Seufzer geht
Hervor aus der klaffenden Höhle;
Weh, weh, da ruft die verdammte Margret:
»Ho, ho, meine arme Seele!«
Der Knabe springt wie ein wundes Reh;

从沼泽岸边冒出树桩，
赤松摇曳、阴森骇人，
男孩竖起耳朵，奔跑不停，
穿过巨大草秆形成的枪林；
里面唧唧咕咕响个不停！
那是不幸的纺纱女，
那是遭放逐的纺纱莱诺蕾，
她在芦苇丛中摇转纱锭！

跑啊，跑啊！只管向前，
跑啊，好像有人要抓他！
在他足前雾气蒸腾，
脚底下响起了呼啸声，
像是一支幽灵的曲调；
那是不忠的提琴手，
那位手脚不干净的克瑙夫，
他在婚礼上偷过礼金！

沼泽地崩裂，张开的洞穴中
传来一声长长的叹息；
痛啊，痛啊，受诅咒的玛格蕾特
大喊：“哦，哦，我可怜的灵魂！”
男孩惊起如一只受伤的鹿；

Wär' nicht Schutzengel in seiner Näh',
Seine bleichenden Knöchelchen fände spät
Ein Gräber im Moorgeschwele.

Da mählich gründet der Boden sich,
Und drüben, neben der Weide,
Die Lampe flimmert so heimatlich,
Der Knabe steht an der Scheide.
Tief atmet er auf, zum Moor zurück
Noch immer wirft er den scheuen Blick:
Ja, im Geröhre war's fürchterlich,
O schaurig war's in der Heide!

(1842)

AM TURME①

Ich steh auf hohem Balkone am Turm,

① 这首诗歌由四个小节的八行诗组成，奇数行四音步，偶数行三音步，行尾轻重音交错，押交叉韵。诗行弱起音步，诗行中部为扬抑格（Trochäus）和扬抑抑格（Daktylus)，与诗歌中波浪拍岸的场景相契合。

若不是有守护神在近旁保护，
日后有位挖煤工在沼地深处，
将会发现他的一堆白骨。

地面逐渐变得坚实，
那边，在柳树边上，
家园的灯火如此亲切，
男孩冲出了沼泽地界。
深舒口气，畏怯的目光，
还投向沼泽地的方向：
是啊，芦苇丛中多么吓人，
哦，荒原让人心肝颤！

（1842 年）

塔楼上

我站在塔楼高高的阳台上，

Umstrichen vom schreienden Stare,
Und laß gleich einer Mänade den Sturm
Mir wühlen im flatternden Haare;
O wilder Geselle, o toller Fant,
Ich möchte dich kräftig umschlingen,
Und, Sehne an Sehne, zwei Schritte vom Rand
Auf Tod und Leben dann ringen!

Und drunten seh ich am Strand, so frisch
Wie spielende Doggen, die Wellen
Sich tummeln rings mit Geklaff und Gezisch
Und glänzende Flocken schnellen.
O, springen möcht ich hinein alsbald,
Recht in die tobende Meute,
Und jagen durch den korallenen Wald
Das Walroß, die lustige Beute!

Und drüben seh ich ein Wimpel wehn
So keck wie eine Standarte,
Seh auf und nieder den Kiel sich drehn

欧椋鸟在我身旁尖叫盘旋，
任狂风放浪，头发飘散，
就如同一位梅娜黛[1]；
哦，粗野的伙伴，哦，疯狂的少年，
我想要紧紧将你抱住，
肌腱对肌腱，离边沿只有两步，
然后斗一个你死我活！

看下面沙滩上波浪翻滚，
生动如群猛犬正在嬉闹，
成团闪亮的泡沫层层叠叠，
嚎叫和嘶喊声不绝于耳。
哦，我想要一跃而起，
纵身跳入疯狂的兽群，
然后穿过珊瑚丛林，
去追逐海象——有趣的猎物！

看远处有面三角旗飘动，
潇洒如君王的一面旗帜，
从我这个通风的瞭望台，

① 梅娜黛是希腊神话中酒神兼诗神狄奥尼索斯的女祭司，行为举止癫狂，德罗斯特以诗神女祭司自况，既是抗争也是自我期许。

Von meiner luftigen Warte;
O, sitzen möcht ich im kämpfenden Schiff,
Das Steuerruder ergreifen
Und zischend über das brandende Riff
Wie eine Seemöve streifen.

Wär ich ein Jäger auf freier Flur,
Ein Stück nur von einem Soldaten,
Wär ich ein Mann doch mindestens nur,
So würde der Himmel mir raten;
Nun muß ich sitzen so fein und klar,
Gleich einem artigen Kinde,
Und darf nur heimlich lösen mein Haar
Und lassen es flattern im Winde!

(1842)

可以看到龙骨上下起伏；
哦，我想要坐进战舰中，
把舵板牢牢掌握在手中，
飞快越过波涛拍打的礁石，
如同一只海鸥掠过。

我愿作自由原野上的猎手，
或者仅仅作为军人的一员，
无论如何至少做个男子汉，
上苍也一定会这样建议；
可现在我得坐好，规矩得体，
如同一个乖乖听话的孩子，
只能偷偷散开我的头发，
让它们在风中飞舞！

（1842 年）

IM GRASE[1]

Süße Ruh, süßer Taumel im Gras,

Von des Krautes Arome umhaucht,

Tiefe Flut, tief tief trunkne Flut,

Wenn die Wolk am Azure verraucht,

Wenn aufs müde, schwimmende Haupt

Süßes Lachen gaukelt herab,

Liebe Stimme säuselt und träuft

Wie die Lindenblüt auf ein Grab.

Wenn im Busen die Toten dann,

Jede Leiche sich streckt und regt,

Leise, leise den Odem zieht,

Die geschloßne Wimper bewegt,

Tote Lieb, tote Lust, tote Zeit,

All die Schätze, im Schutt verwühlt,

Sich berühren mit schüchternem Klang

Gleich den Glöckchen, vom Winde umspielt.

---

① 这首诗偶数行押尾韵，每行中同样是扬抑格和扬抑抑格交错，同时使用辅音头韵（Alliteration），行首同词重复（Anapher）和元音呼应（Assonanz），一唱三叠，呼应了诗歌表达的深情沉醉、缠绵悱恻的情绪。

草丛中

甜蜜的安宁，甜蜜的眩晕，
草丛中有青草馨香环绕，
水流深深，深深、深深沉醉的水流，
当碧空的白云消散无痕，
当甜蜜的笑声翻滚而下，
掉落到疲倦浮游的头颅，
亲切的话语窸窣滴落，
如椴花洒落在墓茔上。

当每具尸身活动舒展，
当亡者的胸腔内部
轻轻的，轻轻的气息流动，
紧闭的睫毛微颤，
死去的爱，死去的欲念，死去的时间，
所有珍宝，散落成无序的废墟，
相互轻触发出羞怯的声响，
如同被风四下吹动的铃铛。

Stunden, flüchtger ihr als der Kuß
Eines Strahls auf den trauernden See,
Als des ziehenden Vogels Lied,
Das mir nieder perlt aus der Höh,
Als des schillernden Käfers Blitz,
Wenn den Sonnenpfad er durcheilt,
Als der heiße Druck einer Hand,
Die zum letzten Male verweilt.

Dennoch, Himmel, immer mir nur
Dieses Eine mir: für das Lied
Jedes freien Vogels im Blau
Eine Seele, die mit ihm zieht,
Nur für jeden kärglichen Strahl
Meinen farbig schillernden Saum,
Jeder warmen Hand meinen Druck,
Und für jedes Glück meinen Traum.

(1844)

时光，你们转瞬即逝，速度
胜过光线轻触哀湖的吻，
胜过候鸟飞过天际的歌声，
从天空高处如珍珠般滚落，
胜过闪亮的甲壳虫闪电般
穿过太阳运行的轨道，
胜过最后一次停驻的手
匆匆忙忙的一握。

尽管如此，上天啊，
我只有一求：给每首
在蓝天中自由飞鸟的歌，
一个和它一起飞翔的灵魂，
为每道微弱的光芒
镶上我闪光的彩色亮边，
给每只温暖的手我的紧握，
给每种幸福配上一个梦想。

（1844 年）

Theodor Storm

Theodor Storm (1817 – 1888) war ein herausragender Dichter und Schriftsteller des deutschen poetischen Realismus. Geboren in der kleinen Stadt Husum an der norddeutschen Küste. Er studierte Jura an den Universitäten Kiel und Berlin. Nach seinem Abschluss arbeitete er als Anwalt und nahm am Kampf gegen die dänische Tyrannei teil. Er ist berühmt für seine Novellen, und zu seinen Meisterwerken gehören „Inmensee" und „Der Schimmelreiter" usw. Seine lyrischen Gedichte sind musikalisch und voller Stimmung.

DIE STADT

Am grauen Strand, am grauen Meer

Und seitab liegt die Stadt;

Der Nebel drückt die Dächer schwer,

Und durch die Stille braust das Meer

Eintönig um die Stadt.

Es rauscht kein Wald, es schlägt im Mai

Kein Vogel ohn' Unterlaß;

Die Wandergans mit hartem Schrei

特奥多尔·施托姆

特奥多尔·施托姆（1817—1888）是德国诗意现实主义的杰出诗人和作家，出生于德国北部海滨的胡苏姆小城，在基尔和柏林大学学习法律，毕业后从事律师职业，并参加过反抗丹麦暴政的斗争。他以中篇小说出名，代表作有《茵梦湖》《白马骑士》等，他的抒情诗情感真挚，富有音乐性。

故乡小城[①]

灰色沙滩，灰色海洋，
小城坐落在海滨；
浓雾沉重地压着屋顶，
涛声穿过城市的寂静，
声声不变环绕于城市。

没有森林松涛，五月
并无鸟儿不休地飞行，
发出响亮啼声的候鸟，

① 施托姆的故乡胡苏姆，位于北海沿岸，终年大雾弥漫，海涛拍岸。

Nur fliegt in Herbstesnacht vorbei,
Am Strande weht das Gras.

Doch hängt mein ganzes Herz an dir,
Du graue Stadt am Meer;
Der Jugend Zauber für und für
Ruht lächelnd doch auf dir, auf dir,
Du graue Stadt am Meer.

(1851)

只在秋天的夜晚飞过，
在沙滩边唯荒草飘动。

可我的心总将你怀念，
海滨的灰色小城；
青春的魔力永远永远
栖息在你身上，在你身上，
海滨的灰色小城。

（1851 年）

Detlev von Liliencron

Detlev von Liliencron (1844–1909), geboren in einer heruntergekommenen adligen Familie in Kiel. Seine Mutter war Tochter eines amerikanischen Generals. Er nahm als preußischer Offizier am Preußisch-Österreichischen und Preußisch-Französischen Krieg teil. Er hat reiche Lebenserfahrung und ist in den Vereinigten Staaten herumgereist. Liliencron war der früheste impressionistische Dichter im deutschen Dichterkreis um die Jahrhundertwende und verstand es gut, unmittelbare Hör- und Seheindrücke mit poetischer Sprache einzufangen. Krieg, Natur, Liebe und Tod sind die häufigsten Themen in seiner Lyrik. Das Gedicht „Heidebilder“ war aus seiner ersten Gedichtsammlung *Adjutantenritte und andere Gedichte* (1883), die die Szenerie der Heiden in vier Jahreszeiten während des Marsches beschreiben.

HEIDEBILDER

Tiefeinsamkeit spannt weit die schönen Flügel,
Weit über stille Felder aus.
Wie ferne Küsten grenzen graue Hügel,
Sie schützen vor dem Menschengraus.

Im Frühling rauscht in mitternächtiger Stunde
Die Wildgans hoch in raschem Flug.
Das alte Gaukelspiel: in weiter Runde

德特勒夫·封·李利恩克龙

德特勒夫·封·李利恩克龙（1844—1909）出生于基尔败落的男爵家庭，母亲是美国将军的女儿，他作为普鲁士军官参加过普奥战争和普法战争。人生经历丰富，曾去美国游历。李利恩克龙是世纪之交德语诗坛上最早的印象主义诗人，善于用优美动听的诗歌语言，捕捉瞬间的听觉和视觉印象。战争、自然、爱情和死亡是他诗歌中最常见的主题。《荒原图景》选自他的第一部诗集《副官骑马出行及其他诗歌》（1883），描写了行军途中荒原四季的景色。

荒原图景

深深的孤独张开美丽翅膀，
高高地飞过寂静的原野。
灰色群山如远方的海岸，
将人类的恐惧抵御在外。

春天的午夜沙沙作响，
大雁在高空迅疾飞翔。
古老的游戏：下一轮

Hör ich Gesang im Wolkenzug.

Verschlafen sinkt der Mond in schwarze Gründe,
Beglänzt noch einmal Schilf und Rohr.
Gelangweilt ob so mancher holden Sünde,
Verläßt er Garten, Wald und Moor.

*

Die Mittagssonne brütet auf der Heide,
Im Süden droht ein schwarzer Ring.
Verdurstet hängt das magere Getreide,
Behaglich treibt ein Schmetterling.

Ermattet ruhn der Hirt und seine Schafe,
Die Ente träumt im Binsenkraut,
Die Ringelnatter sonnt in trägem Schlafe
Unregbar ihre Tigerhaut.

Im Zickzack zuckt ein Blitz, und Wasserfluten
Entstürzen gierig feuchtem Zelt.
Es jauchzt der Sturm und peitscht mit seinen Ruten
Erlösend meine Heidewelt.

我听到云中雁行的歌吟。

月亮昏睡坠入黑色深渊，
再一次照亮芦苇和苇秆。
厌倦于某些甜蜜的罪行，
他离开了花园、森林和沼泽。

*

正午的阳光在荒原上孵化，
一个黑环在南方虎视眈眈。
枯瘪谷物干渴得垂下脑袋，
一只蝴蝶惬意地飞翔空中。

牧羊人和羊群筋疲力尽，
野鸭在灯芯草丛中酣梦，
响尾蛇懒懒地一动不动，
在阳光下晒着它的虎皮。

锯齿形闪电闪过，大雨
贪婪地吞噬打湿的帐篷。
暴雨咆哮如注，鞭打
且救赎了我的荒原世界。

*

In Herbstestagen bricht mit starkem Flügel
Der Reiher durch den Nebelduft.
Wie still es ist! Kaum hör' ich um den Hügel
Noch einen Laut in weiter Luft:

Auf eines Birkenstämmchens schwanker Krone
Ruht sich der Wanderfalke aus;
Doch schläft er nicht, von seinem leichten Throne
Äugt er durchdringend scharf hinaus.

Der alte Bauer mit verhaltnem Schritte
Schleicht neben seinem Wagen Torf.
Und holpernd, stolpernd schleppt mit lahmem Tritte
Der alte Schimmel ihn ins Dorf.

*

Die Sonne leiht dem Schnee das Prachtgeschmeide;
Doch ach! wie kurz ist Schein und Licht.
Ein Nebel tropft, und traurig zieht im Leide
Die Landschaft ihren Schleier dicht.

*

鹭鸶振动强壮的翅膀，
秋日里在雾气中飞行。
多么安静！在四周的山丘上，
广袤的空中几乎听不到声音。

在摇曳的桦树树冠上，
一只游隼正在休息；
它没有睡，锐利的目光，
正从轻盈宝座向外张望。

老农迈着迟缓的步伐，
蹒跚在装满泥炭的车旁。
白色老马拖着疲惫的步伐
踉踉跄跄地把车拉到村上。

*

太阳为雪地戴上灿烂首饰；
可惜！光明闪耀转瞬即逝。
雾水滴落，风景在痛苦中
悲哀地拉上了自己的面纱。

Ein Häslein nur fühlt noch des Lebens Wärme,
Am Weidenstumpfe hockt es bang.
Doch kreischen hungrig schon die Rabenschwärme
Und hacken auf den sichern Fang.

Bis auf den schwarzen Schlammgrund sind gefroren
Die Wasserlöcher und der See.
Zuweilen geht ein Wimmern, wie verloren,
Dann stirbt im toten Wald ein Reh.

*

Tiefeinsamkeit, es schlingt um deine Pforte
Die Erika das rote Band.
Von Menschen leer, was braucht es noch der Worte,
Sei mir gegrüßt, du stilles Land.

(1883)

小兔尚能感到生命的温暖，

在柳树树桩上紧张地蹲坐。

可是成群乌鸦已饿得尖叫，

看准眼前的猎物一哄而上。

水坑和湖泊已经冻上，

除了湖底黑色的泥地。

时而呜咽响起，似有动物迷路，

随后，凋敝的森林里有鹿死去。

*

深深的孤独，艾莉卡

用红丝带将你的门闩缠绕。

空无一人，何须言语，

问候你，这片寂静的国度。

（1883 年）

Christian Morgenstein

Christian Morgenstein (1871 – 1914), deutscher expressionistischer Dichter, wurde in München geboren. Sein Großvater war ein berühmter Landschaftsmaler. 1892 begann er an der Universität Breslau zu studieren und literararisch zu veröffentlichen. Morgensteins lyrisches Schaffen ist in Gedankenlyrik und humorvolle Gedichte unterteilt. Seine philosophischen Gedichte entstanden unter dem Einfluss von Nietzsche, Schopenhauer und dem Theosophen Rudolf Steiner und sind in Gedichtsammlungen wie *Ich und die Welt, Ich und Du* und *Wir fanden einen Pfad* enthalten.

Für Morgensteins Ansehen sind seine humorvollen und witzigen Gedichte wichtig, die in *Galgenlieder* und *Palmströme* aufgenommen sind, um sein Verständnis von Realität, Ironie und Reflexion über diese Welt auszudrücken. *Fisches Nachtgesang* ist eines der ersten Beispiele Konkrekter Poesie. Die *Konkrete Poesie* verwendet die phonetischen, visuellen und akustischen Dimensionen der Sprache als literarisches Mittel. Die Sprache hat im „konkreten Gedicht“ keine Verweisfunktion mehr.

克里斯蒂安·摩根史坦恩

克里斯蒂安·摩根史坦恩（1871—1914），德国表现主义诗人，生于慕尼黑，祖父是著名风景画家。1892 年在布雷斯劳大学开始文学创作。摩根史坦恩的诗分为哲理诗和诙谐诗两类。哲理诗是他在尼采、叔本华和神智学家鲁道夫·斯坦纳的影响下创作，收入在《我和世界》《我和你》《我们找到了一条小径》等诗集中。

摩根史坦恩更以幽默机智的诙谐诗闻名，著有诗集《绞刑架之歌》《帕尔姆施多姆》，这些形式上大胆跨界实验、想象丰富、诙谐机智的诗歌表达了他对现实世界的讽刺和思考。《鱼儿夜歌》便是“具象诗”（Konkrete Poesie）的先锋代表作。具象诗中的语言不具有语义指向的功能，而是指向语言本身具体的“音”和“形”的层面。

FISCHES NACHTGESANG

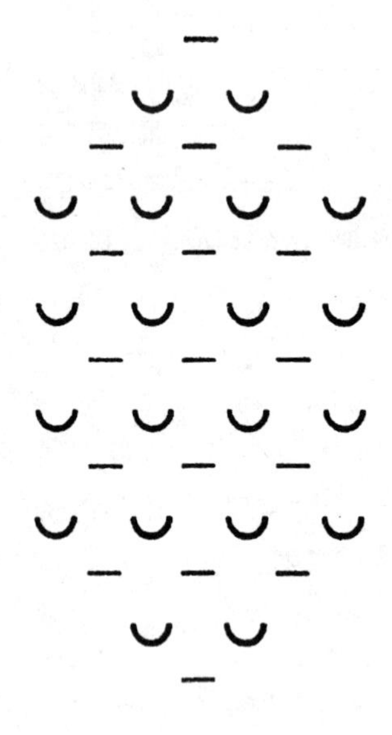

(1887)

鱼儿夜歌[①]

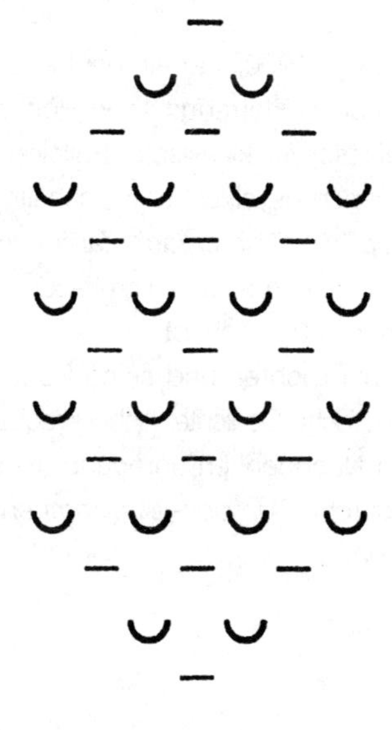

（1887年）

① 具象诗《鱼儿夜歌》由横线和弧线组成，诗歌既是拟音诗，横线和弧线在诗歌格律中分别表示重音和轻音，以此在听觉上拟仿鱼儿夜歌；同时也是拟像诗，从视觉上类似一条鱼的外形。

Friedrich Nietzsche

Friedrich Nietzsche (1844–1900) war ein deutscher Philosoph und Altphilologe. Geboren in einer Pfarrerfamilie in Röcken, Sachsen, wurde er mit 24 Jahren Professor für klassische Philologie an der Universität Basel, den er 1879 wegen psychischer Krankheiten niederlegte. Seine Werke *Geburt der Tragödie, Also sprach Zaratustra und Über die Genealogie der Moral* usw. haben einen tiefgreifenden Einfluss auf die Philosophie späterer Generationen gehabt.
Nietzsche war auch ein Dichter, und seine Poesie umfasste sowohl lyrische als auch aphoristische Gedichte. Aphoristische Gedichte sind prägnant, witzig und zum Nachdenken anregend; lyrische Gedichte sind besonders vertreten durch „*Dionysos- Dithyramben*" 1889. „Das Feuerzeichen" ist eines davon.

DAS FEUERZEICHEN

Hier, wo zwischen Meeren die Insel wuchs,

ein Opferstein jäh hinaufgetürmt,

hier zündet sich unter schwarzem Himmel

Zarathustra seine Höhenfeuer an, –

Feuerzeichen für verschlagne Schiffer,

Fragezeichen für solche, die Antwort haben...

Diese Flamme mit weißgrauem Bauche

– in kalte Fernen züngelt ihre Gier,

弗里德里希·尼采

弗里德里希·尼采（1844—1900），德国哲学家、古典语文学家。出生于普鲁士萨克森的罗肯的牧师家庭，24 岁起在巴塞尔大学担任古典语文学教授，1879 年由于精神问题辞职，著有《悲剧的诞生》《不合时宜的考察》《查拉图斯特拉如是说》《希腊悲剧时代的哲学》《论道德的谱系》等著作，对后世哲学影响深远。

尼采同时也是一位诗人，他的诗歌包括抒情诗和格言诗。格言诗凝练机智、言简意赅、耐人寻味；抒情诗尤其以《酒神颂歌》为代表，节奏跳跃、韵律自由，情感奔放，是酒神精神的表现。尼采于 1889 年完成了一组“酒神颂歌”，《火的信号》便是其中一首。

火的信号

这儿，大海之间有岛屿在生长，
一块献祭的岩石突兀地高耸，
这儿，在黑色的天空之下，
查拉图斯特拉点燃了高处的火，
这是给迷航的船员火的信号，
是给备有答案的人们的问号。

灰白色腹部的火把，
——向着寒冷远方伸出贪欲之舌，

nach immer reineren Höhen biegt sie den Hals –
eine Schlange gerad aufgerichtet vor Ungeduld:
dieses Zeichen stellte ich vor mich hin.

Meine Seele selber ist diese Flamme:
unersättlich nach neuen Fernen
lodert aufwärts, aufwärts ihre stille Glut.
Was floh Zarathustra vor Tier und Menschen?
Was entlief er jäh allem festen Lande?
Sechs Einsamkeiten kennt er schon –,
aber das Meer selbst war nicht genug ihm einsam,
die Insel ließ ihn steigen, auf dem Berg wurde er zur Flamme,
nach einer siebenten Einsamkeit
wirft er suchend jetzt die Angel über sein Haupt.

Verschlagne Schiffer! Trümmer alter Sterne!
Ihr Meere der Zukunft! Unausgeforschte Himmel!
nach allem Einsamen werfe ich jetzt die Angel:
gebt Antwort auf die Ungeduld der Flamme,
fangt mir, dem Fischer auf hohen Bergen,
meine siebente, letzte Einsamkeit!

(1889)

向着越来越纯净的高处仰起脖子——
急不可耐的一条笔直竖起的蛇
这是我在自己面前放置的信号。

我的灵魂本身就是这道火焰：
永不知足地探求新的远方，
向上、向上燃烧静静的火。
查拉图斯特拉为何逃避野兽和人类？
他为什么突然逃离一切陆地？
他已经认识六重孤独——
可是大海本身对他还不够孤独，
岛屿待他攀登，山上他成为火焰，
他尝试着现在将钓钩甩过脑袋，
寻找着第七重孤独。

迷航的船员！古老的星星碎片！
你们，未来的大海！奥秘无限的天空！
现在我向所有的孤独者甩出钓钩：
给焦急的火焰作出答复吧，
为我，站在高山上的渔夫，
捕捉第七重、最后的孤独！

（1889 年）

Hugo von Hofmannsthal

Hugo von Hoffmannsthal (1874–1929), deutscher neoromantischer und symbolistischer Dichter und Dramatiker. Die Familie stammt aus einer Wiener Bankiersfamilie und stammt von einem wohlhabenden jüdischen Kaufmann ab, der geadelt wurde. Im Alter von 16 Jahren begann er als Wiener literarisches Wunderkind mit der Veröffentlichung von Gedichten und zeigte ein seltenes literarisches Talent. In der mittleren und späteren Schaffenszeit widmete er sich vor allem dem Schreiben lyrischer Dramen und Opern und war Mitbegründer der berühmten „Salzburger Festspiele" mit Reinhardt. Hoffmannsthals eleganter Sprachstil und die Themen „Leben, Traum und Tod" ziehen sich durch die Werke, die die Wiener Stimmung von Fin de Siècle darstellen.

TERZINEN: ÜBER VERGÄNGLICHKEIT[①]

Noch spür ich ihren Atem auf den Wangen:

Wie kann das sein, daß diese nahen Tage

Fort sind, für immer fort, und ganz vergangen?

Dies ist ein Ding, das keiner voll aussinnt,

① 三行体是起源于意大利的诗体形式，但丁《神曲》便是三行体诗，文艺复兴时期受人文主义者如彼得拉克和薄伽丘的推崇。德语诗歌从 17 世纪开始便一直有人作三行体诗。霍夫曼斯塔尔的这首三行体诗共十三行，由四个三行诗小节和一个单行的结束小节组成。每行为五音步抑扬格，每节的第一和第三行押尾韵。

胡戈·封·霍夫曼斯塔尔

胡戈·封·霍夫曼斯塔尔（1874—1929），德国新浪漫主义和象征主义诗人和剧作家。出生于维也纳银行家家庭，家族是犹太富商后裔。16岁开始发表诗歌，显露罕见的文学天赋，被称为“维也纳文坛神童”。中后期主要致力于诗剧和歌剧写作，与莱因哈特共同创办了著名的“萨尔茨堡音乐节”。霍夫曼斯塔尔的诗歌语言优美抒情，典雅圆润，作品中贯穿生命、梦幻与死亡的主题，正是维也纳世纪末情绪的写照。

三行体：关于消逝[①]

我尚能在脸颊上感觉到她的呼吸：
那些切近的日子，怎么可能，
已经远去，永远远去，完全消逝？

这是一件无人能彻底了悟的事，

① 这首关于“消逝”的诗书写的是对“岁月消逝”的恐惧与释然。

Und viel zu grauenvoll, als daß man klage:
Daß alles gleitet und vorüberrinnt.

Und daß mein eignes Ich, durch nichts gehemmt,
Herüberglitt aus einem kleinen Kind
Mir wie ein Hund unheimlich stumm und fremd.

Dann: daß ich auch vor hundert Jahren war
Und meine Ahnen, die im Totenhemd,
Mit mir verwandt sind wie mein eignes Haar,

So eins mit mir als wie mein eignes Haar.

(1894)

REISELIED

Wasser stürzt, uns zu verschlingen,
Rollt der Fels, uns zu erschlagen,

过于可怕，以至于无语哀怨：
一切皆滑落，流水般消失。

而我的自我，无可阻挡，
从一个幼童身内滑落，
我觉得，它喑哑陌生，狗一般惊惶。

然而：百年前我已在兹，
我的祖先，着亡人之服，
与我血脉相连，如同我的发丝，

与我合为一体如同我自己的发丝。

（1894年）

行旅之歌[①]

大水倾泻，欲将我等吞噬，
岩石滚落，几将我等击碎，

① 《行旅之歌》描述从瑞士翻越阿尔卑斯山到意大利平原的旅行。

Kommen schon auf starken Schwingen
Vögel her, uns fortzutragen.

Aber unten liegt ein Land,
Früchte spiegelnd ohne Ende
In den alterslosen Seen.

Marmorstirn und Brunnenrand
Steigt aus blumigem Gelände,
Und die leichten Winde wehn.

(1898)

已有飞势凌厉的大鸟靠近，
欲将我等载向远方。

可在那底下有一国土，
累累果实永无尽端，
倒映于年岁无痕的湖面。

大理石立面和喷泉壁沿，
从繁花似锦的花园涌现，
有轻风吹拂。

（1898 年）

Stefan George

Stefan George (1868–1933) ist der Hauptvertreter des deutschen Symbolismus, zusammen mit Rilke und Hoffmannsthal gilt er als einer der drei Sternen im deutschen Dichterkreis um die Jahrhundertwende. Georg wurde in Bingen in einer Familie des Gastwirts und Weinhändlers geboren, begann nach dem Abitur durch Europa zu streifen, suchte nach dem Studienabbruch nie eine gesellschaftliche Stellung und lebte ein Wanderleben. Zunächst vor allem dem Symbolismus verpflichtet, wandte er sich nach der Jahrhundertwende vom reinen Ästhetizismus der zuvor in den *Blättern für die Kunst* propagierten „kunst für die kunst" ab und wurde zum Mittelpunkt des nach ihm benannten, auf eigenen ästhetischen, philosophischen und lebensreformerischen Vorstellungen beruhenden George-Kreises.

Einerseits plädiert George in den frühen Jahren für französische symbolistische Dichter, die Übersetzung der Gedichte von Mallarmé, Baudelaire und Rimbaud, in mittlerer und späterer Phase für die deutsche klassische Dichtungstradition von Goethe und Hölderlin. Zu seinen repräsentativen Gedichtbänden zählen *Das Jahr der Seele* (1897), *Der Siebente Ring* (1907), *Der Stern des Bundes* (1914) und *Das Neue Reich* (1928).

„Komm in den totgesagten Park und schau" ist das Eröffnungsgedicht vom *Jahr der Seele*, das den Höhepunkt von Georges symbolistischer Dichtkunst kennzeichnet. „Das geheime Deutschland" und „Worte" stammen aus Georges letzter Gedichtsammlung *Das Neue Reich*, die das deutsche neue Reich als Reich der Kunst und Schönheit lobpreist und beschwört.

斯蒂芬·格奥尔格

斯蒂芬·格奥尔格（1868—1933）是德国象征主义诗歌的主要代表，与里尔克、霍夫曼斯塔尔一起被誉为世纪之交德语诗坛上的三颗璀璨明星。格奥尔格出生于宾根的葡萄园主和酒商家庭，中学毕业后就开始漫游欧洲，大学中辍后，从未寻求任何谋生的社会职位，终生过着漫游和寄宿生活。1891 年创办《艺术之页》，奉行唯美主义美学纲领，并在其周围聚集了一群才华横溢的青年追随者，被称为“格奥尔格圈”。

格奥尔格的诗歌主张早年受到法国象征主义诗人的影响，翻译马拉美、波德莱尔和兰波的诗歌，中后期宣扬歌德、荷尔德林的德国古典主义诗歌传统。他的代表诗集有《心灵之年》(1987)、《第七个环》(1907)、《联盟之星》(1914)、和《新帝国》(1928）等。

《到这传闻已死的公园来看》是标志格奥尔格象征主义诗艺的成熟之作《心灵之年》的开篇诗歌。《秘密德意志》和《词语》出自格奥尔格最后一部诗集《新帝国》，讴歌和召唤艺术和美的德意志精神帝国。

KOMM IN DEN TOTGESAGTEN PARK UND SCHAU

Komm in den totgesagten park und schau:
Der schimmer ferner lächelnder gestade ·
Der reinen wolken unverhofftes blau
Erhellt die weiher und die bunten pfade.

Dort nimm das tiefe gelb · das weiche grau
Von birken und von buchs · der wind ist lau ·
Die späten rosen welkten noch nicht ganz ·
Erlese küsse sie und flicht den kranz ·

Vergiss auch diese lezten astern nicht ·
Den purpur um die ranken wilder reben ·
Und auch was übrig blieb von grünem leben
Verwinde leicht im herbstlichen gesicht.

(1895)

到这传闻已死的公园来看[1]

到这传闻已死的公园来看：
远处微笑的堤岸闪着微光·
纯净的云未曾料想到的蓝
澄澈了五彩的小径和池塘。

那里取来深黄·取来灰浅
从桦树和黄杨·风儿轻暖·
晚开的玫瑰还未凋零完全·
撷取几枝亲吻，织成花环·

也别忘记这些最后的紫菀·
缠绕于野葡萄藤周围的紫·
与那绿色生命残存的痕迹
轻柔地编入这秋日的容颜。

（1895 年）

---

① 《心灵之年》分为三章：《收获之后》(*Nach der Lese*)、《雪中朝圣》(*Waller im Schnee*）和《夏之胜利》(*Sieg des Sommers*)。这首诗属于《收获之后》的第一首。诗歌形式考究严谨，三个诗节分别用交叉韵，对韵和包围韵，用词语的色彩和音调描摹描写了城市里的自然秋日景物，力图用语言契合自然本身的形式、姿态和运动，光和色，声音和和谐，以规避浪漫抒情的主观色彩。深秋万物凋敝，传闻公园已死，却见万物灵韵犹在，并不以人的主观意志而消逝，诗人在诗歌中创造（编织）与自然契合的象征世界。该诗是格奥尔格象征主义诗歌艺术的高峰。格奥尔格使用一套自创的标点符号系统。

DAS WORT

Wunder von ferne oder traum
Bracht ich an meines landes saum

Und harrte bis die graue norn
Den namen fand in ihrem born –

Drauf konnt ichs greifen dicht und stark
Nun blüht und glänzt es durch die mark ...

Einst langt ich an nach guter fahrt
Mit einem kleinod reich und zart

Sie suchte lang und gab mir kund:
›So schläft hier nichts auf tiefem grund‹

词　语[①]

我把遥远的奇迹或梦想
一度带往我国的边疆

期待远古的诺恩女神
从她的泉源寻得命名。[②]

随即我将它紧握，严密而结实
于是它光彩绽放，照耀整个边疆……

幸运的跋涉将我带入她的领地
带着一颗宝石，丰富而细腻

她久久寻觅后向我昭示：
“在渊源深处无物安歇”

---

① 海德格尔在论文集《在通向语言的途中》有《语言的本质》和《词语》两文，阐发本诗，以本诗最后一句“词语破碎处，无物存在”，支持自己提出的命题：“语言是存在的家园”。这首诗最早发表于1919年，后收入1928年出版的《新帝国》。

② 诺恩是北欧神话中的命运三女神，其中大女儿乌尔德（Urd）司掌“过去”，二女儿薇尔丹蒂（Verdandi）司掌“现在”，小女儿诗寇蒂（Skuld）司掌“未来”。她们同时负责记述书写，在世界之树树皮上刻上鲁尼（Runnen）文字，预兆人类和诸神的命运。她们居住的地方是乌尔德泉源，从中汲水浇灌世界之树。

Worauf es meiner hand entrann

Und nie mein land den schatz gewann ...

So lernt ich traurig den verzicht:

Kein ding sei wo das wort gebricht.

(1919)

GEHEIMES DEUTSCHLAND

Reiss mich an deinen rand

Abgrund – doch wirre mich nicht!

Wo unersättliche gierde

Von dem pol bis zum gleicher

Schon jeden zoll breit bestapft hat

Mit unerbittlicher grelle

Ohne scham überblitzend

Alle poren der welt:

Wo hinter maassloser wände

宝石随即从我指尖滑落，
我的国土再无宝物赢获……

于是我悲哀地学会弃绝：
词语破碎处，无物存在。

（1919年）

秘密德意志

将我拽向你的边缘
深渊——别让我迷乱！

当永不餍足的贪婪，
从极地到赤道，
处处留下巨大足印，
以无情的强光，
恬不知耻地照亮
世界的每个毛孔：

当不可测量的屋墙后

Hässlichen zellen ein irrsinn

Grad erfand was schon morgen

Weitste weite vergiftet

Bis in wüsten die reitschaar

Bis in jurten den senn:

Wo nicht mehr · rauher obhut ·

Säugt in steiniger waldschlucht

Zwillingsbrüder die wölfin

Wo nicht · den riesen ernährend ·

Wilde inseln mehr grünen

Noch ein jungfrauen-land:

Da in den äussersten nöten

Sannen die Untern voll sorge ·

Holten die Himmlischen gnädig

Ihr lezt geheimnis .. sie wandten

Stoffes gesetze und schufen

Neuen raum in den raum.

Einst lag ich am südmeer

丑陋的斗室里，疯狂
正在酿制毒药，明天
就要施之以最远的远方，
直到沙漠中的驼群，
直到帐篷里的牧人：

当不会再有粗犷的关爱，
在岩石嶙峋的林中峡谷，
孪生兄弟吮吸母狼的奶，
当养育巨人的荒野岛屿
不再绿意葱茏，
也不再是纯净的处女地：

在这些极度的困厄中，
地上的人们忧思重重·
天上的神则仁慈地
动用他们最后的秘密
……他们改变物质定律，
在空间里建造新空间。

曾经我在南海之滨，

Tief-vergrämt wie der Vorfahr

Auf geplattetem fels

Als mich der Mittagschreck

Vorbrechend durchs ölgebüsch

Anstiess mit dem tierfuss:

›Kehr in die heilige heimat

Findst ursprünglichen boden

Mit dem geschärfteten aug

Schlummernder fülle schooss

Und so unbetretnes gebiet

Wie den finstersten urwald‹ ..

Fittich des sonnentraums

Streiche nun nah am grund!

Da hört ich von Ihm der am klippengestad

Aus klaffendem himmel im morgenschein

Ein nu lang die Olympischen sah

Worob ein solches grausen ihn schlug

Dass er zu der freunde mahl nicht mehr kam

忧虑深深，如那位前辈[①]
躺在平坦的岩石上，
午间的噩梦突如其来，
迈动兽足，穿过橄榄丛，
将我突然惊醒：

“到神圣的故乡去
找到源头的土壤
用更敏锐的眼睛
搜寻潜藏的宝藏
未曾踏入的领地
和最幽深的林莽”……

太阳之梦的羽翼，
低低掠过地面吧！

此时我听见他在礁岩，[②]
从晨曦中裂开的天空，
蓦然瞥见奥林匹亚诸神，
一种巨大的恐惧将他击倒，
从此不再参加友人的宴饮，

---

① 指1786—1788年在地中海之滨意大利游历的歌德。
② 指在雅典自杀的考古学家汉斯·封·普洛托（Hans von Prott, 1869—1903）。

Und sprang in die schäumenden fluten.

In der Stadt wo an pfosten und mauereck
Jed nichtig begebnis von allerwärts
Für eiler und gaffer hing angeklebt:
Versah sich keiner des grossen geschehns
Wie drohte im wanken von pflaster und bau
Unheimlichen schleichens der Dämon.

Da stand ER in winters erleuchtetem saal
Die schimmernde schulter vom leibrock verhüllt
Das feuer der wange von buschigem kranz ·
Da ging vor den blicken der blöden umhegt
Im warmen hell-duftenden frühlingswehn
Der Gott die blumigen bahnen.

Der horcher der wisser von überall
Ballwerfer mit sternen in taumel und tanz
Der fänger unfangbar – hier hatte geraunt

随即纵身跃入汹涌的浪涛。

城里的柱子和墙角
处处贴满小道消息，
满足路人的好奇心：
无人关注大事发生
街巷和建筑摇晃中
魔鬼正可怕地潜入。

他站在冬天灯火通明的大堂[①]
闪动的双肩隐没于大氅，
花环映衬着火热的脸颊：
在愚众目光的簇拥之下，
温暖馨香的春风吹动中
神从铺满鲜花的大道走过。

窃听者知情者时时处处
掷球者随着星辰陶醉起舞
追捕者无法被追捕——在这里[②]

---

① 指格奥尔格在慕尼黑结识的少年马克西敏，英年早逝，格奥尔格将其神化。他在1904年2月14日的格奥尔格慕尼黑聚会中，戴上花冠扮演“圣童”。

② 格奥格尔圈在慕尼黑的活动在沃尔夫斯凯的“灯泡屋”里举行，屋中悬挂乳白的灯泡。

Bekennenden munds unterm milchigen glast
Der kugel gebannt die apostelgestalt:
›Hier fass ich nicht mehr und verstumme‹

Dann aus der friedfertigen ordnung bezirk
Brach aus den fosfor-wolken der nacht
Wie rauchende erden im untergang
Volltoniges brausen des schlachtengetobs ·
Es stürmten durch dust und bröcklig geröll
Die silberhufigen rosse.

Bald traf ich Ihn der mattgoldnen gelocks
Austeilte in lächeln wohin er trat
Die heiterste ruh – von uns allen erklärt
Zum liebling des glückes bis spät er gestand
Im halt des gefährten hab er sich verzehrt –
Sein ganzes dasein ein opfer.

Den liebt ich der · mein eigenstes blut ·
Den besten gesang nach dem besten sang ..
Weil einst ein kostbares gut ihm entging
Zerbrach er lässig sein lautenspiel

乳白的灯光下喃喃告白，
使徒沉醉于灯球的魔力：
“我无法理解，唯有沉默。”

而后从和平安宁的区域
从黑夜电闪雷鸣的云层
传来战争震耳欲聋的沸腾·
穿过烟尘和破碎的瓦砾
银蹄的马群风暴般袭来。

不久我与淡黄卷发的他相逢
无论去哪，他总是微笑
带着最明朗的安宁——
众所公认的幸运宠儿，最终
坦诚，为了爱侣他耗尽心血——
他的全部存在是一种牺牲。[①]

我爱的是他·我最独特的血脉·
一首接着一首吟咏那最好的歌……
因为一度失去珍贵的财富
他轻率地摔坏他的琴弦，

① 指格奥尔格圈中的恩斯特·格洛克纳（Ernst Glöckner）。

Geduckt die stirn für den lorbeer bestimmt

Still wandelnd zwischen den menschen.

Durch märkte und gassen des festlands hin

Wo oft ich auf wacht stand · bat ich um bescheid

Das hundertäugig allkunde Gerücht:

›Ist ähnliches je dir begegnet?‹ Worauf

Vom ungern Erstaunten die antwort kam:

›Alles – doch solches noch niemals‹.

Heb mich auf deine höh

Gipfel – doch stürze mich nicht!

Wer denn · wer von euch brüdern

Zweifelt · schrickt nicht beim mahnwort

Dass was meist ihr emporhebt

Dass was meist heut euch wert dünkt

Faules laub ist im herbstwind

Endes- und todesbereich:

垂下他本为桂冠而生的额头，
寂然地流浪于茫茫人海中。[①]

穿过大陆的市集和街巷
我曾经常在此警卫·请教
无所不知的百眼谣怪[②]：
“你曾遇到过类似的情况？”
得到一个见怪不怪的回答：
“我见多识广——唯独对此闻所未闻。”

将我托举到你的高度
巅峰之上——但别把我摔下！

谁曾·你们兄弟中谁曾经
有过怀疑，不要在听闻警告时惊惧
你们大多曾经高举的
你们今天觉得宝贵的
不过是秋风中的枯叶
终末和死神的领域：

---

① 指格奥格尔圈中的萨拉丁·施密特（Saladin Schmitt, 1883—1951）。
② 神话传说中长有许多眼睛见多识广的怪物。

Nur was im schützenden schlaf

Wo noch kein taster es spürt

Lang in tiefinnerstem schacht

Weihlicher erde noch ruht –

Wunder undeutbar für heut

Geschick wird des kommenden tages.

(1928)

只有处于睡眠的保护中

尚无摸索者察觉到

在神圣大地最深层

长久安歇的东西——

今天无法解释的奇迹

才会成为来临之日的使命。

（1928 年）

Arno Holz

Arnold Holz (1863–1929) war eine repräsentative Figur des deutschen Naturalismus im ausgehenden 19. Jahrhundert, geboren in einer Appotheker-Familie im ostpreußischen Rastenberg, die 1875 nach Berlin übersiedelte. Holz war Mitglied vom Naturalistenverein „Durch". Gemeinsam mit Johannes Schlaf entwickelten sie in der programmatischen Schrift *Die Kunst, ihr Wesen und ihre Gesetze* die Theorie eines „konsequenten Naturalismus" mit der Formel „Kunst = Natur – x". Damit meinten sie, dass die Kunst so weit wie möglich der Natur entsprechen sollte. In der Kurzgeschichtensammlung *Papa Hamlet* und dem Schauspiel *Die Familie Selicke* wurden neue experimentelle Ausdrucksweise als Vorbild naturalistischer Literatur praktiziert. Repräsentative lyrische Werke sind *Das Buch der Zeit: Lied eines modernen Menschen* (1886), das Manifest der poetischen Theorie *Revolution der Lyrik* (1899) und das Gedichtband *Phantansus* (1898 —1899), das den Höhepunkt seiner lyrischen Kunst darstellt. Der exzentrischen Berliner Großstadtgesellschaft wurde die poetische Fantasiewelt gegenübergestellt. Die formale Besonderheit bildet die Mittelachsenlyrik, so dass rechts und links ein Flatterrand entstand. Reim und Metrik wurden ersetzt durch die natürliche Sprachmelodie.

IM HAUSE, WO DIE BUNTEN AMPELN BRENNEN①

Im Hause, wo die bunten Ampeln brennen,

glänzen auf demselben Bücherspind,

① 诗歌在形式上以中间音节为中轴线，每行的音节数左右对称，形成了诗歌的中轴风格，故而排版上保留原文的中轴风格。

阿诺·霍尔茨

阿诺·霍尔茨（1863—1929），19 世纪末德国自然主义文学的代表人物，出生于东普鲁士的拉斯特伯格（Rastenberg）的药商家庭，1875 年全家迁居柏林。霍尔茨是柏林自然主义作家团体“突破”的成员，在《艺术及其本质和法则》中提出“彻底的自然主义”纲领，用公式表现为“艺术 = 自然 –X”，认为艺术要彻底忠实于自然，与传统创作美学决裂。他同施拉夫合作完成了短篇小说集《爸爸哈姆雷特》和戏剧《赛力克之家》，被认为是自然主义文学的典范。代表诗作有《时代之书：一个现代人的歌》（1886），诗歌理论宣言《诗歌之革命》和组诗《幻想者》（1898—1899）。《幻想者》是霍尔茨诗歌艺术的集大成之作：他将诗意的幻想世界与光怪陆离柏林都市社会相对立，在形式上以中间音节为中轴线，每行的音节数左右对称，形成了诗歌的中轴风格，取消了传统诗歌中的韵脚和格律，代之以语言本身的内部节奏。

在彩灯亮起的房子里

在彩灯亮起的房子里，

在同一个书柜上，

über George Ohnet, Stinde und Dante,

Schiller und Goethe:

beide beteiligt an ein und demselben Gypskranz!

Im Hause, wo die bunten Ampeln brennen,

hängt an derselben Wedgwoodtapete, über demselben

Rokokoschirm,

zwischen Klinger und Hokusai,

Anton von Werner.

Im Hause, wo die bunten Ampeln brennen,

spielen dieselben schlanken Hände, auf demselben

Ebenholzflügel,

mit demselben Charm und Chic

Frédéric François Chopin und Ludolf Waldmann.

Im Hause, wo die bunten Ampeln brennen,

格奥尔格·欧内特，斯汀德、但丁同样闪耀，[1]
还有席勒和歌德：
两者共享一个石膏花环！

在彩灯亮起的房子里，
同一张韦奇伍德壁纸上，
同样的洛可可伞上方，
在克林格尔和葛饰北斋之间，
悬挂着安东·封·维尔纳。[2]

在彩灯亮起的房子里，
同样纤细的双手，
在同一架乌木质地的三角钢琴上，
用同样的魅力和技巧
弹奏弗雷德里克·弗朗索瓦·肖邦和鲁道夫·瓦尔德曼[3]。

在彩灯亮起的房子里，

---

① 格奥尔格·欧内特（Georges Ohnet, 1848—1918），法国畅销小说家；斯汀德（Julius Stinde, 1841—1905），德国记者和畅销书作家。

② 克林格尔（Max Klinger, 1857—1920），德国象征主义画家和雕塑家；葛饰北斋（1760—1849），日本江户时代浮世绘画家，对欧洲印象派影响很大，安东·封·维尔纳（Anton von Werner, 1843—1915），德国历史画家，以画军事历史题材出名。

③ 鲁道夫·瓦尔德曼（Ludolf Waldmann, 1840—1919），德国流行乐作曲家、歌唱家和剧场经理。

auf vergoldeten Stühlchen sitzend,

trinkt man Chablis, Pilsner und Sect,

kommt dann peu-à-peu auf Nietzsche,

zuletzt wird getanzt.

Ich küsse entzückt der Hausfrau die Hand,

enttäusche einen älteren, glattrasirten Herrn

mit baumwollnen Handschuhen und Wadenstrümpfen

durch eine Mark Trinkgeld

und verschwinde.

(1899)

人们坐在镀金的小椅上，
喝着夏布利葡萄酒、皮尔森啤酒和香槟，
然后一步步谈到尼采，
最后是跳舞。

我陶醉地亲吻主妇的手，
一位面容洁净的年长先生，
戴着白棉手套和束腿长袜
用了一个马克小费令其失望，
而后离开。

（1899年）

Else Lasker-Schüler

Else Lasker-Schüller (1869–1945), eine herausragende deutsche expressionistische Lyrikerin, wurde in einer wohlhabenden jüdischen Bankiersfamilie in Wuppertal-Eberfeld geboren. Nach der Heirat 1894 zog er nach Berlin, ging nach der Machtübernahme der Nationalsozialisten 1933 ins Exil und starb 1945 in Jerusalem. Nach 1902 begann er mit der Veröffentlichung literarischer Werke, darunter die Gedichtsammlungen *Styx* (1902), *Der siebente Tag* (1905), *Mein Wunder* (1911), *Hebräische Balladen* (1913), *Mein blaues Klavier* (1943).
Lasker-Schüller und ihr zweiter Ehemann Helwarth Walden, gründeten die expressionistische Zeitschrift *Der Sturm*. Nach der erneuten Scheidung entschied sich Lasker Schüller für einen böhmischen Lebensstil. Ihre Gedichte thematisieren Liebe, Religion und Tod mit reichen Bildern und starken Emotionen und wurden von Dichtern der damaligen Zeit wie Benn, Trakl und Karl Kraus hoch gelobt.

EIN ALTER TIBETTEPPICH

Deine Seele, die die meine liebet,

Ist verwirkt mit ihr im Teppichtibet.

艾尔泽·拉斯克-许勒

艾尔泽·拉斯克-许勒（1869—1945），杰出的德国表现主义女诗人，出生于伍珀塔尔-艾伯费尔德的富裕犹太银行家家庭。1894年婚后迁居柏林，1933年纳粹上台后流亡国外，1945年于耶路撒冷过世。1902年开始发表文学作品，著有诗集《冥河》（1902）、《第七天》（1905）、《我的奇迹》（1911）、《希伯来叙事谣曲》（1913）、《我的蓝色钢琴》（1945）。

拉斯克-许勒与第二任丈夫赫尔瓦特·瓦尔登创办表现主义杂志《风暴》。再次离异后，拉斯克-许勒选择了波西米亚式的生活方式。她的诗歌以爱情、宗教、死亡为主题，意象丰富，感情强烈，受到了本恩、特拉克尔、卡尔·克劳斯等当时的诗人的推崇。

一张西藏老地毯[①]

你的灵魂，爱着我的灵魂，

缠绕在这张西藏地毯中。

---

① 这首诗是拉斯克-许勒的代表作，首次发表于《风暴》杂志中，后被收入诗集《我的奇迹》。这首诗内容上以“缠绕”为母题，描绘了西藏地毯丝线和色彩，爱人灵魂和文本词语的交织缠绕，诗艺高超，被文学评论家卡尔·克劳斯誉为“歌德以后少有的意义和声律、词语和图像，语言和灵魂交织融合”的诗歌作品。

Strahl in Strahl, verliebte Farben,

Sterne, die sich himmellang umwarben.

Unsere Füße ruhen auf der Kostbarkeit,

Maschentausendabertausendweit.

Süßer Lamasohn auf Moschuspflanzenthron,

Wie lange küßt dein Mund den meinen wohl

Und Wang die Wange buntgeknüpfte Zeiten schon?

(1910)

MEIN BLAUES KLAVIER

Ich habe zu Hause ein blaues Klavier

Und kenne doch keine Note.

丝线交织着丝线，颜色彼此爱恋，
星辰与星辰，苍穹之远的慕求。

我们的双足憩居于这珍贵之物上，
中间相距着网眼成千上万。

馨香的喇嘛之子在麝香花宝座上，
你的唇舌亲吻着我的唇舌多久
脸颊贴着脸颊，过去了多少五彩织缀的时间？

（1910年）

我的蓝色钢琴[1]

我家中有一架蓝色钢琴
我却一个音符也不认识。

---

① 这首诗作于诗人流亡苏黎世时期。1937年首次发表于《新苏黎世》报上，后收入诗人最后一本同名诗集中。蓝色钢琴是童年和平时光的象征，而今破碎的钢琴象征着纳粹上台后文化没落道德沦丧的世相。全诗为五个小节，押交叉韵，除了第七行插入的不谐和音，打破了整体的工整韵脚，隐射“纳粹老鼠”带来的破坏。

Es steht im Dunkel der Kellertür,
Seitdem die Welt verrohte.

Es spielten Sternenhände vier –
Die Mondfrau sang im Boote.
– Nun tanzen die Ratten im Geklirr.

Zerbrochen ist die Klaviatür.
Ich beweine die blaue Tote.

Ach liebe Engel öffnet mir
– Ich aß vom bitteren Brote –
Mir lebend schon die Himmelstür,
Auch wider dem Verbote.

(1937)

自从世界变得粗野，

它便留在地窖门的黑暗中。

曾有四只星星之手弹奏[1]

——月亮女神在舟中歌唱[2]——

如今老鼠在吱嘎声中跳舞。[3]

钢琴琴键已经破碎，

我为蓝色死者哭泣。[4]

亲爱的天使啊，请为我

——我曾啃过苦面包——

为活着的我打开天堂之门，

即便违背禁令。[5]

（1937年）

---

① 诗人回忆与母亲共同弹奏。

② 指巴黎圣母院中在月亮之舟上的圣母像。

③ 纳粹电影《永远的犹太人》中将犹太人叱骂为“犹太老鼠”，这里是反讽纳粹为鼠。

④ 蓝色具有多义性。蓝色钢琴是和平安宁家庭生活的象征，蓝色也象征着恐怖的死亡和寒冷。

⑤ 在一神教里，只有神才能在生时升天，如耶稣基督、马利亚。

Rainer Maria Rilke

Rainer Maria Rilke (1875–1926), ein moderner deutschsprachiger Dichter mit Welteinfluss. Rilkes Poesie ist gekennzeichnet durch die geistige Tiefe, sprachliche Komplexität und formale Vollkommenheit und eine gewisse Mystik. Seine Poetologie und Stil haben Generationen chinesischer Dichter von Feng Zhi bis zu Bei Dao beeinflusst. Rilke wurde in Prag unter österreichisch-ungarischer Monarchie geboren. Seine Eltern ließen sich früh scheiden und sein Militärschulleben war eine körperliche und geistige Zerstörung für ihn. Im Alter von zwanzig Jahren verließ er seine Heimat und lebte und reiste unter anderem in Russland, Norddeutschland, Paris, der Schweiz. Sein Schaffen gliedert sich in drei Phasen: In der Anfangszeit gibt es Gedichtbände wie *Larenopfer* (1896), *Traumgekrönt* (1897), *Advent* (1898) usw., die die Melancholie und dekadente Fin-de-Siècle-Stimmungen ausdrücken. Um die Jahrhundertwende markierten zwei Gedichtbände *Das Buch der Bilder* (1902) und *Das Stunden-Buch* (1905) den stilistischen Übergang vom Ausdruck persönlicher Emotionen zu objektiven Objekten. 1902 wurde er in Paris inspiriert von Rodins Skulpturen und Cézannes Gemälden und trat damit in die mittlere Periode ein, und sein Stil verlagerte sich auf die Stufe der objektiven Beschreibung der „Ding-Gedichte", mit *Neue Gedichte* (1907) und *Der Neuen Gedichte anderer Teil* (1908) als repräsentative Werke. Ab 1912 begann der Dichter in seinen späteren Jahren *Duineser Elegien* auf Schloss Duino zu schreiben, unterbrochen durch den Ersten Weltkrieg bis Februar 1922, als er die restlichen sechs Elegien im Burg Muzot vollendete. Gleichzeitig stellte der Dichter in einem Zug 55 Sonette an Orpheus zusammen, die als Höhepunkt in der Lyrikgeschichte bezeichnet werden kann.

赖纳・马利亚・里尔克

赖纳・马利亚・里尔克（1875—1926），具有世界影响力的德语现代诗人，里尔克的诗歌思想深邃，语言艰深，形式复杂精美，其诗学主张和诗歌风格，影响了从冯至到北岛的中国几代诗人。里尔克出生在奥匈帝国统治下的布拉格，父母早年离异，青少年时期的军校生活使他肉体和精神备受摧残。他 20 岁离开故乡，一生漂泊不定，曾在俄罗斯、北德、巴黎、瑞士等地生活旅行。他的创作分为三个阶段：早期有《宅神祭品》《梦中加冕》《耶稣降临节》等诗集，诗风华丽纤巧，抒发忧郁和颓废的世纪末情绪。世纪之交前后以《图像之书》《时辰祈祷书》两部诗集标志着里尔克的诗风由抒发个人情感到客观状物的过渡。1902 年前往巴黎，从罗丹雕塑和塞尚绘画中得到启发，认为物性自身俱足，具有主体性和神性，由此进入中期创作，风格转向客观描述的“物诗”阶段，以《新诗集》（1907）和《新诗别集》（1908）为代表作。1912 年起诗人进入形而上学哲思的后期创作阶段，他在杜伊诺古堡开始撰写《杜伊诺哀歌》，中途因第一次世界大战中断，直至 1922 年 2 月于慕佐古堡完成了余下 6 首。而在同一时间，诗人又将 55 首《致俄耳甫斯的十四行诗》一气呵成，堪称德语诗歌史上的缪斯降临时刻。

HERBSTTAG

Herr: es ist Zeit. Der Sommer war sehr groß.
Leg deinen Schatten auf die Sonnenuhren,
und auf den Fluren laß die Winde los.

Befiehl den letzten Früchten voll zu sein;
gieb ihnen noch zwei südlichere Tage,
dränge sie zur Vollendung hin und jage
die letzte Süße in den schweren Wein.

Wer jetzt kein Haus hat, baut sich keines mehr.
Wer jetzt allein ist, wird es lange bleiben,
wird wachen, lesen, lange Briefe schreiben
und wird in den Alleen hin und her
unruhig wandern, wenn die Blätter treiben.

(1902)

秋　日[1]

主：是时候了。夏日曾经很盛大。
把你的阴影落在日晷上，
让秋风刮过田野。

让最后的果实长得丰满，
再给它们两天南方的好天气，
催促它们成熟，
把最后的甘甜酿入浓酒。

谁这时没有房屋，就不必建筑，
谁这时孤独，就永远孤独，
就醒着，读着，写着长信，
在林荫道上不停
徘徊，当落叶纷飞。

（1902 年）

---

① 使用冯至先生经典译本。这首诗完成于 1902 年，收入诗集《图像之书》。恰逢里尔克离开新婚妻子，前往巴黎完成罗丹传记的写作。诗歌前两节描述从夏入秋的自然场景，第三节转为对人生时节境遇的感怀。

DER PANTHER

Im Jardin des Plantes, Paris

Sein Blick ist vom Vorübergehn der Stäbe
so müd geworden, daß er nichts mehr hält.
Ihm ist, als ob es tausend Stäbe gäbe
und hinter tausend Stäben keine Welt.

Der weiche Gang geschmeidig starker Schritte,
der sich im allerkleinsten Kreise dreht,
ist wie ein Tanz von Kraft um eine Mitte,
in der betäubt ein großer Wille steht.

Nur manchmal schiebt der Vorhang der Pupille
sich lautlos auf -. Dann geht ein Bild hinein,
geht durch der Glieder angespannte Stille –
und hört im Herzen auf zu sein.

(1902/1903)

豹[1]

巴黎植物园

它的目光被那走不完的铁栏
缠得这般疲倦，什么也不能收留。
它好像只有千条的铁栏杆，
千条的铁栏后便没有世界。

强韧的脚步迈着柔软的步伐，
步容在这极小的圈中旋转，
仿佛力之舞围绕着一个中心，
在中心一个伟大的意志昏眩。

只有时眼帘无声地撩起。——
于是又一幅图像浸入，
通过四肢紧张的静寂——
在心中化为乌有。

（1902/1903 年）

---

① 使用冯至先生经典译本。《豹》是里尔克最为著名的物诗（Dinggedicht），完成于 1902 至 1903 年间，后收入 1907 年出版的《新诗集》（*Neue Gedichte*）。诗歌刻画了一头囚禁于巴黎植物园铁笼中的黑豹，因为囚禁而异化，丧失了对外界感知的能力。

ARCHAISCHER TORSO APOLLOS[①]

Wir kannten nicht sein unerhörtes Haupt,
darin die Augenäpfel reiften. Aber
sein Torso glüht noch wie ein Kandelaber,
in dem sein Schauen, nur zurückgeschraubt,

sich hält und glänzt. Sonst könnte nicht der Bug
der Brust dich blenden, und im leisen Drehen
der Lenden könnte nicht ein Lächeln gehen
zu jener Mitte, die die Zeugung trug.

Sonst stünde dieser Stein entstellt und kurz
unter der Schultern durchsichtigem Sturz
und flimmerte nicht so wie Raubtierfelle;

und bräche nicht aus allen seinen Rändern
aus wie ein Stern: denn da ist keine Stelle,

① 这是一首格律工整的十四行诗，每行为五音步抑扬格。前两个四行节押包围韵 abba, cddc，后两个三行节 eef, gfg。

古代阿波罗残像[①]

我们不识他的头颅，从未听闻，
应有苹果般的眼成熟。不过，
残像如烛台般光辉熠熠，
内里蕴含目光，只是往里收紧，

内敛，却又炯炯有神。不然
肩胸部的曲线不会让你目眩，
否则不会自腰部的微微扭转，
出现一个微笑进入繁衍中心。

否则，这块石头扭曲短促，
在肩膀下透明垂直的坠落，
不会光泽闪亮如猛兽皮毛；

也不会，自所有边缘绽放，
如星辰般：那里没有一处，

① 这首诗发表在1908年出版的《新诗别集》中。诗歌描写一尊古希腊遗失头颅的阿波罗神像残像。失去了头颅的阿波罗神残像，却有内在的光芒，已经不存在的眼睛送出邀请的目光，在全诗末尾，发出对雕像的观者和诗歌的读者的吁求。由此，物从被观看者上升成为具有主体性的观者，物与人成为一种平等对话的关系。

die dich nicht sieht. Du mußt dein Leben ändern.

(1908)

DUINESER ELEGIEN (Elegie 1)

WER, wenn ich schriee, hörte mich denn aus der Engel
Ordnungen? und gesetzt selbst, es nähme
einer mich plötzlich ans Herz: ich verginge von seinem
stärkeren Dasein. Denn das Schöne ist nichts
als des Schrecklichen Anfang, den wir noch grade ertragen,
und wir bewundern es so, weil es gelassen verschmäht,
uns zu zerstören. Ein jeder Engel ist schrecklich.
Und so verhalt ich mich denn und verschlucke den Lockruf
dunkelen Schluchzens. Ach, wen vermögen
wir denn zu brauchen? Engel nicht, Menschen nicht,
und die findigen Tiere merken es schon,
daß wir nicht sehr verläßlich zu Haus sind

不看你。你必须改变你的生命。

（1908年）

杜伊诺哀歌（第一首）[①]

有谁，倘若我呼唤，会从天使的行列中
听到我？即便假设有一位突然将我
拥向心口，我也会在他更强悍的
存在前消亡。因为美无非是
可怖之物的开端，我们恰好尚能承受，
我们如此敬慕它，因它从容淡定，
不屑于摧毁我们。每一位天使都是可怖的。
因此我克制自己，咽下幽暗悲泣的
呼唤。啊，我们究竟能够
求助于谁？天使不能，凡人不能，
敏锐的动物已经察觉，
在这个被给定意义的世界上，

① 《杜伊诺哀歌》共十首，是里尔克诗歌创作的巅峰，是里尔克人生经验和哲学思辨的结晶，集中于生存与死亡，人性与神性的思考和诗学表达，代表了荷尔德林之后德语哀歌的最高水准。

in der gedeuteten Welt. Es bleibt uns vielleicht
irgend ein Baum an dem Abhang, daß wir ihn täglich
wiedersähen; es bleibt uns die Straße von gestern
und das verzogene Treusein einer Gewohnheit,
der es bei uns gefiel, und so blieb sie und ging nicht.
O und die Nacht, die Nacht, wenn der Wind voller Weltraum
uns am Angesicht zehrt –, wem bliebe sie nicht, die ersehnte,
sanft enttäuschende, welche dem einzelnen Herzen
mühsam bevorsteht. Ist sie den Liebenden leichter?
Ach, sie verdecken sich nur mit einander ihr Los.
Weißt du`s noch nicht? Wirf aus den Armen die Leere
Zu den Räumen hinzu, die wir atmen; vielleicht daß die Vögel
die erweiterte Luft fühlen mit innigerm Flug.

Ja, die Fühlinge brauchten dich wohl. Es muteten manche
Sterne dir zu, dass du sie spürtest. Es hob
sich eine Woge heran im Vergangenen, oder
da du vorüber kamst am geöffneten Fenster,
gab eine Geige sich hin. Das alles war Auftrag.
Aber bewältigtest du´s? Warst du nicht immer
von der Erwartung zerstreut, als kündigte alles
eine Geliebte dir an?
(Wo willst du sie bergen,

我们并非如在家中可靠。或许还有
某棵树留在斜坡上，供我们每日
收入眼底；昨日的街道尚存留，
还有某个忠实于我们的习惯，
与我们有了默契，便留下不再离去。
哦，还有夜晚，夜晚，当充盈宇宙空间的风
耗蚀我们的脸——，谁又会失去夜呢？
令人渴望，又隐约让人失望的夜，
每颗心都需要艰难地面对。难道恋人会轻松一些？
啊，他们不过相互掩蔽彼此的命运。
你难道还不知晓？将你怀中的虚空抛进
我们的呼吸空间吧；也许飞鸟
以更热切的飞翔感受到更辽阔的天空。

是的，春天一定需要你。有些星辰
要求你注意到它们的存在。在逝去的事物中
曾涌起一朵海浪，或者
当你路过一扇敞开的窗户，
倾听悠扬的琴声。这一切都是使命。
但是你能否胜任？你难道不总是
被期望分散心神，似乎所有一切
都在宣告爱人的到来？
（你在何处将她藏身，伟大而陌异的思想

da doch die großen fremden Gedanken bei dir
aus und ein gehen und öfters bleiben bei Nacht.)
Sehnt es dich aber, so singe die Liebenden; lange
noch nicht unsterblich genug ist ihr berühmtes Gefühl.
Jene, du neidest sie fast, Verlassenen, die du
so viel liebender fandest als die Gestillten. Beginn
immer von neuem die nie zu erreichende Preisung;
denk: es erhält sich der Held, selbst der Untergang war ihm
nur ein Vorwand, zu sein: seine letzte Geburt.
Aber die Liebenden nimmt die erschöpfte Natur
in sich zurück, als wären nicht zweimal die Kräfte,
dieses zu leisten. Hast du der Gaspara Stampa
denn genügend gedacht, dass irgend ein Mädchen,
dem der Geliebte entging, am gesteigerten Beispiel
dieser Liebenden fühlt: dass ich würde wie sie?
Sollten nicht endlich uns diese ältesten Schmerzen
fruchtbarer werden? Ist es nicht Zeit, dass wir liebend
uns vom Geliebten befrein und es bebend bestehn:
wie der Pfeil die Sehne besteht, um gesammelt im Absprung
mehr zu sein als er selbst. Denn Bleiben ist nirgends.

Stimmen, Stimmen. Höre, mein Herz, wie sonst nur
Heilige hörten: dass sie der riesige Ruf

在你那里来来往往，时常在夜里停留。）

你若渴望爱情，就歌唱恋人吧！

她们被赞颂的情感远未达到不朽。

那些被遗弃的恋人，你几乎嫉妒她们，

似乎她们比爱情圆满者爱得更深。

不断重新开始不能完满的赞美吧；

你想：英雄与世长存，纵使毁灭

也只是他存在的借口，是他最后的诞生。

精疲力竭的自然将恋人收回自身，

似乎没有力量，再次完成爱情。

你对加斯帕拉·斯坦帕有过

足够的思考么，以这位恋人为典范，

某个少女也会因爱人的离去

如此思虑：我可能如她一般？

难道最古老的痛苦竟不能

让我们开窍？难道这个时刻还未来临，

让我们相爱着将彼此解放，战栗着承受：

如同箭在弦上，以蓄积力量，

在离弦时超越自己，因为无处停留。

声音，声音。听呀，我的心，

这倾听非圣人莫属：巨大的呼唤，

aufhob vom Boden; sie aber knieten,
Unmögliche, weiter und achtetens nicht:
So waren sie hörend. Nicht, dass du Gottes ertrügest
die Stimme, bei weitem. Aber das Wehende höre,
die ununterbrochene Nachricht, die aus Stille sich bildet.
Es rauscht jetzt von jenen jungen Toten zu dir.
Wo immer du eintratst, redete nicht in Kirchen
zu Rom und Neapel ruhig ihr Schicksal dich an?
Oder es trug eine Inschrift sich erhaben dir auf,
wie neulich die Tafel in Santa Maria Formosa.
Was sie mir wollen? leise soll ich des Unrechts
Anschein abtun, der ihrer Geister
reine Bewegung manchmal ein wenig behindert.

Freilich ist es nicht seltsam, die Erde nicht mehr zu bewohnen,
kaum erlernte Gebräuche nicht mehr zu üben,
Rosen, und andern eigens versprechenden Dingen
nicht die Bedeutung menschlicher Zukunft zu geben;
das, was man war in unendlich ängstlichen Händen,
nicht mehr zu sein, und selbst den eigenen Namen
wegzulassen wie ein zerbrochenes Spielzeug.
Seltsam, die Wünsche nicht weiter zu wünschen. Seltsam,
alles, was sich bezog, so lose im Raum

将他们从大地抬起；他们保持跪姿，
不可思议，他们毫不在意，
就这样倾听。这并不是意味着，
你能承受上帝的声音。倾听风的吹拂吧，
有源源不断的信息产生于寂静。
此刻，有声音从年轻的死者那里传来。
不管你走进哪座教堂，在罗马，
在那不勒斯，他们的命运不曾向你静静诉说？
或者用一段碑文向你崇高地显现，
如同最近在至美圣玛利亚堂的墓碑所见。
他们对我有何所求？我应当轻轻抹去
不义的假象，它有时轻微妨碍了
他们灵魂纯粹的运动。

诚然这并不奇异，放弃在大地上的栖居，
不再练习还未熟识的习俗，
不再赋予玫瑰和其他独特蕴含的事物
人类未来的意义，不再存在于
无尽恐慌的手里，甚至将自己的名字
如同一件破碎的玩具丢弃。
奇异的是，不再继续抱有期待。奇异的是，
目睹一切相互关联的事物在空间
如此松散地飘浮。死亡是艰难的，

flattern zu sehen. Und das Totsein ist mühsam
und voller Nachholn, dass man allmählich ein wenig
Ewigkeit spürt. - Aber Lebendige machen
alle den Fehler, dass sie zu stark unterscheiden.
Engel (sagt man) wüßten oft nicht, ob sie unter
Lebenden gehn oder Toten. Die ewige Strömung
reißt durch beide Bereiche alle Alter
immer mit sich und übertönt sie in beiden.

Schließlich brauchen sie uns nicht mehr, die Früheentrückten,
man entwöhnt sich des Irdischen sanft, wie man den Brüsten
milde der Mutter entwächst. Aber wir, die so große
Geheimnisse brauchen, denen aus Trauer so oft
seliger Fortschritt entspringt – : könnten wir sein ohne sie?
Ist die Sage umsonst, dass einst in der Klage um Linos
wagende erste Musik dürre Erstarrung durchdrang;
dass erst im erschrockenen Raum, dem ein beinah göttlicher Jüngling
plötzlich für immer enttrat, das Leere in jene
Schwingung geriet, die uns hinreißt und tröstet und hilft.

(1912)

需要全力弥补，方能让人逐渐感到
微少的永恒存在。——但是所有生者
皆有同样的错误，他们太严于区分。
据说天使经常不知，他们行走在
生者之间，抑或在死者之间。
永恒的潮水在生死两域席卷了
所有年龄的人，并吞噬了他们的声音。

那些早早离去的人终归不再需要我们，
人们轻柔地断离尘世，就像人们
平和地脱离母亲的乳房。但是我们，
需要伟大的秘密，极乐的进步
常常悲哀地源于它们——：没有它们，
我们能够存在么？传奇并非无益：
在为利诺斯而奏响的哀歌中，第一声无畏的乐声
曾经穿透僵硬的枯槁；直到在被震惊的空间里，
一位类似神的少年突然永远离去，
空虚渗入了那震荡中，直到今日，
那震荡依然迷醉、安慰和帮助着我们。

（1912 年）

SONETTE AN ORPHEUS (Elegie 1)

Da stieg ein Baum. O reine Übersteigung!
O Orpheus singt! O hoher Baum im Ohr!
Und alles schwieg. Doch selbst in der Verschweigung
ging neuer Anfang, Wink und Wandlung vor.

Tiere aus Stille drangen aus dem klaren
gelösten Wald von Lager und Genist;
und da ergab sich, daß sie nicht aus List
und nicht aus Angst in sich so leise waren,

sondern aus Hören. Brüllen, Schrei, Geröhr
schien klein in ihren Herzen. Und wo eben
kaum eine Hütte war, dies zu empfangen,

ein Unterschlupf aus dunkelstem Verlangen
mit einem Zugang, dessen Pfosten beben, –
da schufst du ihnen Tempel im Gehör.

(1922)

致俄耳甫斯的十四行诗（第一首）[①]

那里升起一棵树。哦，纯粹的超越！

哦！俄耳甫斯在歌唱！哦，耳里的高树！

万物息声。但纵使从沉默中

仍有新的开端、征兆和变化出现。

动物从寂静中挣脱，从兽窟和鸟巢，

从澄净消融的树林中挣脱；

结果发现，它们如此轻悄，

不是出于计谋，不是由于恐惧，

而是为了倾听。咆哮、吼叫、低鸣，

似乎在它们心中微不足道。

当几乎无处觅得一间草屋将此领受，

当最深沉的欲望寻不见一处避难所，

有入口的门柱颤栗，——在那里，

你为它们在听觉中造就了神庙。

（1922年）

---

① 《致俄耳甫斯的十四行诗》是里尔克最后一部重要诗歌作品。诗集分为两个部分，共55首。十四行诗体音韵和谐，与同时完成的气势恢宏的《杜伊诺哀歌》互为奥援，颂扬此在的神性和诗人的使命。

Gottfried Benn

Gottfried Benn (1886–1956), ein bedeutender Dichter in der ersten Hälfte des 20. Jahrhunderts in Deutschland, geboren in Mansfeld in einer Pastorfamilie. In jungen Jahren studierte er Theologie und Philologie an der Universität Marburg und der Universität Berlin, wechselte später zur Medizin und praktizierte in Berlin als Arzt. Benns erster Gedichtband *Morgue und andre Gedichte* (1912) war sein berühmtes Werk, das Krankheit und Tod kalt und sarkastisch beschrieb und die Entfremdung des Menschen und den Nihilismus der deutschen Gesellschaft vor dem Ersten Weltkrieg widerspiegelte. Nach der Machtübernahme der Nationalsozialisten unterstützte Benn von 1933 bis 1935 öffentlich das NS-Regime. Doch bald kam er zur Besinnung, hielt sich von den Nazis fern und nahm seine ärztliche Tätigkeit wieder auf. Nach langem Schweigen stieg er in die deutschen Literaturkreise nach dem Krieg wieder auf und gewann 1951 den ersten Büchner-Preis nach dem Zweiten Weltkrieg, den angesehensten Literaturpreis in Deutschland. Er veröffentlichten den Gedichtband *Statische Gedichte* (1948) und die öffentliche Rede „Problem der Lyrik“ (1950) und plädierte für die „Absolute Lyrik“, wobei er die Funktion der Lyrik als „ Kunst um die Kunst willen“ vertrat.

KLEINE ASTERN

Ein ersoffener Bierfahrer wurde auf den Tisch gestemmt.

Irgendeiner hatte ihm eine dunkelhellila Aster

戈特弗里德·本恩

戈特弗里德·本恩（1886—1956），德国20世纪上半叶的杰出诗人，出生于曼斯费尔德的牧师家庭。早年在马尔堡大学和柏林大学攻读神学和语文学，后来改读医学，在柏林行医。本恩第一部诗集《停尸房与其他》（1912）是其成名作，客观冷静地描写疾病和死亡，是一战前德国社会异化和虚无主义思潮的反映。纳粹上台后，本恩1933至1935年公开拥护纳粹政权。但很快醒悟过来，与纳粹保持距离，重新行医。经过长期的沉默后，本恩在战后德国文坛重获殊荣，发表诗集《静态诗》（1948）和演讲《诗歌问题》（1950）中，提出“绝对诗”的主张，认为诗歌的功能在于“为艺术而艺术”，并于1951年获得战后首届德语文学最高奖毕希纳奖。

小紫菀花[①]

一个淹死的啤酒运送工被扛上了解剖台。

有人在他的牙齿间，

---

① 这是诗集《停尸房与其他》的第一首诗，是本恩表现主义时期的代表作，打破了传统诗歌的规范，弃绝崇高美学和人本主义，以冷静嘲讽的笔触描写尸体的解剖。紫菀花象征死去的爱人。

zwischen die Zähne geklemmt.

Als ich von der Brust aus

unter der Haut

mit einem langen Messer

Zunge und Gaumen herausschnitt,

muß ich sie angestoßen haben, denn sie glitt

in das nebenliegende Gehirn.

Ich packte sie ihm in die Brusthöhle

zwischen die Holzwolle,

als man zunähte.

Trinke dich satt in deiner Vase!

Ruhe sanft,

kleine Aster!

(1912)

EIN WORT

Ein Wort, ein Satz -: aus Chiffren steigen

erkanntes Leben, jäher Sinn,

die Sonne steht, die Sphären schweigen,

插上了一朵深亮紫色的紫菀花。

当我用一把长刀

从胸部开始

切入皮下，

割下舌头和上腭时，

准是碰到了小花，

它滑入了一旁的颅脑内。

在缝合切口时，

我将紫菀花塞入了

腹腔内的木棉中。

在你的花瓶里喝个够！

甜美地安息吧，

小紫菀花！

（1912 年）

词

词、句：从符码中升起

对生活的认识，骤至的意义，

日球停滞，环宇沉默，

und alles ballt sich zu ihm hin.

Ein Wort - ein Glanz, ein Flug, ein Feuer,
ein Flammenwurf, ein Sternenstrich –
und wieder Dunkel, ungeheuer,
im leeren Raum um Welt und Ich.

(1941)

NUR ZWEI DINGE①

Durch soviel Formen geschritten,
durch Ich und Wir und Du,
doch alles blieb erlitten
durch die ewige Frage: wozu?

---

① 诗歌形式精巧，结构上完整闭合，全诗共三节，首尾两节为四行，交叉尾韵，中间一节插入一个叠韵。整首诗为三音步，抑扬格和抑抑扬格交替。

一切凝聚成一词。

词：如同一道光泽，一次飞行，一场大火，
一次火焰的投掷，一道星辰划过——
重又陷入黑暗，无边无际，
空洞的空间包裹着世界和我。

（1941 年）

仅有两物存在[①]

穿越如此多的形态，
穿越我们和你和我，[②]
但一切困顿依旧，
因这永恒的追问：为何？[③]

---

① 这首诗最初发表于 1953 年，也是本恩去世之年（1956）出版的自编《诗选》的最后一首，被认为是本恩的人生总结和诗歌遗嘱，历来受到评论者的关注，有多种解读。

② 指人生中所经历的不同意识形态：集体主义（我们）、个人主义（我）、利他主义（你）。

③ 对于人生终极意义的追问。

Das ist eine Kinderfrage.
Dir wurde erst spät bewußt,
es gibt nur eines: ertrage
– ob Sinn, ob Sucht, ob Sage –
dein fernbestimmtes: Du mußt.

Ob Rosen, ob Schnee, ob Meere.
was alles erblühte, verblich,
es gibt nur zwei Dinge: die Leere
und das gezeichnete Ich.

(1953)

这是一个天真的问题。

以后你才会醒悟，

只有一种可能，承受

——或是意义，或是欲望，或是传说——

你的命中注定：你必须。

或是玫瑰，或是雪花，或是海洋，

一切盛开者，终会凋落，

仅有两物存在：虚空

和被标识选定的我。[①]

（1953 年）

---

① 整首诗歌在内容结构上是本恩经常使用的并行对峙（Dualität）：虚无主义与天命注定，万事虚空与被标识（选定）之我（das gezeichnete Ich）的共存。

Georg Trakl

Georg Trakl (1887–1914) war ein österreichischer Dichter des Expressionismus, der in Salzburg als Sohn einer Eisenwarenhändlerfamilie geboren wurde und bereits in der Mittelschule sein Talent für die Poesie zeigte. Trakl hatte ein schwieriges Leben, litt unter Drogensucht und einer inzestuösen Liebesbeziehung mit seiner Schwester Grete. Er beging 1914 an der Front des Ersten Weltkriegs Selbstmord. Neben den *Gesammelten Gedichten* (1913) wurden posthum die Lyrikbände *Sebastian im Traum* (1915), *Herbst des Einsamen* (1920), *Gesang des Abgeschiedenen* (1933) und *Aus goldenem Kelch. Die Jugenddichtungen* (1939) veröffentlicht. Trakl gilt als Erbe von Novalis und Hölderlin. Themen wie Herbst, Nacht und Tod, sowie die obskure und unverwechselbaren Bildsprache und die tiefgründigen Allegorie prägen Trakls Gedichte und haben zwei Philosophen, Wittgenstein und Heidegger, beeinflusst.

VERFALL

Am Abend, wenn die Glocken Frieden läuten,

Folg ich der Vögel wundervollen Flügen,

Die lang geschart, gleich frommen Pilgerzügen,

Entschwinden in den herbstlich klaren Weiten.

Hinwandelnd durch den dämmervollen Garten

Träum ich nach ihren helleren Geschicken

格奥尔格·特拉克尔

格奥尔格·特拉克尔（1887—1914），奥地利表现主义诗人，出生于萨尔茨堡五金商人家庭，中学时期便显现出诗歌天赋，1912 年起受菲克尔的提携，在《燃烧者》上发表诗歌，受文坛关注，得到维特根斯坦的资助。特拉克尔人生坎坷，困于毒瘾和与妹妹格蕾特的不伦之爱。1914 年在一战前线自杀。除《诗集》（1913）外，《塞巴斯蒂安在梦中》（1915）、《孤独者的秋天》（1920）、《逝者的歌声》（1933）、《金色的圣餐杯·青春诗作》（1939）皆在身后发表。特拉克尔的诗歌以秋色、黑夜和死亡为主题，意象晦暗独特，寓意深刻，被认为是诺瓦利斯和荷尔德林的传人，也影响了维特根斯坦和海德格尔两位哲人。

腐　坏

当晚钟声声敲响安宁，
我追随鸟儿奇妙飞行，
它们排成长队，如虔诚的朝圣之旅，
消失在秋日晴朗的长空。

徘徊在暮霭沉沉的花园中，
梦想鸟儿的命运愈加光明，

Und fühl der Stunden Weiser kaum mehr rücken.

So folg ich über Wolken ihren Fahrten.

Da macht ein Hauch mich von Verfall erzittern.

Die Amsel klagt in den entlaubten Zweigen.

Es schwankt der rote Wein an rostigen Gittern,

Indes wie blasser Kinder Todesreigen

Um dunkle Brunnenränder, die verwittern,

Im Wind sich fröstelnd blaue Astern neigen.

(1913)

EIN WINTERABEND

Wenn der Schnee ans Fenster fällt,

Lang die Abendglocke läutet,

Vielen ist der Tisch bereitet

Und das Haus ist wohlbestellt.

在云上跟随着它们的飞行。
几乎感觉不到指针的移动，

此刻传来腐坏的气息让我颤抖。
乌鸫在落光叶子的枝头悲鸣。
紫葡萄在生锈的铁架上摇晃，

如同苍白的孩童跳起死亡轮舞，
围绕着黯淡斑驳的井沿边缘，
瑟瑟发抖的蓝紫菀在风中弯腰。

（1913 年）

冬　夜[①]

雪花飘落在窗前，
晚祷的钟声悠扬。
晚餐为大家备好，
房间已收拾停当。

① 海德格尔在《语言》一文中对《冬夜》一诗有详细的解读。

Mancher auf der Wanderschaft

Kommt ans Tor auf dunklen Pfaden.

Golden blüht der Baum der Gnaden

Aus der Erde kühlem Saft.

Wanderer tritt still herein;

Schmerz versteinerte die Schwelle.

Da erglänzt in reiner Helle

Auf dem Tische Brot und Wein.

(1913)

DE PROFUNDIS

Es ist ein Stoppelfeld, in das ein schwarzer Regen fällt.

Es ist ein brauner Baum, der einsam dasteht.

Es ist ein Zischelwind, der leere Hütten umkreist.

Wie traurig dieser Abend.

有些旅途上的漫游者，

沿幽深小道来到门前。

恩宠之树闪耀着金光，

吮吸大地清凉的甘泉。

漫游者沉静地入屋；

痛苦已将门槛石化。

在纯净光华的映照中，

面饼和酒在桌上闪光。

（1913 年）

自深渊处①

一片收割过的麦地，黑雨落下。

一棵褐色的树，茕茕独立。

一阵嘶鸣的风，在空旷的小屋盘旋。

这个黄昏多么悲伤。

---

① 题目 De profundis 出自圣经《旧约·诗篇》，马丁·路德曾作同题宗教赞美诗，信徒自苦难中祈祷上帝的拯救。本诗多处出典圣经，描写的是虚无主义的世界观：黑暗的人间，人类的期待，上帝的迟到和沉默，信仰的幻灭，人心的冷却，直至全诗末尾，天使的重新唱响带来了希望。

Am Weiler vorbei
Sammelt die sanfte Waise noch spärliche Ähren ein.
Ihre Augen weiden rund und goldig in der Dämmerung
Und ihr Schoß harrt des himmlischen Bräutigams.

Bei der Heimkehr
Fanden die Hirten den süßen Leib
Verwest im Dornenbusch.

Ein Schatten bin ich ferne finsteren Dörfern.
Gottes Schweigen
Trank ich aus dem Brunnen des Hains.

Auf meine Stirne tritt kaltes Metall
Spinnen suchen mein Herz.
Es ist ein Licht, das in meinem Mund erlöscht.

Nachts fand ich mich auf einer Heide,
Starrend von Unrat und Staub der Sterne.
Im Haselgebüsch
Klangen wieder kristallne Engel.

(1913)

村落那边，

温柔的孤女仍在捡拾零散的麦穗。

她金色浑圆的眼睛在暮色里寻觅，

她的怀腹等待天上的新郎。

返家途中，

牧人发现甜美的躯体

已经腐烂在荆棘丛中。

我是一个远离黑暗村庄的影子。

从林苑的井里，

汲取上帝的沉默

冰冷的金属踏上我的额头，

蜘蛛搜寻我的心。

一盏灯，在我口中熄灭。

夜晚我在荒原上发现了自己，

身上堆满垃圾和星星的尘埃。

榛树丛里，

水晶般透明的天使再度唱响。

（1913 年）

GRODEK

Am Abend tönen die herbstlichen Wälder

Von tödlichen Waffen, die goldnen Ebenen

Und blauen Seen, darüber die Sonne

Düstrer hinrollt; umfängt die Nacht

Sterbende Krieger, die wilde Klage

Ihrer zerbrochenen Münder.

Doch stille sammelt im Weidengrund

Rotes Gewölk, darin ein zürnender Gott wohnt

Das vergoßne Blut sich, mondne Kühle;

Alle Straßen münden in schwarze Verwesung.

Unter goldnem Gezweig der Nacht und Sternen

Es schwankt der Schwester Schatten durch den schweigenden Hain,

Zu grüßen die Geister der Helden, die blutenden Häupter;

Und leise tönen im Rohr die dunklen Flöten des Herbstes.

O stolzere Trauer! ihr ehernen Altäre

Die heiße Flamme des Geistes nährt heute ein gewaltiger Schmerz,

Die ungebornen Enkel.

(1914)

格罗代克[1]

傍晚时分，秋天的森林里
致命的武器响起，太阳
在金色的平原和蓝色的湖泊上
碾过，愈益黯淡；黑夜拥抱
垂死的战士，狂野的哀嚎
响起在他们破碎的嘴里。
柳树下，红云沉默地聚集，
暴怒的神灵居住其中，
鲜血溅地，月色清凉；
所有的道路都通向黑色的腐坏。
在黑夜和星星的金色枝叶下，
妹妹的影子蹒跚着穿过沉默的树林，
去迎接英雄的幽灵，流血的头颅；
秋日低沉的笛声在芦苇丛中响起。
哦愈发骄傲的悲怆！你们这青铜祭坛，
巨大的痛苦如今哺育了精神的烈焰，
那些尚未出生的子孙后代。

（1914年）

---

① 1914年特拉克尔作为少尉药剂师前往加利西亚前线，亲历格罗代克战役，目睹战争之惨烈而精神分裂，服药自杀。这首诗是特拉克尔生前完成的最后一首诗。

Hugo Ball

Hugo Ball (1886–1927), Begründer der Dada-Bewegung, Pionier der Klangpoesie. Ball wurde in Primasens geboren und studierte Philosophie und Theaterwissenschaft an der Universität München. 1916 wurde in Zürich die Dada-Bewegung lanciert. Das Lautgedicht *Karawane* wurde von Ball selbst in seinem Voltaire Cabaret aufgeführt, das zu einem Meilenstein der dadaistischen Bewegung wurde. Die Textversion wurde 1917 im Jahrbuch *Voltaire Cabaret* veröffentlicht. Lautpoesie ist ein modernes lyrisches Genre, das sich dadurch auszeichnet, dass Worte die semantische Verwesfunktion aufgeben und nur noch reinen Klang und Wortcollage als poetische Elemente verwenden und zu einem literarischen Medium werden, das der Musik näher kommt.

KARAWANE

jolifanto bambla ô falli bambla
grossiga m'pfa habla horem
égiga goramen
higo bloiko russula huju 5
hollaka hollala
anlogo bung
blago bung
blago bung
bosso fataka 10
ü üü ü
schampa wulla wussa ólobo
hej tatta gôrem
eschige zunbada
wulubu ssubudu uluw ssubudu 15
tumba ba- umf
kusagauma
ba - umf

(1917)

胡戈·巴尔

胡戈·巴尔（1886—1927），达达主义运动的创始人，声响诗的先驱。巴尔出生于普力马森斯，在慕尼黑大学学习哲学和戏剧。1916 年在苏黎世发起了达达主义运动。声响诗《沙漠商队》由巴尔亲自在他的伏尔泰卡巴莱剧院表演，成为达达主义运动的标志性事件，文字版 1917 年发表在达达主义年鉴上。声响诗是现代主义运动中发展起来的一种抒情诗体裁，其特征在于文字弃绝语义的指向功能，而仅以纯粹的声音文字拼贴作为诗歌元素，成为更接近于音乐的一种文学媒体。

KARAWANE

jolifanto bambla ô falli bambla
grossiga m'pfa habla horem
égiga goramen
higo bloiko russula huju 5
hollaka hollala
anlogo bung
blago bung
blago bung
bosso fataka 10
ü üü ü
schampa wulla wussa ólobo
hej tatta gôrem
eschige zunbada
wulubu ssubudu uluw ssubudu 15
tumba ba- umf
kusagauma
ba - umf

（1917 年）

Bertolt Brecht

Bertolt Brecht (1898–1956) war einer der bedeutendsten Dramatiker und versierter Dichter in der ersten Hälfte des 20. Jahrhunderts in Deutschland. Brecht wurde in Augsburg in eine Fabrikantenfamilie hineingeboren, erlebte im Ersten Weltkrieg als Sanitätssoldat brutale Kriegsführung und wurde nach dem Krieg zum wichtigsten linken Dramatiker der Weimarer Republik. Am nächsten Tag nach dem Brandanschlag im Volkskongress verließ er Deutschland und ging für 14 Jahre ins Exil, bis er 1947 in die DDR zurückkehrte und bis zu seinem Tod sesshaft wurde. Das Schreiben von Gedichten war für Brecht eine Lebenseinstellung. Das Gesamtwerk von Brecht umfasste mehr als 2.300 Gedichte in verschiedenen Genres, und er war gut in Balladen und Lied. Viele Gedichte wurden nach ihrer Komposition viel gesungen. Brecht widersetzte sich Benns Sichtweise der „absoluten Poesie“ und glaubte, dass Poesie der Vernunft und dem Leben gegenüberstehen und politisch und praktisch sein sollte. Brechts poetischer Stil ist einfach und klar, mit einem Hauch von Witz. Zu Brechts bedeutenden Gedichtbänden zählen *Hauspostille* (1927), die Exil-Gedichtsammlung *Svendenberger Gedichte* (1939), *Hollywoodelegien* (1942) und *Gedichte im Exil* (1944), und seine letzten veröffentlichten *Buckower Elegien* (1953).

贝尔托特·布莱希特

贝尔托特·布莱希特（1898—1956）是 20 世纪上半叶德国最重要的戏剧家之一，也是成就卓著的诗人。布莱希特出生于奥格斯堡工厂主家庭，在第一次世界大战期间作为卫生兵亲历残酷战争，战后成为魏玛共和国最重要的左翼戏剧家。国会纵火案后第二天离开德国，流亡海外 14 年，直到 1947 年回到民主德国定居直至去世。诗歌写作是布莱希特的一种生活方式，《布莱希特全集》收入诗歌 2300 余首，使用各种诗歌体裁，犹擅长谣曲和歌词，多首诗词经谱曲被广为传唱。布莱希特反对本恩"绝对诗"的诗歌观，认为诗歌应该面向理性和生活，具有政治性和实用性。布莱希特的诗歌风格朴实晓畅，暗含机锋。布莱希特重要的诗集包括早年的《家庭祈祷书》（1927）、流亡诗集《斯文登堡诗集》（1939）、《好莱坞哀歌》（1942）、《流亡诗选》（1944）以及最后发表的《布克哀歌》（1953）。

VOM ARMEN B. B.

1.

Ich, Bertolt Brecht, bin aus den schwarzen Wäldern.

Meine Mutter trug mich in die Städte hinein

Als ich in ihrem Leibe lag. Und die Kälte der Wälder

Wird in mir bis zu meinem Absterben sein.

2.

In der Asphaltstadt bin ich daheim. Von allem Anfang

Versehen mit jedem Sterbsakrament:

Mit Zeitungen. Und Tabak. Und Branntwein.

Mißtrauisch und faul und zufrieden am End.

3.

Ich bin zu den Leuten freundlich. Ich setze

Einen steifen Hut auf nach ihrem Brauch.

关于可怜的 B. B.[①]

1.

我，贝尔托特·布莱希特，来自黑森林。

我的母亲将我带入城里，

我还在她的子宫里。森林的凉意

渗入我的体内，伴随一生。

2.

沥青城市成为我的家。一开始

临终圣仪所需样样不缺：

报纸、烟草和烧酒，

怀疑、懒散和最终的心满意足。

3.

我对人友善，遵循风俗，

戴上一顶挺括的高帽。

---

① 最初完成于 1922 年，1927 年收入《家庭祈祷书》。《家庭祈祷书》是布莱希特早年（1916 至 1925 年）的诗歌自选集，戏仿路德《祈祷书》的形式，以怪诞戏拟的方式摹写和揭露了魏玛共和国时期德国的光怪陆离和人性的自私丑恶，《关于可怜的 B.B.》是诗集最后一首。

Ich sage: Es sind ganz besonders riechende Tiere
Und ich sage: Es macht nichts, ich bin es auch.

4.

In meine leeren Schaukelstühle vormittags
Setze ich mir mitunter ein paar Frauen
Und ich betrachte sie sorglos und sage ihnen:
In mir habt ihr einen, auf den könnt ihr nicht bauen.

5.

Gegen Abend versammle ich um mich Männer
Wir reden uns da mit „Gentlemen“ an.
Sie haben ihre Füße auf meinen Tischen
Und sagen: Es wird besser mit uns. Und ich frage nicht: Wann?

6.

Gegen Morgen in der grauen Frühe pissen die Tannen
Und ihr Ungeziefer, die Vögel, fängt an zu schrein.
Um die Stunde trink ich mein Glas in der Stadt aus und schmeiße
Den Tabakstummel weg und schlafe beunruhigt ein.

我说：这里的动物有着特殊的气味
我又说：没关系，我也是其中一员。

4.

上午，在空荡荡的摇椅里
我放入一些女人，
漫不经心地打量她们说：
我身体里的这个男人，不可以信任。

5.

黄昏时候一群男人围着我
我们相互称呼“绅士”。
他们把脚搁在我的桌上，
说：我们会越来越好。我不会追问：何时？

6.

在灰蒙蒙的拂晓时刻，松林沙沙作响
你们这些害虫，这些鸟儿，开始叫嚷。
这个时候我在城里将酒杯干尽，
扔掉烟头，焦躁地睡去。

7.

Wir sind gesessen, ein leichtes Geschlechte
In Häusern, die für unzerstörbare galten
(So haben wir gebaut die langen Gehäuse des Eilands Manhattan
Und die dünnen Antennen, die das Atlantische Meer unterhalten).

8.

Von diesen Städten wird bleiben: der durch sie hindurchging, der Wind!
Fröhlich machet das Haus den Esser: er leert es.
Wir wissen, daß wir Vorläufige sind
Und nach uns wird kommen: nichts Nennenswertes.

9.

Bei den Erdbeben, die kommen werden, werde ich hoffentlich
Meine Virginia nicht ausgehen lassen durch Bitterkeit
Ich, Bertolt Brecht, in die Asphaltstädte verschlagen
Aus den schwarzen Wäldern in meiner Mutter in früher Zeit.

(1922)

7.

我们坐着，轻松地做爱
在据说坚不可摧的屋子里
（就这样我们在曼哈顿岛上建起长房，
还有细细的天线，用以娱乐大西洋）。

8.

这些城市中将有：穿城而过的风，
房子让食者愉悦：他把房子吃空。
我们知道，我们只是暂居者，
而我们身后的，不值一提。

9.

在即将到来的震荡中，我希望
我的维珍妮香烟不要耗尽，
我，贝尔托特·布莱希特，流落到沥青城，
很久之前来自黑森林，那时还在母亲的子宫里。

（1922年）

LEGENDE VON DER ENTSTEHUNG DES BUCHES TAOTEKING AUF DEM WEG DES LAOTSE IN DIE EMIGRATION①

Als er siebzig war und war gebrechlich

drängte es den Lehrer doch nach Ruh

denn die Güte war im Lande wieder einmal schwächlich

und die Bosheit nahm an Kräften wieder einmal zu

und er gürtete den Schuh.

Und er packte ein, was er so brauchte:

Wenig. Doch es wurde dies und das.

So die Pfeife, die er abends immer rauchte

und das Büchlein, das er immer las.

Weißbrot nach dem Augenmaß.

Freute sich des Tals noch einmal und vergaß es

Als er ins Gebirg den Weg einschlug.

Und sein Ochse freute sich des frischen Grases

① 全诗由 13 个五行诗节组成，格律韵脚工整：每个诗节前四行为五音步抑扬格，末行为四音步抑扬格，类似水滴流淌的节奏，与诗歌中的“水滴石穿”的象征呼应。押尾韵 ababb。语言句法简单，明白晓畅，有口语民歌的风格。

老子出关途中著《道德经》记[①]

先生年已古稀、衰老脆弱，
内心渴望安宁，
这个国家里的善再次变得稀缺，
恶的力量又一次占了上风。
于是，他系紧了鞋带。

于是，他收拾好行李，带上所需之物，
乏善可陈，但尚有些许：
如傍晚所需要的烟管，
和随身阅读的书籍。
白面馒头，若干。

来到山谷他又一次欢喜，
择道入山后，忘了山的存在。
他的牛因有鲜草吃而愉快，

① 本诗布莱希特完成于1938年流亡丹麦途中，后收入《斯文登堡诗集》，是流亡文学诗歌的代表作。汉娜·阿伦特在《黑暗时代的人们》写道：这首诗鼓舞了在法国被囚禁的德国流亡者："如野火一般在劳改营中流传，口口相传如同福音。"布莱希特自1920年代起对老庄思想产生了浓厚的兴趣，研读了卫礼贤的《道德经》译本。

kauend, während er den Alten trug.

Denn dem ging es schnell genug.

Doch am vierten Tag im Felsgesteine

hat ein Zöllner ihm den Weg verwehrt:

„Kostbarkeiten zu verzollen?" – „Keine."

Und der Knabe, der den Ochsen führte, sprach: „Er hat gelehrt."

Und so war auch das erklärt.

Doch der Mann in einer heitren Regung

fragte noch: „Hat er was rausgekriegt?"

Sprach der Knabe: „Daß das weiche Wasser in Bewegung

Mit der Zeit den harten Stein besiegt.

Du verstehst, das Harte unterliegt."

Daß er nicht das letzte Tageslicht verlöre

Trieb der Knabe nun den Ochsen an.

Und die drei verschwanden schon um eine schwarze Föhre

Da kam plötzlich Fahrt in unsern Mann

Und er schrie: „He du! Halt an!

Was ist das mit diesem Wasser, Alter?"

Hielt der Alte: „Intressiert es dich?"

载着老翁，边走边嚼，
在老翁看来，它走得够快。

第四天，在山崖下，
一位关尹拦住了他的去路：
“有贵重物品需要申报？”——“没有。”
牵牛书童告知：“这是位读书人。”
原来如此，关尹释然。

这位关尹，兴之所至，
提出一个问题：“那他悟了道？”
书童回答：“柔弱的水在流动中
随着时间会将强大的石头穿透。
你知道，坚硬的东西终会屈服。”

为了在天黑前赶路，
书童赶着牛出发。
拐入一片漆黑的松林。
突然有人向我们的先生追来：
“嗨，你！停下！

“水有什么含义，老先生？”
先生停下：“你想知道？”

Sprach der Mann: „Ich bin nur Zollverwalter
Doch wer wen besiegt, das intressiert auch mich.
Wenn du's weißt, dann sprich!

Schreib mir's auf! Diktier es diesem Kinde!
So was nimmt man doch nicht mit sich fort.
Da gibt's doch Papier bei uns und Tinte
und ein Nachtmahl gibt es auch: ich wohne dort.
Nun, ist das ein Wort?"

Über seine Schulter sah der Alte
Auf den Mann: Flickjoppe, keine Schuh.
Und die Stirne eine einzige Falte.
Ach, kein Sieger trat da auf ihn zu.
Und er murmelte: „Auch Du?"

Eine höfliche Bitte abzuschlagen
War der Alte, wie es schien, zu alt.
Denn er sagte laut: „Die etwas fragen,
Die verdienen Antwort." Sprach der Knabe: „Es wird auch schon kalt."
„Gut, ein kleiner Aufenthalt."

Und von seinem Ochsen stieg der Weise

那人回答：“我只是个守关卡的，
但谁战胜了谁，我也想知道。
如果你知道，那么说吧！

写下来！你来说，这个孩子来写！
这东西可不能带走。
我们那里有纸墨，
晚上还有一顿饭吃：我也在那里住。
怎么样，成交？”

老者回头打量来人，
这个男人：短斗篷打着补丁，赤脚，
前额上一条皱纹。
哦，他没有遇到过贵人。
老翁沉吟：“你也想知道？”

要拒绝一个礼貌的请求，
老翁显然已经太老。
他大声道：“提出问题的人，
应该获得回答。”书童也说：“天已经凉了。”
“好，我们住个几日。”

智叟从牛背上爬下，

Sieben Tage schrieben sie zu zweit
Und der Zöllner brachte Essen (und er fluchte nur noch leise
Mit den Schmugglern in der ganzen Zeit).
Und dann war's soweit.

Und dem Zöllner händigte der Knabe
Eines Morgens einundachtzig Sprüche ein.
Und mit Dank für eine kleine Reisegabe
Bogen sie um jene Föhre ins Gestein.
Sagt jetzt: kann man höflicher sein?

Aber rühmen wir nicht nur den Weisen
Dessen Name auf dem Buche prangt!
Denn man muß dem Weisen seine Weisheit erst entreißen.
Darum sei der Zöllner auch bedankt:
Er hat sie ihm abverlangt.

(1938)

两人一起写作七天。
关尹带来食物（这一期间，
他压低嗓门训斥走私者）。
最后，终于成了。

一个早晨，书童交给
关尹八十一章语录。
谢过他赠与的一小份盘缠，
拐过松林，消失在山岭中。
你们说："还有比这更讲究礼数的么？"

可我们不仅要赞美智叟，
他的名字要在书上闪光！
先得要将他的智慧挖掘。
为此，我们感谢这位关尹，
是他向智叟提出了要求。

（1938 年）

AN DIE NACHGEBOREHEN

I.

Wirklich, ich lebe in finsteren Zeiten!

Das arglose Wort ist töricht. Eine glatte Stirn
Deutet auf Unempfindlichkeit hin. Der Lachende
Hat die furchtbare Nachricht
Nur noch nicht empfangen.

Was sind das für Zeiten, wo
Ein Gespräch über Bäume fast ein Verbrechen ist
Weil es ein Schweigen über so viele Untaten einschließt!
Der dort ruhig über die Straße geht
Ist wohl nicht mehr erreichbar für seine Freunde
Die in Not sind?

Es ist wahr: ich verdiene noch meinen Unterhalt
Aber glaubt mir: das ist nur ein Zufall. Nichts
Von dem, was ich tue, berechtigt mich dazu, mich sattzuessen.

致后人[①]

I.

是的，我生活在黑暗的时代！

天真的话语显得冒失。光滑的额头
暗示迟钝。欢笑的人
只不过还未收到
可怕的消息。

这是什么样的时代，
关于树木的谈话几乎是犯罪，
意味着对许多罪恶避而不谈！
那位从容过街的人，
也许已经无法联系上
他陷入困顿的朋友？

确实，我尚能谋得一份生计，
但相信我：这只是偶然。
我干的没有一件事能让我有权吃饱。

---

① 《致后人》同属于布莱希特流亡时期的《斯文登堡诗集》，是布莱希特的代表作，由三首完成于不同时间的诗歌组合而成，依次指向当下、过去和未来。

Zufällig bin ich verschont. (Wenn mein Glück aussetzt,
Bin ich verloren.)

Man sagt mir: Iß und trinkt du! Sei froh, daß du hast!
Aber wie kann ich essen und trinken, wenn
Ich dem Hungernden entreiße, was ich esse, und
Mein Glas Wasser einem Verdurstenden fehlt?
Und doch esse und trinke ich.

Ich wäre gerne auch weise.
In den alten Büchern steht, was weise ist:
Sich aus dem Streit der Welt halten und die kurze Zeit
Ohne Furcht verbringen
Auch ohne Gewalt auskommen
Böses mit Gutem vergelten
Seine Wünsche nicht erfüllen, sondern vergessen
Gilt für weise.
Alles das kann ich nicht:
Wirklich, ich lebe in finsteren Zeiten!

II.

In die Städte kam ich zur Zeit der Unterordnung

我只是侥幸得活。（一旦运气用尽，
我也得了结。）

人们对我说：吃吧，喝吧！庆幸你所拥有的吧！
但我怎能又吃又喝，
如果我的吃食，是从挨饿的人口中拿走，
我的水杯，是从口渴的人手中取来？
可是，我还是又吃又喝。

我也想有智慧。
古老的书本里有智慧的定义：
远离世上的纷争，
无忧无惧地度过短暂一生，
无须暴力便能应对一切，
以善意回报别人的恶行，
放下自己的愿望，而不是去实现，
被认为是一种智慧。
所有这一切，我都不能做到：
的确，我生活在黑暗的时代！

II.

在失序的时代我来到城市，

Als da Hunger herrschte.

Unter die Menschen kam ich zu der Zeit des Aufruhrs

Und ich empörte mich mit ihnen.

So verging meine Zeit

Die auf Erden mir gegeben war.

Mein Essen aß ich zwischen den Schlachten

Schlafen legte ich mich unter die Mörder

Der Liebe pflegte ich achtlos

Und die Natur sah ich ohne Geduld.

So verging meine Zeit

Die auf Erden mir gegeben war.

Die Straßen führten in den Sumpf zu meiner Zeit.

Die Sprache verriet mich dem Schlächter.

Ich vermochte nur wenig. Aber die Herrschenden

Saßen ohne mich sicherer, das hoffte ich.

So verging meine Zeit

Die auf Erden mir gegeben war.

Die Kräfte waren gering. Das Ziel

Lag in großer Ferne

Es war deutlich sichtbar, wenn auch für mich

那里饿殍遍野；
在暴动的时代我走进人群，
与人们一起义愤填膺。
我在人间获赠的时间，
就这样流逝。

战争间隙是我吃饭的时间，
杀人犯中是我睡觉的地点，
我漫不经心地去爱，
不耐烦地打量自然。
我在人间获赠的时间，
就这样流逝。

在我的时代条条道路通向泥泞。
语言将我出卖给了屠夫。
我身无所长，只希望
统治者没有我能坐得更安稳。
我在人间获赠的时间，
就这样流逝。

力量微弱。目标
在遥远的远方，
尽管清晰可见，

Kaum zu erreichen.

So verging meine Zeit

Die auf Erden mir gegeben war.

III.

Ihr, die ihr auftauchen werdet aus der Flut

In der wir untergegangen sind

Gedenkt

Wenn ihr von unseren Schwächen sprecht

Auch der finsteren Zeit

Der ihr entronnen seid.

Gingen wir doch, öfter als die Schuhe die Länder wechselnd

Durch die Kriege der Klassen, verzweifelt

Wenn da nur Unrecht war und keine Empörung.

Dabei wissen wir doch:

Auch der Haß gegen die Niedrigkeit

Verzerrt die Züge.

Auch der Zorn über das Unrecht

Macht die Stimme heiser. Ach, wir

Die wir den Boden bereiten wollten für Freundlichkeit

我却难以企及。

我在人间获赠的时间，

就这样流逝。

III.

那将我们淹没的洪水，

你们会从中浮现。

当你们谈起我们的缺点，

请记得

从那个黑暗的时代，

你们幸免于难。

换国家比换鞋还频繁，

经历阶级斗争，绝望，

那里只有不公没有愤怒。

然而我们知道，

对卑劣的仇恨，

也会让人面目狰狞。

对不公的愤怒，

也会让人声音嘶哑。我们，

为了友善铺路的我们，

Konnten selber nicht freundlich sein.

Ihr aber, wenn es so weit sein wird
Daß der Mensch dem Menschen ein Helfer ist
Gedenkt unsrer
Mit Nachsicht.

(1934—1938)

自己却无法做到友善。

但你们，
当人人互助的时代来临，
请纪念我们，
且报以宽容。

（1934—1938 年）

Wilhelm Lehmann

Wilhelm Lehmann (1882–1968), geboren in Puerto Cabello, Venezuela, war ein repräsentativer Dichter des „inneren Exils" während des NS-Regimes in Deutschland. Er arbeitete nach dem Studium als Gymnasiumslehrer. In jungen Jahren trat er mit expressionistischen Romanen in die literarische Welt ein. 1923 gewann er gleichzeitig mit Robert Musil den Kleist-Preis. Nach der Machtübernahme der Nazis gründeten er mit Oskar Loerke die „Naturmagische Schule". Er veröffentlichten die Gedichtsammlungen *Antwort des Schweigens* (1935), *Der grüne Gott* (1942) und *Entzückter Staub* (1946). Als Widerstand gegen das NS-Regime widmen sich seine Naturgedichte der aufmerksamen Beobachtung der Naturphänomene und verleihen der Natur gleichzeitig mythische und symbolische Bilder. Lehmans Gedichte fanden bei Hermann Hesse großen Anklang und beeinflussten Nachkriegsdichter wie Elizabeth Langässer und Günter Eich.

MOND IM JANUAR

Ich spreche Mond. Da schwebt er,

Glänzt über dem Krähennest.

Einsame Pfütze schaudert

Und hält ihn fest.

Der Wasserhahnenfuß erstarrt,

Der Teich friert zu.

威廉·雷曼

威廉·雷曼（1882—1968）是德国纳粹当政期间“内心流亡”的代表诗人，出生于委内瑞拉的卡贝略港（Puerto Cabello），大学毕业后长年担任中学教师。早年以表现主义小说登上文坛，1923 年与穆齐尔同时获得克莱斯特奖。纳粹上台后，他与诗人奥斯卡·勒尔卡创立了“自然奥秘诗派”，发表有诗集《沉默的回答》（1935）、《绿色的上帝》（1942）和《狂喜的尘埃》（1946），通过颂扬大自然来曲折地表达对于纳粹政权的反抗。他的自然诗致力于对自然现象世界的细致观察，同时赋予自然以神话象征的寓像。雷曼的诗歌受到了黑塞的好评，并影响了战后自然诗诗人伊丽莎白·朗盖瑟和君特·艾希等。

元月之月

我喃喃：月亮。它便飘浮于空中，
在鸦巢上方闪亮。
寂寞的水塘颤抖着，
将月亮紧紧抓住。

水毛茛已经冻僵，
池塘凝固成冰。

Auf eisiger Vitrine

Gleitet mein Schuh.

Von Bretterwand blitzt Schneckenspur.

Die Sterblichen schlafen schon –

Diana öffnet ihren Schoß

Endymion.

(1932)

在冰面上，

我的鞋划过。

壁墙外蜗牛的爬痕闪光。

凡夫俗子已经入睡——

狄安娜向恩底弥翁[1]

张开了怀抱。

（1932年）

① 狄安娜是罗马神话中的狩猎女神和月亮女神，传说爱上了牧羊人美少年恩底弥翁，每夜与其在梦中相会。

Oskar Loerke

Oskar Loerke (1884–1941) geboren in westpreußischen Jungen, war anerkannter Naturlyriker und berühmter Literaturaktivist der Weimarer Republik. Loerke war lange Zeit Lektor des Fischer-Verlags und von 1928 bis 1933 Sekretär der Sektion Dichtungskunst der Preußischen Akademie der Künste. Im Dritten Reich entschied er sich für das innere Exil und zog sich zum Studium der Musik und Dichtung nach Fronau, einem Vorort von Berlin, zurück. Er verfasste in früher Schaffensphase Romane. Er freundete sich mit William Lehmann an und gründete die „Naturmagische Schule", die Natur, Mensch und Mythologie vereinte. Er veröffentlichte eine Serie von Gedichtbänden *Wanderschaft* (1911), *Panmusik* (1929), *Die heimliche Stadt* (1921), *Atem der Erde* (1930), *Der Silberdistelwald* (1934) und *Der Wald der Welt* (1936).

DER SILBERDISTEILWALD①

Mein Haus, es steht nun mitten

Im Silberdistelwald.

Pan ist vorbeigeschritten.

Was stritt, hat ausgestritten

In seiner Nachtgestalt.

---

① 由四小节五行诗组成，格律规则，使用尾韵 abaab。

奥斯卡·勒尔克

奥斯卡·勒尔克（1884—1941）是魏玛共和国时期公认的自然诗诗人和著名的文学活动家，出生于西普鲁士荣根农民家庭。勒尔克长期担任费舍尔出版社的编辑，1928至1933年成为普鲁士艺术科学院文学院秘书长。在第三帝国期间，选择内心流亡，退隐到柏林郊区弗洛瑙研究音乐和创作诗歌。早年创作小说，后与威廉·雷曼交好，创立“自然奥秘诗派”，将自然、人与神话融合，著有诗集《漫游》（1911）、《潘神音乐》（1929）、《秘密城市》（1921）、《大地的呼吸》（1930）、《银蓟林》（1934）和《世界森林》（1936）等诗集。

银蓟林[①]

我的房子，坐落于
银蓟林中。
潘神已经踏步过去，[②]
化身为黑夜的形态，
吼叫着将争吵平息。

---

① 诗人在纳粹上台之后，隐居于柏林郊外弗洛瑙的银蓟林中。

② 潘神是希腊神话中的自然之神和牧神，据说容易受到惊扰。谁扰乱了他的清静，便用吼叫声与之争斗。

Die bleichen Disteln starren

Im Schwarz, ein wilder Putz.

Verborgne Wurzeln knarren:

Wenn wir Pans Schlaf verscharren,

Nimmt niemand ihn in Schutz.

Vielleicht, dass eine Blüte

Zu tiefer Kommunion

Ihm nachfiel und verglühte:

Mein Vater du, ich hüte,

Ich hüte dich, mein Sohn.

Der Ort liegt waldinmitten,

Von stillstem Licht gefleckt.

Mein Herz – nichts kam geritten,

Kein Einhorn kam geschritten –

Mein Herz nur schlug erweckt.

(1934)

苍白的蓟草静滞
在黑夜中，如野外的灰泥。
泥中的草根嘎吱作响：
若我们掩埋潘的睡眠，
没有人保护他。

也许，有一朵小花燃烬，
为了深度共融随之倒下：
你，我的父，我护佑，
我护佑你，我的子。

此地隐藏于森林深处，
光影斑驳，至为宁静。
我的心——无物策马经过，
也无独角兽跃步前来——
心跳动着惊醒。

（1934 年）

Hermann Hesse

Hermann Hesse (1877 – 1962) wurde in einer Missionarsfamilie im schwäbischen Calw geboren, wuchs in einer stark religiösen Atmosphäre auf und akzeptierte ein breites Spektrum östlicher und westlicher Kulturen. Er zog 1919 in die Schweiz und erhielt 1946 den Nobelpreis für Literatur. Er hat Romane wie *Unter dem Rad, Demian, Siddhartha, Steppenwolf und Das Glasperlenspiel* geschrieben, die großen Einfluss auf junge Leser auf der ganzen Welt ausüben. Hesses literarisches Schaffen begann mit dem lyrischen Schaffen. 1899 erschien sein erstes Gedichtband *Romantische Lieder*. Seine Gedichte sind voller romantischer Atmosphäre, reich an musikalischen Rhythmen und Volksliedhaften. Er ist als der letzte romantische Ritter gerühmt.

STUFEN

Wie jede Blüte welkt und jede Jugend

Dem Alter weicht, blüht jede Lebensstufe,

Blüht jede Weisheit auch und jede Tugend

Zu ihrer Zeit und darf nicht ewig dauern.

Es muß das Herz bei jedem Lebensrufe

Bereit zum Abschied sein und Neubeginne,

Um sich in Tapferkeit und ohne Trauern

In andre, neue Bindungen zu geben.

Und jedem Anfang wohnt ein Zauber inne,

赫尔曼·黑塞

赫尔曼·黑塞（1877—1962），出生于德国南部施瓦本地区卡尔夫镇传教士家庭，自幼在浓厚的宗教气氛中长大，接受了广泛的东西方文化熏陶。1919 年迁居瑞士，1946 年获诺贝尔文学奖，著有《在轮下》《德米安》《悉达多》《荒原狼》《玻璃球游戏》等小说，深受世界各国青年读者喜爱。黑塞的创作生涯始于诗歌，诗集《浪漫之歌》于 1899 年出版，他的诗歌中洋溢着富于音乐节奏和民歌色彩的浪漫主义气息，被誉为“最后一位浪漫主义骑士”。

人生之阶

如同每朵花会凋零，每个青春，
会让位给老年，生命在每个阶段绽放，
每种智慧和美德也会绽放，
万物有时，不能永恒。
生命的每次召唤来临，心都必须，
准备好离去，重新开始。
要有能力，鼓起勇气，没有伤悲，
进入其崭新的联系。
每一个开端都隐藏一种魔力，

Der uns beschützt und der uns hilft, zu leben.

Wir sollen heiter Raum um Raum durchschreiten,
An keinem wie an einer Heimat hängen,
Der Weltgeist will nicht fesseln uns und engen,
Er will uns Stuf´ um Stufe heben, weiten.
Kaum sind wir heimisch einem Lebenskreise
Und traulich eingewohnt, so droht Erschlaffen;
Nur wer bereit zu Aufbruch ist und Reise,
Mag lähmender Gewöhnung sich entraffen.

Es wird vielleicht auch noch die Todesstunde
Uns neuen Räumen jung entgegen senden,
Des Lebens Ruf an uns wird niemals enden,
Wohlan denn, Herz, nimm Abschied und gesunde!

(1941)

保护我们，帮助我们生活。

我们将愉悦地穿过一个又一个的阶段，
不会如眷恋故乡般留恋其中任何一个，
世界精神并不想束缚我们，约束我们，
它会一步一步地将我们提升和扩展。
我们一旦停留在生活的圈子里，
安顿舒适，就有松懈的危险；
只有那些准备好出发和旅行的人，
才有可能摆脱让人懒散的习惯。

即便是死亡的时刻，
也会把我们送入新的空间，
生命对我们的召唤将永无终时，
那么，心灵，就此告辞且珍重！

（1941 年）

Günter Eich

Günter Eich (1907–1972) war ein bekannter deutscher Hörspielautor und Lyriker. Er studierte in jungen Jahren Jura und Sinologie in Berlin und Leipzig und veröffentlichte Gedichte und Hörspiele. Er wurde im Zweiten Weltkrieg zur Armee eingezogen und schrieb nach dem Krieg im amerikanischen Kriegsgefangenenlager Gedichte wie *Inventur* und *Latrine*, die als eines der bekanntesten Beispiele der Trümmerliteratur gelten. 1950 erhielt er den ersten Preis der Gruppe 47 und wurde durch seine Hörspiele und Naturlyrik in der Nachkriegsliterarur bekannt, darunter das Hörspiel *Träume* (1950) und Gedichtbände *Abgelegene Gehöfe* (1948) und *Botschaften des Regens* (1955) sowie die Übersetzung von ausgewählten Chinesischen Gedichten *Aus dem Chinesischen* (1976).

INVENTUR

Dies ist meine Mütze,

dies ist mein Mantel,

hier mein Rasierzeug

im Beutel aus Leinen.

君特·艾希

君特·艾希（1907—1972），德国著名的广播剧作家和诗人。早年在柏林和莱比锡学习法律和汉学，发表诗歌和广播剧作品。在二战中应征入伍，战争结束后在美军战俘营中写下诗篇《盘点》《粪坑》等，被认为是战后废墟文学的代表作。1950 年获得首届四七社奖，战后以写作广播剧和自然诗歌闻名，有代表作广播剧《梦》（1950）和自然诗集《偏僻的农庄》（1948）、《雨的信息》（1955）等，译有《中文诗选》。

清　点①

这是我的帽子，
这是我的大衣，
这里，是我的洗漱用具，
在我的亚麻布袋里。

① 这首诗完成于战俘营中，1947 年发表于汉斯·维尔纳·里希特主编的《你的儿子，欧罗巴——来自德国战俘营的诗歌》（*Deine Söhne, Europa. Gedichte deutscher Kriegsgefangener*），1948 年收入艾希的诗集《偏僻的农庄》，被认为是德国废墟文学和“零点时刻”（Stunde Null）的代表作，也是艾希最著名的诗歌。

Konservenbüchse:
Mein Teller, mein Becher,
ich hab in das Weißblech
den Namen geritzt.

Geritzt hier mit diesem
kostbaren Nagel,
den vor begehrlichen
Augen ich berge.

Im Brotbeutel sind
ein Paar wollene Socken
und einiges, was ich
niemand verrate,

so dient es als Kissen
nachts meinem Kopf.
Die Pappe hier liegt
zwischen mir und der Erde.

Die Bleistiftmine
lieb ich am meisten:
Tags schreibt sie mir Verse,

这是餐具盒：

我的盘子，我的杯子，

我在白铁皮上

刻下了自己的名字。

刻在这里，

用这根珍贵的钉子，

我将它藏起，

避开贪婪的眼睛。

面包袋里是

一双羊毛袜子，

和另外一些东西，我

从未向人透露。

夜晚，它作为枕头，

侍候我的脑袋。

这层纸板置身于

我与土地之间。

这根铅笔芯是

我的最爱：

白天它为我写诗，

die nachts ich erdacht.

Dies ist mein Notizbuch,

dies meine Zeltbahn,

dies ist mein Handtuch,

dies ist mein Zwirn.

(1946)

我在夜里构思。

这是我的笔记本，
这是我的帐篷布，
这是我的手巾，
这是我的纱线。

（1946 年）

Nelly Sachs

Nelly Sachs (1891 – 1970) war eine deutsch-jüdische Dichterin, Dramatikerin und literarische Übersetzerin, die 1966 gemeinsam mit dem israelischen Schriftsteller Samuel Joseph Agnon mit dem Nobelpreis für Literatur ausgezeichnet wurde. In Berlin als Tochter einer wohlhabenden jüdischen Familie geboren, lernte sie Musik, Tanz und Schreiben, und begann 1921 zu veröffentlichen. Zu ihren Werken gehören das Theaterstück *Eli — ein Mysterienspiel über das Leiden Israels* (1951) und Gedichtbände *In den Wohnungen des Todes* (1947), *Sternverdunklung* (1949) . Mit Paul Celan führte sie ab den 1950er Jahren eine Korrespondenz und fühlte sich in Art einer Schicksals- und Seelenverwandtschaften verbunden.

O DIE SCHORNSTEINE

Und wenn diese meine Haut zerschlagen sein wird,

so werde ich ohne mein Fleisch Gott schauen

Hiob [19:26]

O die Schornsteine

Auf den sinnreich erdachten Wohnungen des Todes,

奈莉·萨克斯

奈莉·萨克斯（1891—1970），德国犹太裔女诗人、剧作家和文学译者。出生于柏林富有的犹太家庭，青少年时期在家中学习音乐、舞蹈和写作。1921 年开始发表文学作品，1940 年流亡瑞典后定居于斯德哥尔摩，1966 年与以色列作家阿格农同时获诺贝尔文学奖。代表作有戏剧《艾黎——关于以色列苦难的神秘剧》（1951）和诗集《在死亡的寓所中》（1947）、《星辰黯淡》（1949）等。同受纳粹迫害的犹太诗人保罗·策兰与她自 1950 年代起保持通信，视为自己的“命运和灵魂姐妹”。

哦，烟囱[①]

我这皮肉灭绝之后，
我必在肉体之外得见神。
——《约伯记》19:26

哦，烟囱，
在精心设计的死亡寓所上

① 这首诗收入诗集《在死亡的寓所中》，是最早以纳粹大屠杀为题的诗歌，1947 年最早在民主德国出版。奈莉·萨克斯的作品直到 1950 年代末才逐渐被联邦德国文学界所关注。

Als Israels Leib zog aufgelöst in Rauch

Durch die Luft –

Als Essenkehrer ihn ein Stern empfing

Der schwarz wurde

Oder war es ein Sonnenstrahl?

O die Schornsteine!

Freiheitswege für Jeremias und Hiobs Staub –

Wer erdachte euch und baute Stein auf Stein

Den Weg für Flüchtlinge aus Rauch?

O die Wohnungen des Todes,

Einladend hergerichtet

Für den Wirt des Hauses, der sonst Gast war –

O ihr Finger,

Die Eingangsschwelle legend

Wie ein Messer zwischen Leben und Tod –

O ihr Schornsteine,

O ihr Finger,

Und Israels Leib im Rauch durch die Luft!

(1947)

以色列的肉体如烟雾消散
穿过空中——
一颗星星迎接他这通烟囱的工人，
满身黝黑
或者这是一束阳光？

哦，烟囱！
为耶利米与约伯化为的尘土铺设的自由之路——
是谁想到了你们且一石一石地砌筑，
你们这道路，为从烟雾中逃亡者所铺设？

哦，死亡的寓所
布置得令人神往，
为主人，他们通常是客人——
哦，你们手指
放置门槛，
如一把介于生与死之间的刀——

哦，你们烟囱，
哦，你们手指，
而以色列的肉体如烟雾穿过空中！

（1947 年）

Paul Celan

Paul Celan (1920–1970) gilt als der einflussreichste deutschsprachige Lyriker seit Rilke. Celan, der ursprünglich Antschel hieß, wurde im rumänischen Ghetto Czernovitz geboren, das früher zur österreichisch-ungarischen Monarchie gehörte, und seine Eltern starben bei den Pogromen in den Konzentrationslagern. Das Gedicht „Todesfuge" erschütterte 1952 Deutschland und Celan wurde 1960 mit dem Büchner-Preis ausgezeichnet. Celan wurde von wichtigen Denkern des 20. Jahrhunderts wie Heidegger, Gadamer und Adorno hoch geschätzt. Zu seinen bedeutendsten Gedichtbänden gehören *Der Sand aus den Urnen* (1948), *Mohn und Gedächtnis* (1952), *Sprachgitter* (1959) und *Die Niemandsrose* (1963).

保罗·策兰

保罗·策兰（1920—1970），被认为是里尔克之后最有影响的德语诗人。策兰原名安切尔（Antschel），生于原属奥匈帝国的切尔诺维茨（今属乌克兰），父母死于纳粹集中营大屠杀。策兰幸免于难，1970年4月在巴黎投塞纳河自尽。1952年其成名作《死亡赋格》震撼德国，1960年获毕希纳奖，其诗作备受海德格尔、伽达默尔、阿多诺等20世纪思想家推崇，著有《骨灰瓮之沙》（1948）、《罂粟与记忆》（1952）、《语言栅栏》（1959）、《无人的玫瑰》（1963）等多部诗集。

TODESFUGE[1]

Schwarze Milch der Frühe wir trinken sie abends

wir trinken sie mittags und morgens wir trinken sie nachts

wir trinken und trinken

wir schaufeln ein Grab in den Lüften da liegt man nicht eng

Ein Mann wohnt im Haus der spielt mit den Schlangen der schreibt

der schreibt wenn es dunkelt nach Deutschland dein goldenes Haar Margarete

er schreibt es und tritt vor das Haus und es blitzen die Sterne er pfeift seine Rüden herbei

er pfeift seine Juden hervor läßt schaufeln ein Grab in der Erde

er befiehlt uns spielt auf nun zum Tanz

---

① 诗歌打破了德语诗歌中常见的韵律规则，仿照赋格的音乐形式，围绕“死亡”主题，以“我们”（集中营的犹太人）和“他”（集中营的纳粹看守）为两个对位的声部，此起彼伏，回环往复，强化了诗歌的节奏和主题意蕴。

死亡赋格[①]

早先的黑牛奶[②]我们晚上喝

我们中午喝早上喝我们夜里喝

我们喝啊喝

我们在空中挖了一个坟墓那里人们躺着不挤

有个男人住那房里他玩蛇他写信

他在天黑时写信给德国你的金发啊玛格丽特[③]

他写信他走到屋前星星在闪烁他呼哨着唤回他的狼狗

他吹着口哨唤出他的犹太人在地里挖个坟墓

他命令我们奏乐跳舞

---

① 诗歌完成于1945年前后，它的罗马尼亚语译文《死亡探戈》于1947年首先发表，是策兰最早的发表物。德文原作发表在策兰诗集《骨灰瓮之沙》，修订后又发表于《罂粟与记忆》(1952)，随即轰动欧洲大陆。这是一首见证之诗，世纪之诗。它以奇谲悖谬的意象、沉郁的笔触描摹出纳粹集中营中犹太人的悲惨命运以及纳粹的凶残，具有强大的感染力，成为流传最广、影响最大的描写纳粹集中营大屠杀的诗歌。诗歌引发了关于大屠杀写作的讨论和反思，阿多诺1951年提出质疑："奥斯维辛后写诗是野蛮的。"然而策兰的使命在于表现犹太民族的被剥夺和被戕害，《死亡赋格》是犹太人的"一个墓碑，一个墓志铭"。

② "早先的黑牛奶"是诗歌的核心意象，评论认为这构成了一个悖谬的修辞，是一种"绝对隐喻"，一种真理的具象。策兰在他的1960年毕希纳奖演讲《子午线》指出，这和"空中的坟墓"一样都基于犹太人灭绝营的现实，它们具体指向"非法获得的牛奶"(schwarze Milch)和焚尸炉冒出的烟。

③ 金发玛格丽特和灰发苏拉米特分别是日耳曼女性和受难的犹太女性的人格寓像：玛格丽特是典型的日耳曼女性名字，苏拉米特是典型的犹太女性名字。

Schwarze Milch der Frühe wir trinken dich nachts
wir trinken dich morgens und mittags wir trinken dich abends
wir trinken und trinken
Ein Mann wohnt im Haus der spielt mit den Schlangen der schreibt
der schreibt wenn es dunkelt nach Deutschland dein goldenes Haar Margarete
Dein aschenes Haar Sulamith wir schaufeln ein Grab in den Lüften da liegt man nicht eng

Er ruft stecht tiefer ins Erdreich ihr einen ihr andern singet und spielt
er greift nach dem Eisen im Gurt er schwingts seine Augen sind blau
stecht tiefer die Spaten ihr einen ihr anderen spielt weiter zum Tanz auf

Schwarze Milch der Frühe wir trinken dich nachts
wir trinken dich mittags und morgens wir trinken dich abends
wir trinken und trinken
ein Mann wohnt im Haus dein goldenes Haar Margarete
dein aschenes Haar Sulamith er spielt mit den Schlangen

Er ruft spielt süßer den Tod der Tod ist ein Meister aus Deutschland
er ruft streicht dunkler die Geigen dann steigt ihr als Rauch in die Luft
dann habt ihr ein Grab in den Wolken da liegt man nicht eng

早先的黑牛奶我们夜里喝

我们早上喝中午喝我们晚上喝

我们喝啊喝

有个男人住那房里他玩蛇他写信

他在天黑时写信给德国你的金发啊玛格丽特

你的灰发啊苏拉米特我们在空中挖个坟墓那里人们躺着不挤

他吆喝你们这边的挖深些你们那边的唱歌奏乐

他拔出腰带上的铁家伙挥舞他的眼睛是蓝色的

你们这边的挖得更深些你们那边的继续奏乐跳舞

早先的黑牛奶我们夜里喝

我们中午喝早上喝我们晚上喝

我们喝啊喝

有个男人住那房里你的金发玛格丽特

你的灰发苏拉米特他玩蛇

他喊把死亡演奏得甜蜜些死神是位来自德国的大师

他喊把提琴拉得低沉些你们化作灰烟在空中升起

你们在云中会有一个坟墓那里人们躺着不挤

Schwarze Milch der Frühe wir trinken dich nachts

wir trinken dich mittags der Tod ist ein Meister aus Deutschland

wir trinken dich abends und morgens wir trinken und trinken

der Tod ist ein Meister aus Deutschland sein Auge ist blau

er trifft dich mit bleierner Kugel er trifft dich genau

ein Mann wohnt im Haus dein goldenes Haar Margarete

er hetzt seine Rüden auf uns er schenkt uns ein Grab in der Luft

er spielt mit den Schlangen und träumet der Tod ist ein Meister aus Deutschland

dein goldenes Haar Margarete

dein aschenes Haar Sulamith

(1945)

早先的黑牛奶我们夜里喝

我们中午喝死神是位来自德国的大师

我们晚上喝早上喝我们喝啊喝

死神是一位来自德国的大师他的眼睛是蓝色的

他用铅弹击中你他枪法很准

一个男人住那房里你的金发玛格丽特

他嗾使他的狼狗扑向我们他送给我们一个空中坟墓

他玩蛇他做梦死神是位来自德国的大师

你的金发玛格丽特

你的灰发苏拉米特

（1945年）

CORONA

Aus der Hand frißt der Herbst mir sein Blatt: wir sind Freunde.
Wir schälen die Zeit aus den Nüssen und lehren sie gehn:
die Zeit kehrt zurück in die Schale.

Im Spiegel ist Sonntag,
im Traum wird geschlafen,
der Mund redet wahr.

Mein Aug steigt hinab zum Geschlecht der Geliebten:
wir sehen uns an,
wir sagen uns Dunkles,
wir lieben einander wie Mohn und Gedächtnis,
wir schlafen wie Wein in den Muscheln,
wie das Meer im Blutstrahl des Mondes.

Wir stehen umschlungen im Fenster, sie sehen uns zu von der Straße:
es ist Zeit, daß man weiß!

花 冠[1]

秋天从我手中吃掉它的花瓣：我们是朋友。

我们从果实中剥出时间教它出走：

时间重又回到果实里。

镜中是礼拜日，

人在梦里睡去，

口中吐出真言。

我的目光下落在爱侣的私处：

我们凝视彼此，

我们诉说黑暗的事情，

我们相爱如罂粟和记忆，

我们睡去如酒在贝壳中，

如大海在月亮的血光下。

我们在窗前相拥，他们在街上看我们：

是时候了，该让人知道了！

---

① 诗歌发表于诗集《罂粟与记忆》(1952)，是策兰在维也纳写给女诗人英格伯格·巴赫曼的情诗。罂粟花盛开在策兰的故乡，开败后状如王冠。罂粟频繁出现在策兰的诗中，寓意爱情和生命，也指向故乡切尔诺维茨。巴赫曼在写给策兰的信中说道："《花冠》是你最美的诗，它是对一个瞬间的完美揭示，一切都将成为大理石，直到永远。"

Es ist Zeit, daß der Stein sich zu blühen bequemt,

daß der Unrast ein Herz schlägt.

Es ist Zeit, daß es Zeit wird.

Es ist Zeit.

(1948)

TÜBINGEN, JÄNNER

Zur Blindheit über-

redete Augen.

Ihre – „ein

Rätsel ist Rein –

entsprungenes“ –, ihre

Erinnerung an

是时候了，石头终于要开花了，

是时候了，不安有一颗心跳动。

是时候了，时间要成为时间了。

是时候了。

（1948 年）

图宾根，一月[①]

眼睛被说服

接受了失明。

它们的——

“缘起于纯粹者

是一个谜”[②]——，

它们的记忆里

① 这首诗策兰作于 1961 年 1 月的图宾根之行，后收入诗集《无人的玫瑰》中。策兰深受荷尔德林的影响。他在 1970 年投河自尽，最后留在书桌上的是荷尔德林的传记，其中两句画了线：“有时这天才走向黑暗，沉入他的心的苦井中”。

② 引自荷尔德林的《莱茵河》（*Der Rhein*）：“缘起于纯粹者是一个谜。/ 连咏歌也几乎无法破解。”

schwimmende Hölderlintürme, möwen-
umschwirrt.

Besuche ertrunkener Schreiner bei
diesen
tauchenden Worten:

Käme,
käme ein Mensch,
käme ein Mensch zur Welt, heute, mit
dem Lichtbart der
Patriarchen: er dürfte,
spräch er von dieser
Zeit, er
dürfte
nur lallen und lallen,
immer-, immer-
zuzu.

是游动的荷尔德林塔楼[1]，

鸥鸟环绕。

溺水而亡的木匠

探望这些

潜入水中的话语。

要是

要是有人，

要是有人，今天，来到这世界，

有着老族长们的

明亮胡须；他只能，

若他谈论这个

时代，他

只能反反、复复，

咿、咿，

呀呀。

---

① 荷尔德林塔楼，位于图宾根内卡河畔。精神失常的荷尔德林 1807 年后居住于此，由木匠齐墨尔（Zimmer）父女照顾，直至 1843 年去世。

(„Pallaksch, Pallaksch.")

(1961)

(“帕拉喀什，帕拉喀什。”)[1]

(1961年)

① 荷尔德林精神失常后经常说的话，语焉不详。荷尔德林的传记作家施瓦布(Theodor Schwab)认为这句口头禅是荷尔德林独特思想的表现，用以对某些事物拒绝做出判断。

Marie Luise Kaschnitz

Marie Luise Kaschnitz (1901–1974) stammt aus einer elsässischen Adelsfamilie. Ihr frühes dichterisches Schaffen achtete sich auf formale Fähigkeiten und bevorzugte z.B. die traditionelle Form Sonette. Ihre frühen Gedichte wurden in *Gedichte* (1947) gesammelt, die sechs Kapitel beinhalten, deren Inhalt hauptsächlich die Landschaft Südeuropas beschreibt und den Humanismus preist, und das letzte Kapitel „Dunkle Zeit" klagt Kriegsverbrechen an. Zu den Nachkriegsschöpfungen zählen Lyrikbände wie *Zukunftsmusik* (1950) und *Ewige Stadt* (1952). Die Gedichte zielen auf die Auseinandersetzung mit der Realität und die Reflexion über die Geschichte ab, und ihr Stil verlässt auch traditionelle Formregeln. Der Sprachstil ist prägnant, implizit und sinnvoll geworden.

HIROSCHIMA

Der den Tod auf Hiroshima warf

Ging ins Kloster, läutet dort die Glocken.

Der den Tod auf Hiroshima warf

Sprang vom Stuhl in die Schlinge, erwürgte sich.

Der den Tod auf Hiroshima warf

Fiel in Wahnsinn, wehrt Gespenster ab

Hunderttausend, die ihn angehen nächtlich,

Auferstandene aus Staub für ihn.

Nichts von alledem ist wahr.

玛丽·路易丝·卡施尼茨

玛丽·路易丝·卡施尼茨（1901—1974）出生于阿尔萨斯贵族家庭，早年诗歌创作注重诗艺，擅写十四行诗，早年诗歌收集在《诗集》（1947）中有六个章节，内容多描写南欧风情、颂扬人文情怀，最后一章“黑暗时代”控诉战争罪恶。战后创作有《未来乐章》（1950）、《永久的城市》（1952），诗歌注重直面现实，反思历史，风格上也转而摒弃传统形式规则，语言风格简洁含蓄、意味深长。

广　岛

将死亡投掷到广岛的人，
去了修道院，敲响了那里的钟声。
将死亡投掷到广岛的人，
从高椅跃入绞索，把自己绞死。
将死亡投掷到广岛的人，
被幽灵包围，陷入疯狂。
每晚都有成千上万的鬼魂，
从尘土中复活来找他。
所有这 切都不是真相。

Erst vor kurzem sah ich ihn

Im Garten seines Hauses vor der Stadt.

Die Hecken waren noch jung und die Rosenbüsche zierlich.

Das wächst nicht so schnell, dass sich einer verbergen könnte

Im Wald des Vergessens. Gut zu sehen war

Das nackte Vorstadthaus, die junge Frau

Die neben ihm stand im Blumenkleid

Das kleine Mädchen an ihrer Hand

Der Knabe, der auf seinem Rücken saß

Und über seinem Kopf die Peitsche schwang.

Sehr gut erkennbar war er selbst

Vierbeinig auf dem Grasplatz, das Gesicht

Verzerrt von Lachen, weil der Photograph

Hinter der Hecke stand, das Auge der Welt.

(1957)

直到不久前我才见过他，

在郊外他家的花园里。

树篱尚未长成，玫瑰花也还幼嫩。

它没有长得快到可以让一个人，

躲入遗忘的森林。郊区房子

没有遮挡、清晰可见。年轻夫人

站在他身边，身着花裙，

她手上牵着小女孩，

他背上坐着小男孩，

在他头上挥舞鞭子。

他本人很容易辨识，

在草场上手脚着地，

脸笑得扭成一团，摄影师站在篱笆后，

那是世界的眼睛。

（1957 年）

Ingeborg Bachmann

Ingeborg Bachmann (1926–1973) war österreichische Lyrikerin der Nachkriegszeit, nach der der renommierte Bachmann-Literaturpreis benannt ist, der wichtigste österreichische Literaturpreis der Gegenwart. Die in Klagenfurt geborene Bachmann promovierte in Philosophie an der Universität Wien zum Thema Heideggers Existenzphilosophie, verliebte sich ab 1948 in Celan, erhielt 1953 den Preis der 47-Gruppe und wurde noch im selben Jahr mit dem Gedichtband *Die gestundete Zeit* (1953) bekannt. Im Jahr 1973 kam sie bei einem Brand in Rom ums Leben. Zu ihren besten Werken gehören noch das Gedichtband *Anrufung des großen Bären* (1957), Hörspiele *Die Zikaden* (1955), *Der gute Gott von Manhatten* (1958), der Roman *Malina* (1971).

DIE GESTUNDETE ZEIT①

Es kommen härtere Tage.

Die auf Widerruf gestundete Zeit

wird sichtbar am Horizont.

Bald mußt du den Schuh schnüren

und die Hunde zurückjagen in die Marschhöfe.

---

① 全诗使用自由韵律以及大量祈使命令句，是一种赞歌的风格。

英格伯格·巴赫曼

英格伯格·巴赫曼（1926—1973），战后著名奥地利女诗人，以她名字命名的巴赫曼文学奖是奥地利最重要的当代文学奖项。巴赫曼出生于奥地利克拉根福市，以海德格尔存在主义哲学为题在维也纳大学获哲学博士学位。1948 年起与策兰相恋，1953 年获四七社文学奖，同年以诗集《延迟交付的时间》（1953）一举成名，后发表诗集《大熊星座的呼唤》（1957），广播剧《蝉》（1555）、《曼哈顿的善神》（1958），小说《马利纳》（1971）等，1973 年在罗马因火灾丧生。

延迟交付的时间[①]

更艰难的日子即将到来。
可被取消延迟交付的时间
在地平线上清晰可见。
很快你必须系紧鞋带
把狗赶回洼地。

---

① 诗歌是“延迟交付”（Stundung）以及下文“可被取消延迟交付”（Auf Widerruf gestundete）是一个借用自经济生活的术语，用以比喻时间流逝的必然性，时间可以推延，推延却可被撤销，时间的流逝不可避免，危机时刻（更艰难的日子）即将到来。

Denn die Eingeweide der Fische
sind kalt geworden im Wind.
Ärmlich brennt das Licht der Lupinen.
Dein Blick spurt im Nebel:
die auf Widerruf gestundete Zeit
wird sichtbar am Horizont.

Drüben versinkt dir die Geliebte im Sand,
er steigt um ihr wehendes Haar,
er fällt ihr ins Wort,
er befiehlt ihr zu schweigen,
er findet sie sterblich
und willig dem Abschied
nach jeder Umarmung.

Sieh dich nicht um.
Schnür deinen Schuh.
Jag die Hunde zurück.
Wirf die Fische ins Meer.
Lösch die Lupinen!

因为鱼的内脏
已在风中变冷。
鲁冰花光芒黯淡。[1]
你的目光在雾中留下痕迹：
可被取消延迟交付的时间
在地平线上变得清晰可见。

在那里，你的爱人沉入沙中。
沙子围绕着她飘舞的头发升起。
他打断了她的话语。
他命令她保持沉默。
他发现她是凡人
每一次拥抱之后
顺从地接受分手。

你不要再回头。
系好你的鞋带。
将狗群赶回来。
把鱼扔进海里。
将鲁冰花熄灭。

① 鲁冰花又译为羽扇豆花，是贫瘠的洼地上唯一可见的植物，象征光和色彩。

Es kommen härtere Tage.

(1953)

更艰难的日子即将到来。

（1953年）

Hans Magnus Enzensberger

Hans Magnus Enzensberger (1929–2022) war ein deutscher Lyriker, Essayist und Übersetzer. Geboren in Kaufbeuren, Bayern, studierte er Literatur und Philosophie in Erlangen, Paris usw. 1955 wurde er mit einer Dissertation über Clemens Brentano promoviert. Er war prominentes Mitglied der 47-Gruppe und wurde 1963 mit dem Büchner-Preis ausgezeichnet. Seine Gedichte sind scharf und temperamentvoll, witzig und humorvoll, in einem Stil, der dem von Heine und Brecht nahe steht. Er war Autor der Gedichtbände *verteidigung der wölfe* (1957), *Leichter als Luft* (1999) und *Die Geschichte der Wolken* (2003) usw. Er vertrat die Ansicht, dass die Poesie den Gebrauchswert haben sollte und dass ihre Aufgabe darin besteht, die Wahrheit zu enthüllen.

UTOPIA

Der Tag steigt auf mit großer Kraft

schlägt durch die Wolken seine Klauen.

Der Milchmann trommelt auf seinen Kannen

Sonaten: himmelan steigen die Bräutigame

auf Rolltreppen: wild mit großer Kraft

werden schwarze und weiße Hüte geschwenkt.

Die Bienen streiken. Durch die Wolken

汉斯·马格努斯·恩岑斯贝尔格

汉斯·马格努斯·恩岑斯贝尔格（1929—2022），德国诗人、散文作家和译者。出生于德国巴伐利亚的考夫博伊伦，在埃尔朗根和巴黎等地学习文学和哲学。1955 年以关于克莱门斯·布伦塔诺的论文获博士学位。他是“四七社”的重要成员，1963 年获毕希纳奖。他的诗锋利泼辣、机智幽默，风格近似海涅与布莱希特。著有诗集《狼的辩护》（1957）、《比空气轻》（1999）、《云的故事》（2003）等，他认为诗歌应具有实用价值，其作用在于揭露事实。

乌托邦[①]

白昼以巨大的力量升起
它的爪子刺破了云层。
送奶工敲打着推车
演出奏鸣曲：新郎们
乘坐自动扶梯向天空升起：
以巨大的力量疯狂地
挥舞着黑色和白色的帽子。

① 这是一首政治诗，诗人设想了无政府主义状态下的“乌托邦”世界图景，表达了对时局的不满。

radschlagen die Prokuristen,

aus den Dachluken zwitschern Päpste.

Ergriffenheit herrscht und Spott

und Jubel. Segelschiffe

werden aus Bilanzen gefaltet.

Der Kanzler schussert mit einem Strolch

um den Geheimfonds. Die Liebe

wird polizeilich gestattet,

ausgerufen wird eine Amnestie

für die Sager der Wahrheit.

Die Bäcker schenken Semmeln

den Musikanten. Die Schmiede

beschlagen mit eisernen Kreuzen

die Esel. Wie eine Meuterei

bricht das Glück, wie ein Löwe aus.

Die Wucherer, mit Apfelblüten

und mit Radieschen beworfen,

versteinern. Zu Kies geschlagen,

zieren sie Wasserspiele und Gärten.

Überall steigen Ballone auf,

die Lustflotte steht unter Dampf:

Steigt ein, ihr Milchmänner,

Bräutigame und Strolche!

蜜蜂正在罢工。经理人
骑着脚踏车穿过云层。
教皇们从阁楼窗口窃窃私语。
处处是感动、嘲讽和欢呼。
帆船用财务报表来叠成。
总理因为秘密基金
与流浪汉枪击。爱情需要
被警察允许。
为那些说真话的人，
呼吁一场大赦。
面包师把面包分发
给音乐家们。铁匠
用铁十字给驴子钉上铁蹄。
幸福像一场哗变
如狮子一般爆发。
放高利贷的人
被苹果花和小萝卜砸中
而石化，并被击成碎石，
装饰着喷泉和花园。
气球在四面八方升起，
欲望舰队开足了马力，
上船吧，你们这些送奶工人，
新郎和流浪汉！

Macht los! Mit großer Kraft

steigt auf

der Tag.

(1957)

出发吧！以巨大的力量

升起吧，

　　　　白昼。

（1957 年）

Hilde Domin

Hilde Domin (1909-2006), bedeutende deutsche Lyrikerin der Nachkriegszeit, wurde in Köln als Tochter einer wohlhabenden jüdischen Kaufmannsfamilie geboren, siedelte 1932 nach Italien über und lebte von 1939 bis 1961 in mehreren Ländern im Exil, ursprünglich unter dem Namen Palm und unter dem Pseudonym Domin, aus der Dominikanischen Republik, wo sie die längste Zeit im Exil lebte. Ihr erstes Lyrik-Band *Nur eine Rose als Stütze* wurde 1959 veröffentlicht und spiegelt ihre Erlebnisse und Erfahrungen im Exil wider. Nach 1961 ließ sie sich in Heidelberg nieder und veröffentlichte *Rückkehr der Schiffe*, *Ich will dich, Der Baum blüht trotzdem*, die ihr viel Anerkennung und zahlreiche Literaturpreise einbrachten. Ihre Lyrik ist einfach, klar und emotional bewegend. Sie verwendete ein freies Metrum und eine Vielzahl von Metaphern und Symbolen und behandelte Themen wie Exil, Einsamkeit, Angst, Hoffnung und Liebe.

NUR EINE ROSE ALS STÜTZE

Ich richte mir ein Zimmer ein in der Luft

unter den Akrobaten und Vögeln:

mein Bett auf dem Trapez des Gefühls

希尔德·多敏

希尔德·多敏（1909—2006），德国战后重要诗人，出生于科隆犹太富商家庭，1932 年移居意大利，1939 至 1961 年在多个国家流亡，原名帕尔姆，笔名多敏来自流亡居留时间最长的多米尼加共和国。1959 年发表第一部诗集《只有一朵玫瑰作为支撑》，反映了她在流亡中的心境和经历。1961 年后定居海德堡，发表有《归航》《我想要你》《树还是开花了》等诗集，获得了广泛赞誉和许多文学奖项。她的诗歌语言简单清晰，情感真挚动人，使用自由格律，运用多种比喻和象征，涉及流亡、孤独、恐惧、希望、爱情等主题。

只有一朵玫瑰作为支撑[①]

我在空中为自己布置了一个房间

在杂技演员和鸟儿中间：

我的床搭在情感的秋千上

---

① 这首诗表达了诗人对安全感和稳定性的渴望，以及对流亡生活中不确定性和孤独的恐惧。玫瑰既代表了爱情和美丽，也代表了刺痛和脆弱。这首诗反映了诗人对故乡、母语、文化和身份的复杂感情，以及对生存意义和价值的探索。

wie ein Nest im Wind
auf der äußersten Spitze des Zweigs.

Ich kaufe mir eine Decke aus der zartesten Wolle
der sanftgescheitelten Schafe die
im Mondlicht
wie schimmernde Wolken
über die feste Erde ziehen.

Ich schließe die Augen und hülle mich ein
in das Vlies der verläßlichen Tiere.
Ich will den Sand unter den kleinen Hufen spüren
und das Klicken des Riegels hören,
der die Stalltür am Abend schließt.

Aber ich liege in Vogelfedern, hoch ins Leere gewiegt.
Mir schwindelt. Ich schlafe nicht ein.
Meine Hand
greift nach einem Halt und findet
nur eine Rose als Stütze.

(1959)

如同风中的鸟巢
悬挂在最远的枝头。

我买了一条毛毯，用最柔软的羊毛织成，
来自那些皮毛柔顺的羊群，
它们在月光下
像闪亮的云彩
飘荡在坚实的土地上。

我闭上眼睛，把自己裹进羊毛里，
在这些可靠的动物的绒毛中。
我想感受小羊蹄下的沙土，
我想听着门闩的咔嚓声，
那是傍晚时分门被关上。

但我躺在鸟羽里，高高晃到虚空中。
我头晕目眩，无法入睡。
我的手
寻找一个支撑点，却发现
只有一朵玫瑰作为支撑。

(1959 年)

Eugen Gomringer

Eugen Gomringer (1925–) ist ein bolivianisch-schweizer Schriftsteller. Er gilt als Begründer der Konkreten Poesie. Als Programm veröffentlicht er *Vom Vers zur Konstellation. Zweck und Form einer neuen Dichtung*(1954). Er wurde als Vater der deutschen Nachkriegsmoderne charakterisiert und als Erfinder, der die Sprache der Literatur nachhaltig verändert hat.

SCHWEIGEN

schweigen schweigen schweigen
schweigen schweigen schweigen
schweigen   schweigen
schweigen schweigen schweigen
schweigen schweigen schweigen

(1960)

欧根·宫沐灵歌

欧根·宫沐灵歌（1925—　）是出生于玻利维亚的瑞士作家，母亲是玻利维亚人。他是具象诗的创始人，发表有具象诗的纲领性文件《从诗行到装置一种新文学的目的和形式》(1954)。他被认为是战后德语现代主义诗歌之父，对文学语言的发展产生了巨大的影响力。

沉　默[①]

沉默　沉默　沉默

沉默　沉默　沉默

沉默　　　　沉默

沉默　沉默　沉默

沉默　沉默　沉默

（1960 年）

① 《沉默》是宫沐灵歌最有名的具象诗之一，以沉默（Schweigen）一词围绕成“口”的形状，文字排版的视觉效果具有表达意义。

Sarah Kirsch

Die im Harz geborene Sara Kirsch (1935–2013) begann nach ihrem Studium unter dem Einfluss des Lyrikers Rainer Kirsch (der später ihr Ehemann werden sollte) mit dem Schreiben von Gedichten und wurde 1967 mit der Veröffentlichung ihres Lyrikbandes *Landaufenthalt* berühmt. 1977 verließ sie im Zuge der Wolf-Bielmann-Affäre die DDR und zog nach West-Berlin. Als Autorin von über 50 Gedichtbänden im Laufe ihres Lebens war Sara Kirsch eine wichtige und unverwechselbare Stimme in der deutschen Literatur seit den 1970ern Jahren. Sie steht in der Tradition der deutschen Romantik, insbesondere der Dichterin Annette von Droste-Hülshoff, und hat sich auf Naturlyrik und Liebeslyrik spezialisiert, in denen sie die Gefahren in der Natur, die Komplexität und die Dunkelheit des Lebens zum Ausdruck bringt. 1996 wurde sie mit dem Büchnerpreis ausgezeichnet.

IM SOMMER

Dünnbesiedelt das Land.

Trotz riesigen Feldern und Maschinen

liegen die Dörfer schläfrig

In Buchsbaumgärten; die Katzen

Trifft selten ein Steinwurf.

萨拉·基尔施

萨拉·基尔施（1935—2013）出生于原民主德国哈尔茨山区，大学毕业后在诗人莱纳·基尔施（后来成为她的丈夫）的影响下，开始写诗。1967 年发表诗集《乡村行》，一举成名。1977 年因比尔曼事件离开民主德国，移居西柏林。萨拉·基尔施一生创作 50 多部诗集，是德国文坛 20 世纪 70—80 年代重要而又独特的声音。她继承了德国浪漫主义的传统，尤其以女诗人德罗斯特为师，擅写自然风景诗和爱情诗，表现自然中的危险，生活的复杂和幽暗状态。1996 年获得毕希纳文学奖。

夏　季[①]

乡村里人烟稀少。
尽管有着广袤的田野和农机，
村民还是昏昏欲睡，躺在
黄杨树花园里；猫咪们
很少被石头击中。

① 这首诗发表于诗集《顺风》（*Rückenwind*, 1977）。

Im August fallen Sterne.

Im September bläst man die Jagd an.

Noch fliegt die Graugans, spaziert der Storch

Durch unvergiftete Wiesen. Ach, die Wolken

Wie Berge fliegen sie über die Wälder.

Wenn man hier keine Zeitung hält

Ist die Welt in Ordnung.

In Pflaumenmuskesseln

Spiegelt sich schön das eigne Gesicht und

Feuerrot leuchten die Felder.

(1977)

八月星星落于地平线下。

九月狩猎的号角吹响。

灰雁仍在飞翔，鹳鸟

徜徉在未受污染的草地。云层

如山一样掠过森林。

这里人们不拿起报纸，

那么世界就一切正常。

在熬制李子酱的锅里，

清晰映照出自己的脸庞，

田野闪耀着火红色光芒。

（1977 年）

Volker Braun

Volker Braun (1939–   ) war ein deutscher Schriftsteller, dessen Theaterstücke, Romane und Gedichte die tiefe Zerrissenheit der DDR vor der deutschen Wiedervereinigung aufzeigen. Er studierte Maschinenbau an der Universität Leipzig und wurde später Dramaturg des von Bertolt Brecht gegründeten Berliner Ensembles. Er ist u. a. Autor der Gedichtsammlungen *Die Provokation für mich* (1965), *Training des aufrechten Ganges* (1979) und *Lustgarten Preußen* (1996). 2000 wurde er mit dem Georg-Büchner-Preis ausgezeichnet.

DAS EIGENTUM

Da bin ich noch: mein Land geht in den Westen.

KRIEG DEN HÜTTEN FRIEDE DEN PALÄSTEN.

Ich selber habe ihm den Tritt versetzt.

Es wirft sich weg und seine magre Zierde.

Dem Winter folgt der Sommer der Begierde.

Und ich kann bleiben wo der Pfeffer wächst.

Und unverständlich wird mein ganzer Text.

Was ich niemals besaß wird mir entrissen.

Was ich nicht lebte, werd ich ewig missen.

弗尔克·布劳恩

弗尔克·布劳恩（1939— ），德国作家，他的戏剧、小说和诗歌揭示了德国统一之前民主德国内部存在的深刻分歧。布劳恩在莱比锡大学学习机械制造，后在布莱希特创建的柏林剧团（Berliner Ensemble）中担任戏剧制作，创作有诗集《对我的挑衅》（1965）、《学习直立行走》（1979）、《普鲁士是快乐花园》（1996）等，2000 年获得毕希纳奖。

私　产

我留在原处：我的国家已西行。

给茅屋以战争，给宫殿以和平。①

我难辞其咎，它陷入这一境地。

它将自我连同简陋的装点抛弃。

贪婪的夏日之后便是冬日。

胡椒生长的地方，我就能停留，

而我的所有文字变得不可理喻。

我从未拥有的，将永被剥夺。

我未曾经历的，将永远失去。

---

① 对毕希纳在《黑森快报》中名句的戏仿，原句为：“给茅屋以和平，给宫殿以战争。”

Die Hoffnung lag im Weg wie eine Falle.

Mein Eigentum, jetzt habt ihrs auf der Kralle.

Wann sag ich wieder mein und meine alle.

(1990)

希望留在路途中如同一个陷阱。

我的财产，今已落入你们手里。

何时说起我的，重又意味着属于集体。

（1990 年）

Durs Grünbein

Durs Grünbein (1962–), renommierter zeitgenössischer deutscher Lyriker, geboren und aufgewachsen in Dresden. Er gewann mit 33 Jahren den Büchner-Preis für die Gedichtebände *Grauzone morgens*, *Schädelbasislektion*, *Falten und Fallen* und *Den Teuren Toten*. Grünbein verfügt über profunde Kenntnisse der Biologie und der klassischen Philologie. Seine Poesie verkörpert die Verbindung von Wissen und Poetik. Er versteht es, antike lyrische Formen zu verwenden und gilt als moderner Lyriker mit antiker Prägung.

BIOLOGISCHER WALZER

Zwischen Kapstadt und Grönland liegt dieser Wald
Aus Begierden, Begierden die niemand kennt.
Wenn es stimmt, daß wir schwierige Tiere sind
Sind wir schwierige Tiere weil nichts mehr stimmt.

Steter Tropfen im Mund war das Wort der Beginn
Des Verzichts, einer langen Flucht in die Zeit.
Nichts erklärt, wie ein trockener Gaumen Vokale,
Wie ein Leck in der Kehle Konsonanten erbricht.

杜尔斯·格律拜恩

杜尔斯·格律拜恩（1962— ），德国当代著名诗人，出生和成长于东德名城德累斯顿，1995年，年仅33岁便以诗集《清晨的灰色地域》《颅底课》《褶皱与陷阱》《致亲爱的亡者》荣膺毕希纳奖。格律拜恩拥有渊博的自然生物知识和古典人文知识，其诗歌创作体现了知识与诗艺的结合，擅于化用古希腊罗马诗体和文艺复兴时期的诗体，以古观今，有“古风诗人”之称。

生物华尔兹[①]

位于开普敦和格陵兰之间的森林

是贪欲，无人知晓的贪欲。

我们是古怪的动物，此言若真，

那我们便是古怪的动物，因为万物反常。

口水连绵不断是言语，是弃绝的开始

一次奔向时间的漫长逃逸。

无法解释，干燥的颚如何发出元音，

喉腔的裂缝如何发出辅音。

---

① 这首诗发表于诗集《褶皱与陷阱》。

Offen bleibt, was ein Ohr im Laborglas sucht,
Eine fleischliche Brosche, gelb in Formaldehyd.
Wann es oben schwimmt, wann es untergeht,
Wie in toten Nerven das Gleichgewicht klingt.

Fraglich auch, ob die tausend Drähtchen im Pelz
Des gelehrigen Affen den Heißhunger stillen.
Was es heißt, wenn sich Trauer im Hirnstrom zeigt.
Jeden flüchtigen Blick ein Phantomschmerz lenkt.

Zwischen Kapstadt und Grönland liegt dieser Wald
... Ironie, die den Körper ins Dickicht schickt.
Wenn es stimmt, daß wir schwierige Tiere sind
Sind wir schwierige Tiere weil nichts mehr stimmt.

(1994)

无法确定，试管中的那只耳朵在寻找什么，

如一枚肉质的胸章，在甲醛中变黄，

它何时上浮，何时下沉，

死去的神经中平衡如何鸣响。

无法确定，博学的猴子的千万条毛发

是否满足了强烈的求知欲。

如果悲哀在脑电流中出现，意味着什么。

幻肢的疼痛操纵着每道匆匆的目光。

位于开普敦和格陵兰之间的这片森林

……反讽，将身体送入密林。

我们是古怪的动物，此言若真，

那我们便是古怪的动物，因为万物反常。

（1994年）

Jan Wagner

Jan Wagner (1971–) ist ein herausragender junger Lyriker in der zeitgenössischen deutschsprachigen Lyrikszene. Er wurde in Hamburg geboren und lebt in Berlin. Er ist Autor der Gedichtbände *Die Eulenhasser in den Hallenhäusern: Drei Verborgene* (2012), *Regentonnenvariationen* (2014), *Selbstporträt mit Bienenschwarm: Ausgewählte Gedichte 2001–2015* (2016), *Die Schmetterlings-Live-Show* (2018) u.a.. Wagner wurde mit mehreren bedeutenden Lyrikpreisen ausgezeichnet, darunter 2015 mit dem Preis der Leipziger Buchmesse für seine Sammlung *Regentonnenvariationen* und im Juni 2017 mit dem Büchner-Literaturpreis für seine Lyrik, die die sinnliche Schönheit des poetischen Klangs mit intellektueller Argumentation verbindet. Im selben Jahr wurde er auch mit dem Zhongkun International Poetry Prize ausgezeichnet.

GIERSCH[①]

nicht zu unterschätzen: der giersch

mit dem begehren schon im namen – darum

die blüten, die so schwebend weiß sind, keusch

wie ein tyrannentraum.

① 诗歌使用了十四行诗的诗节形式，却没有使用惯常的尾韵，而是用大量头韵代之，在听觉上给人一种枝蔓丛生缠绕之感。

扬·瓦格纳

扬·瓦格纳（1971— ），活跃于当代德语诗坛的杰出青年诗人。生于汉堡，居住于柏林。出版有诗集《大厦里的猫头鹰痛恨者：三隐士》（2012）、《雨桶变奏曲》（2014）、《蜂巢自画像：诗歌自选集2001—2015》（2016）、《蝴蝶现场秀》（2018）等。瓦格纳曾获多项重要诗歌奖项，凭借诗集《雨桶变奏曲》获2015年莱比锡书展奖。2017年6月获毕希纳文学奖，诗歌形式艺术娴熟，观察细腻敏锐、思维锐利，将诗歌音律的感性之美与知性理智相结合。同年，他还获得中坤国际诗歌奖。

蒺蓍草[①]

不可低估：蒺蓍
名字里就有贪欲——因此
花朵开放，闪烁之白，贞洁
如一场暴君的梦。

---

① 这首诗是诗集《雨桶变奏曲》的第一首诗。蒺蓍（Giersch）在译文中使用音译，因为中文没有对应的草名。Giersch与gierig（贪婪、欲望）谐音，是一种遍布欧洲大陆的植物，通过地下根系迅速蔓延，经常出现在花园和阴暗潮湿的灌木丛中，很难根除干净，被认为是一种讨厌的杂草。

kehrt stets zurück wie eine alte schuld,
schickt seine kassiber
durchs dunkel unterm rasen, unterm feld,
bis irgendwo erneut ein weißes wider-

standsnest emporschießt. hinter der garage,
beim knirschenden kies, der kirsche: giersch
als schäumen, als gischt, der ohne ein geräusch

geschieht, bis hoch zum giebel kriecht, bis giersch
schier überall sprießt, im ganzen garten giersch
sich über giersch schiebt, ihn verschlingt mit nichts als giersch.

(2014)

一再出现，如同一笔旧债

投递它的账单，

穿过草坪下的黑暗，蜿蜒穿过田野，

直至某处，白色的抵抗之根基

重又向上迸发。在车库背后，

嘎吱作响的碎石和樱花树旁：蒺蓍

如同泡沫，溅沫，悄无声息

生长，直到爬上山墙，直到蒺蓍

四处喷溅，整个花园里蒺蓍

蒺蓍层层叠叠，吞没世界，唯余蒺蓍。

（2014年）

Marion Poschmann

Marion Poschmann (1969–   ), zeitgenössische deutsche Lyrikerin, wurde in Essen geboren und studierte Germanistik, Philosophie und Slawistik in Bonn und Berlin. Seit 2002 sind mehr als zehn Romane, Gedichtsammlungen und Kommentarsammlungen erschienen und mit zahlreichen Literaturpreisen ausgezeichnet worden. Poschmann ist Gewinnerin des ersten Deutschen Preises für *Nature Writing*. Der 2020 erschienene Gedichtband *Nimbus* führt ihr Nachdenken über die Natur fort und bringt die ästhetische Tradition der deutschen Naturlyrik in die Themen globale Umweltzerstörung, Klimawandel und Völkermord, verwebt Kindheitserinnerungen, aktuelle Beobachtungen, historisches Wissen und Naturlandschaften miteinander.

Eine silberne Schale, gefüllt mit Schnee.

Zeami Motokiyo

NIMBUS

Was ist Dunkelheit? Ich wollte Wälder

wiedererkennen in stürmischer Düsternis,

in diesen über und über aufgeschütteten Schatten,

wollte im Hauch aus der Ferne

das Laub fallen sehen, das Dämmerlaub,

Blatt für Blatt ultraleicht ausgeatmet, wie Daunen.

玛丽昂·波诗曼

玛丽昂·波诗曼（1969—　），德国当代女诗人，出生于德国埃森市，大学在波恩和柏林学习德语文学、哲学和斯拉夫文学。二十年来，有十余部小说、诗集和评论集问世，屡获文学奖项。波诗曼是首届德国自然书写奖得主，2020 年最新出版的诗集《雨云》延续了她对自然的思考，将德语自然诗的审美传统放置到全球环境恶化、气候变化和种族灭绝的话题中，将童年记忆、当下观察、历史知识与自然景观交织在一起。

银盘一盏，白雪满盈。

——【日】世阿弥

雨　云

什么是暗？我想将森林

重新辨识，在暴风雨的昏暗中，

在堆积得越来越高的阴影中；

想在这来自远方的气流中，

见叶落下，朦胧中呼出，

一片片，轻盈无比，如鹅绒。

Schattental. Teeschale. Unfaßbar schwarz. Eisen–Asche–
Glasur, Setoguro, ein regloser Fluß, in den ich
so lange schaute, der sich den Außenraum
Innenraum als Aufgabe stellt.
Ein Gefäß voller Körperlichkeit in die Hand nehmen,
die Lippe der Tasse mit eigener Lippe berühren,
über Hüfte und Fuß gekörnter Tontöpfe streichen,
sich schaudernd die Haut daran aufrauhen.

Yugen heißt in der Ästhetik des Ostens erhabene Tiefe.
Das Japanische gen (chin. xuan) wird übersetzt mit
dunkel, schwarz, tiefgründig, jedoch bezeichnet es auch
die Lehre des Dao. Yu, konnotiert mit Begriffen wie
Geist oder Totenreich, hat die Bedeutung geheimnisvoll,
übernatürlich, auch unerforschlich und rätselhaft,
nicht mit Verstandeskräften zu fassen, nicht vorstellbar.
Yugen ist das gestaltlose Dunkel,
Yugen ist Raum der unmöglichen Finsternis,
Raum, undurchdringlich dem Denken, doch Dinge
durchdringen ihn, treten in Erscheinung.
Was ist ihr Geheimnis? Sind sie weiser als wir?

Die Liegestühle standen am Rand

阴影之谷。茶盏。无法捉摸的黑，铁灰-
釉彩，濑户黑，一条波澜不惊的河流。
我久久将它凝视，
它以内、外空间为职。
一个饱满的容器置于手中，
用自己的唇触碰茶盏的唇，
触摸陶罐粗糙的腹部和足，
战栗着，粗糙，起皮。

东方美学中，“幽玄”（Yugen）指崇高的深沉。
日语中的“玄”被翻译为暗、黑、深幽，
同时也是关于道的教义。幽，关联精神或冥间，
指向神秘、超自然，也意味着无法探究、充满奥秘，
无法用理智的力量来把握，无法想象。
幽玄是一种无可名状的暗，
幽玄是放置不可能的阴暗的空间，
是思想所不能穿透的空间，可是，物
能穿透，能显现。
物的秘密是什么？它们比我们更有智慧？

一把躺椅于白雪覆盖的谷底边缘，

des verschneiten Plateaus, standen am Abgrund
des Bergpanoramas, belichtete weiße Gipfel,
die auf grauen Felsen ruhten, das Schattental
stieg auf in den Abend, entfaltete nasse
Stoffbahnen, die dort im letzten Sonnenlicht blakten.
Wo waren wir in diesem Bild?
Wir ließen schneien, tauen, glitzern.
Wir bestrichen die Szene mit schwarzem Zuckerguß.
Zauberbergsetting. Deckerinnerung. Aber wofür?
Wir blieben die Provokation, das Problem: etwas
Ausgeschnittenes, das sich nie wieder einfügen ließ.

Weiße Aussparungen, die verschneiten Stellen.
Hingestreutes, Wege voll Rindenmulch, Wind
in den Kiefern. Wie etwas Ausgeschüttetes,
das sich nie wieder einsammeln ließ. Ich wollte mich
in der unauffälligen Falte des Tales verstecken,
wollte mich ausnehmen aus jenem Wind, der den
Harzgeruch weitertrug, keiner der Gegenstände mehr,
die gegen die Leere stehen, die Leere hemmen
in ihrer vollkommenen Ausbreitung über den Berg.

Feldspat-Asche-Glasur, weißes Shino,

立于大山全景中的深渊。
被照亮的白色的顶巅，
静憩于灰色悬崖。阴影之谷
升起在夜间，如一卷布料，
湿漉漉的，打开，在最后一缕阳光中升腾。
在这幅图中，我们在哪里?
任凭下雪、雪融、结冰。
我们为这幅景观撒上黑色糖粉，
魔山景观，记忆掩饰。又是为何?
无论如何，我们是挑衅、是问题:
是被切离之物，再也无法重置。

白色的留白，白雪覆盖。
掉落的树皮铺满山路，风，
在松林里。如同倾倒之物，
再无法重新搜集。我想要，
将自己藏于山谷不起眼的褶皱里，
想要将自己从风中摘离，
这风将松香传至远方，没有一物，
可以抵御空虚，抵御这
蔓延至整个山岭的空虚。

长石灰-釉彩，白色志野烧，

ein unscharfer, porzellanhafter Schimmer,
der mich noch immer beobachtet,
wie damals du in der Nacht deinen Blick
nicht abwandtest, den ich nicht sah, aber spürte,
der mir noch immer ein Rätsel ist. So wie
du damals vermochtest, durch Wände zu gehen,

schon unbestimmt, ohne Rücksicht auf mich.
Weißt du denn, was ich mir heute noch
von deiner Anerkennung verspreche, zumal
auch du nur in meiner Vorstellung noch existierst.

Dunkelheit, Fliesen, Verbranntes. Asche aus
Wut oder Angst – ich beginne mit Liebesgedichten, jetzt,
in einem Alter, in dem die japanischen Töpfermeister
sich an ihre erste Teeschale wagen, nach Jahren
der Demütigungen, der Übung, der Demut.
Was ist Dunkelheit, frage ich dich, frage ich mich,
während ich auf den Grund der Teeschale blicke,
eine Schale, in der alle Flocken wieder zur Ruhe kommen,
eine einfache Schale, darin tiefe Finsternis.

一种柔和的瓷质的微光，

光一直观察着我，

如同在那夜里，你凝视的目光，

我没有见到，却能感觉到，

你的目光始终是一个谜。

如同你那时，能穿墙而过，

却无法确定，是否顾盼我。

你是否知道，我现在依然

认定你的肯定，尤其

当你只存在于我的想象中。

暗，铺陈，烧灼。灰烬，

来自愤怒或恐惧——我开始写爱情诗，

在现在这个年龄，当日本陶器师傅，

制作第一个茶盏，

经过多年的谦卑、克己和练习。

什么是暗，我问你，我问我，

当我凝视着茶盏的底部，

一个茶盏，泛起的茶沫归为平静，

一个朴素的茶盏，内里是深沉的幽暗。

***

Dunkelheit denken: nicht wie ein Berg,
eher wie ein negatives Gebirge, wie Berge aus
Wind, die auf dekorative Logik verzichten.
Ein solches Gebirge ist weich und gleitet
durch metrisch gebundene Rede, es kann
mit der Leichtigkeit einer Bauhausfront
Dinge in Licht, in Schatten verwandeln.

Nach innen. Ingenium. Schwärzegefäße.
Tafellack, Schiefer, Bitumen, ich war nicht in Form,
ich gehörte der Formlosigkeit, ich hatte mich
aufgehalten in Ebonit, Bakelit, schließlich
wie Sonnententakel nach allen Seiten weiter
hinausgewagt –

Waren wir nicht Ingenieure der Sichtbarkeitsschichten,
der Wälder aus Sternenhimmeln und Wind?
Tritt ein in den Wald, ich habe
noch ein Versprechen zu halten.
Aber von welcher Seite auch immer,
niemals waren die Wälder genauer zu sehen,

***

关于暗的思考：不像一座山，

更像是一座虚体的山峦，

由风构成，免除了修饰性的逻辑。

这样的山峦柔软，

穿过格律规定的诗句滑行，

它能以包豪斯门面的轻盈

将物转变为光，转变为阴影。

转向内部。内在构成。黑暗容器。

黑漆、板岩、沥青。我，没有形态，

属于无形，我曾经是橡胶，胶木，

最后，如同太阳的触手，向各个方向

肆意伸展——

我们难道不是可见云层的工程师?

它们是由星空和风构成的森林。

走进森林吧，我还要

实现一个许下的诺言。

可无论从哪个方向进入森林，

从未可以将森林看得更清楚，

nur verflogene Umrisse, altes Laub
von Schulkindern aufgewirbelt, und Büsche,
zurückgezogen und teilnahmslos.

Was ist Dunkelheit? Eine Beruhigung, daß etwas endet,
was lange zunahm, zuviel wurde, Wald wurde, Wildnis,
was weiter wucherte, bis es sich endlich lückenlos schloß,
schwarzer Waldwürfel, Wildnisklotz, eine Vitrine, vollkommen
ausgefüllt mit der Behauptung von tiefer Nacht.

Was ist Dunkelheit? Räume, durchsetzt von der unwahrscheinlichen
Glätte der Teeschalen, pechschwarze Blüten in alten
Brokatbeuteln, frisch entfaltet wie am ersten Tag.

Das bin ich auf diesem Bild.

(2020)

总是一闪而过影影绰绰，枯叶
被学童搅起，灌木丛，
漠然，退后。

什么是暗？是一种慰藉，终止了
那些生长很久，以致过剩的，森林、荒野，
不断蔓延，直到终于圆满地终结。
黑色的森林积木，荒野木块，一个玻璃柜，完完全全
装满了深沉黑夜的宣言。

什么是暗？是空间，被茶盏不可思议的光滑布满，
是沥青般黝黑的花朵，装入古老的织锦袋，
清新绽放，如同在创世的第一天。

这是我，在画中。

（2020 年）